C·H·Beck
PAPERBACK

W0088196

Georg Cremer

Deutschland ist gerechter, als wir meinen

Eine Bestandsaufnahme

C.H.Beck

Originalausgabe
© Verlag C.H.Beck, München 2018
Satz: C.H.Beck.Media.Solutions, Nördlingen
Druck und Bindung: GGP Media GmbH, Pößneck
Umschlagentwurf: Geviert, Grafik & Typografie, Anna Schaumberger
Gedruckt auf säurefreiem, alterungsbeständigem Papier
(hergestellt aus chlorfrei gebleichtem Zellstoff)
ISBN 978 3 406 72784 9
Printed in Germany

www.chbeck.de

Inhalt

17. Hartz IV nicht abschaffen, sondern reformieren

18. Fairness für Familien mit niedrigem Einkommen

19. Arbeit muss sich auch im Alter gelohnt haben

1.
Raus aus dem Niedergangsdiskurs

Nein, es ist nicht alles gerecht in Deutschland, beileibe nicht. Es gibt weiterhin einen unnötig engen Zusammenhang zwischen sozialer Herkunft und Bildungserfolg. Wer ein Leben lang im Niedriglohnsektor gearbeitet hat, bekommt im Alter oft dennoch nicht mehr zum Leben, als wenn er nie gearbeitet hätte; seine Lebensleistung wird nicht anerkannt. Der falsche, weil ausländisch klingende Name kann bei einer Bewerbung oder der Wohnungssuche massive Nachteile bringen. Asylbewerber erhalten nicht den vollen medizinischen Schutz, der allen Versicherten zusteht. Das sind nur einige Beispiele. Es gibt genügend Gründe, über Gerechtigkeit zu streiten und laut zu protestieren, wenn Ungerechtigkeit kein Gehör findet.

Aber es hat sich bei uns ein Niedergangsdiskurs breitgemacht, der den sozialen Verhältnissen in Deutschland nicht gerecht wird. Obwohl die Zahl der Beschäftigten in nahezu allen Hilfefeldern des Sozialstaats zunimmt, verfängt die Rede vom Sozialabbau. Man kann, ohne verlacht zu werden, öffentlich behaupten, Deutschland habe heute nur noch einen «Suppenküchensozialstaat». Die großen Erfolge der Arbeitsmarktpolitik werden kleingeredet, so als sei die Halbierung der Arbeitslosenquote seit 2005 Folge einer «Amerikanisierung» des Arbeitsmarkts, als seien seither nur miese Jobs entstanden. Selbst ein Ausbau der Unterstützung wird in sein Gegenteil verkehrt: Werden Sozialleistungen verbessert und erhalten diese dann mehr Menschen, ist auch dies nur Indiz für eine wachsende soziale Schieflage. So ging es mit der

Grundsicherung im Alter. Ihre Diskreditierung behindert notwendige Reformschritte, um Menschen in der Altersarmut wirksamer zu helfen, und das steht uns sozialpolitisch massiv im Weg.

Sozialpolitiker können sich mühen, wie sie wollen – das, was sie bewirken, bleibt immer meilenweit hinter den ohnehin widersprüchlichen Erwartungen der unterschiedlichen Anspruchsgruppen zurück. Auch wenn sie nach zähem Ringen eine Reform durchgeführt haben, die Benachteiligten hilft (aber nicht allen, die benachteiligt sind, oder gar allen, die sich für benachteiligt halten), so wird dies öffentlich kaum zur Kenntnis genommen. Sozialverbände, die die Reform seit langem gefordert haben, mögen sich noch in einer Pressemeldung zu einem verhaltenen Lob durchringen, aber das Erreichte ist dann kaum mehr der Rede wert. Plötzlich ist es nur noch Klein-Klein, nie der große Wurf und immer zu wenig. Wenn die zähe reformerische Alltagsarbeit einen Erfolg verbuchen konnte, rückt das, was Sozialpolitiker bewerkstelligen sollen, wieder in unerreichbare Ferne. Dass sich Politiker in Regierungsverantwortung nicht der leidigen Frage entziehen können, wie die finanzielle Nachhaltigkeit der Sicherungssysteme gewahrt werden kann, scheint ohnehin ihr persönliches Problem zu sein.

Der Untergangsdiskurs hat seit langem die Mitte erfasst, immerhin die Mitte in einem der reichsten Länder der Erde. Verfestigt ist die Wahrnehmung einer stark schrumpfenden oder gar zerfallenden Mittelschicht. Die Bücher, die der Mittelschicht einreden wollen, gerade sie sei es, die – von wem auch immer – ausgebeutet werde, füllen Regale. Das ist aber von der Empirie nicht gedeckt. Der Befund ist keineswegs so eindeutig, wie man angesichts der Debattenlage meinen könnte. Trotz aller Düsternis sagt eine breite Mehrheit bei Befragungen, es ginge ihr sehr gut oder gut. Verbreitet ist jedoch die Angst, die eigenen Kinder könnten den Lebensstandard, den man selbst erreicht habe, nicht halten und würden ihre Position in der Mitte der Gesellschaft verlieren. Man gehöre zur letzten Generation, der es besser gehe als der Generation ihrer Eltern. Dazu passt, dass viele die Einkommensverteilung in Deutschland als weit ungleicher wahrnehmen, als es der Realität entspricht. Mehr als die Hälfte glaubt, in einer Gesellschaft zu leben, in der die meisten Menschen unten stehen.[1] Wer aber sich selbst der Mitte zurechnet und gleichzeitig die Mehrheit unten wähnt, der kann der Angst vor dem Abstieg kaum entkommen. Jede gesellschaftliche Veränderung, die Folgen für das Schichtgefüge haben kann – verstärkter Wettbewerb, die Entwicklung neuer, arbeitssparender Technologien oder Umbrüche im Bildungssystem –, stachelt die Angst an, die vermeintliche Minderheitsposition, die man in der Mitte einnimmt, zu verlieren und in die vermeintlich große Gruppe derer abzurutschen, die unten stehen.

Zukunftsangst vergällt die Lebensfreude. Aber nicht nur das. Verzerrte Wahrnehmungen erschweren eine zukunftsgewandte Politik. Also sollten wir übertriebenen Ängsten entgegentreten. Wenn wir ein innovatives und produktives und zugleich soziales Land in politischer Stabilität bleiben, wird es unseren Kindern nicht schlechter gehen als uns. Das Übermaß an pauschaler Empörung ist zudem auch gefährlich. Wenn das, was der Sozialstaat leistet, schlechtgeredet wird, wenn positive reformerische Schritte als Klein-Klein diskreditiert oder schlicht nicht wahrgenommen werden, ist dies ein massives Problem in der Auseinandersetzung mit populistischen Kräften. Zu ihrer Mobilisierungsstrategie gehört die Verleumdung, die Politik würde sich um «die Belange des Volkes» nicht kümmern.

Im Übrigen hilft der Untergangsdiskurs nicht, die Unterstützung zu mobilisieren, die der Sozialstaat in einer demokratischen Gesellschaft benötigt. Das Lamento des «immer schlimmer» desorientiert und entmutigt. Wenn der Sozialstaat wirklich zum «Suppenküchensozialstaat» verkommen wäre, obwohl wir Jahr für Jahr etwa 30% unserer Wertschöpfung für ihn ausgeben, ist doch daraus der Schluss zu ziehen, dass der Sozialstaat nicht wirksam sei. Wie werden die Bürger der Mittelschicht darauf reagieren, die die Kosten des Sozialstaats tragen, ja tragen müssen und dies auch in der Differenz zwischen ihren Brutto- und Nettoeinkommen wahrnehmen, die allerdings von diesem Sozialstaat, das darf nicht vergessen werden, ebenfalls stark profitieren? Fordern sie deswegen seinen Ausbau? Nicht zwingend. Wenn der Sozialstaat so wenig wirksam ist, wie in der skandalisierenden Zuspitzung behauptet wird, dann – so ein mindestens ebenso plausibler Schluss – wären die Verhältnisse mit weniger Sozialstaat ja vielleicht auch nicht viel schlimmer als heute.

Niedergangsstimmung ist Gift für jede Reformpolitik. Letztere aber ist dringend nötig. Denn es gibt Risiken, die uns zu Recht Sorgen machen und die Politik und alle gesellschaftlichen Kräfte herausfordern. Es gibt Blockaden in der Sozial- und Bildungspolitik, die höchst ärgerlich sind und an denen eine auch zugespitzte Kritik Not tut. Und natürlich gibt es Menschen, die zu Recht unzufrieden sind. Aber eine Mitte, die sich selbst im Niedergang wähnt, wird für tatsächlich Benachteiligte wenig Empathie entwickeln. Wenn breite Teile der Bevölkerung das Gefühl haben, genau sie wären es, die zu wenig bekommen oder zu viel bezahlen, wird der Druck auf Politiker hoch, vielen eher vage etwas zu versprechen und dabei Erwartungen zu wecken, die letztlich keine Regierung erfüllen kann. Die dann eintretende diffuse Enttäuschung öffnet wiederum populistischen Kräften das Tor. Wer den Zukunftsängsten durch rationale Politik entgegentreten will, darf kein Öl in das Feuer des Niedergangsdiskurses gießen.

Dieses Buch will einen Kontrapunkt setzen. «Deutschland ist gerechter, als wir meinen». Das heißt nicht: Deutschland ist gerecht, hört also auf damit, über Gerechtigkeit zu streiten. Aber wir sollten so sprechen und streiten, dass eine lösungsorientierte Politik befördert wird. Das kann man nur in einer Debatte, die differenziert und sachlich ist. In ihr muss anerkannt werden, was der Sozialstaat leistet und wo er – allem Gerede vom Sozialabbau zum Trotz – auch in jüngerer Zeit ausgebaut wurde. Man muss sich dem Postfaktischen, das sich in der Debatte zum Sozialstaat breitgemacht hat, entgegenstemmen. Das erfordert, nicht allgemein von Gerechtigkeit zu reden, sondern jeweils zu benennen, welche der unterschiedlichen Dimensionen der Gerechtigkeit im jeweiligen Kontext gemeint sind. Dann zeigt sich schnell, wie unterschiedlich und auch widersprüchlich die Vorstellungen darüber sind, was gerecht sei. Und erst dann trennt sich die Spreu vom Weizen, kann unterschieden werden, wer Gerechtigkeit aus gesellschaftlicher Verantwortung einfordert und wer schlicht das für gerecht erklärt, was ihm persönlich nutzt. Erst dann kann aus dem Untergangsdiskurs eine politische Debatte werden, die Handlungsspielräume öffnet.

Es ist mir bewusst, dass es in Deutschland auch Menschen gibt, die – abseits vom Mainstream der Debatte – Gerechtigkeitsdefizite nicht wahrhaben wollen, sei es aus Ignoranz oder einer privilegierten Abgehobenheit. Vielleicht machen wir es ihnen zu leicht. Je schriller der Duktus der Empörung seitens der Schwarzmaler, desto leichter fällt es Gesundbetern, sich den realen Problemen zu verschließen und Gerechtigkeitsfragen als Hype abzutun, der irgendwann wieder vorbei ist.

Der Sozialstaat braucht Unterstützer. Folgenlose Empörung hilft nicht, aber eine differenzierte politische Debatte sehr wohl, um das Vertrauen in unseren Sozialstaat wieder zu festigen. Sie kann und soll neue Perspektiven eröffnen, denn der Reformbedarf ist unabweisbar. Die Nachhaltigkeit des Sozialstaats zu sichern geht nicht im Stillstand. So umfassend auch das Hilfenetz ist, der Sozialstaat bleibt weit unter seinen Möglichkeiten, Notlagen zu vermeiden. Das kann die Sozialpolitik nur im Bündnis mit der Bildungspolitik, der Wohnungspolitik, der Regionalpolitik und anderen relevanten Politikfeldern.

Um den Blick zu weiten, ist es notwendig, den Diskurs zur Gerechtigkeit um das Prinzip der Befähigungsgerechtigkeit zu erweitern. Das Handeln sozialstaatlicher Instanzen ist auf die Befähigung des Individuums zu einem eigenverantwortlichen und solidarischen Leben hin auszurichten. Das hat mit Entsolidarisierung oder der Individualisierung von Notlagen, wie immer wieder behauptet wird, nichts zu tun. Befähigung ist Teil der Solidarität, sie ist kein Widerspruch zu ihr. Gelingende Befähigung trägt dazu bei, dass die Zustimmung zum Sozialstaat sich festigt. Denn Befähigung ist eine Wirkungsvoraussetzung sozialstaatlicher Interventionen. Nur ein Sozialstaat, dem die Bürger gute Wirkungen zutrauen, wird dauerhaft ihre Zustimmung erhalten.

Man kann das in fast 150 Jahren erbaute, verschachtelte Gebäude des Sozialstaats nicht einfach abreißen und durch einen Neubau ersetzen. Phantasien eines radikalen Neuanfangs sind populär, eröffnen aber keine konkreten Perspektiven. Es geht um zähe Reformarbeit.

Um den Sozialstaat zu verteidigen und offensiv weiterzuentwickeln, müssen wir innerhalb eines komplexen Systems Stück für Stück reformerisch vorgehen. Wir müssen uns fragen, wie es gelingen kann, die Sicherungssysteme zu stärken und gleichzeitig die Grundsicherung so weiterzuentwickeln, dass sie Armut wirksam bekämpft. Wie erreichen wir, dass sich ein Arbeitsleben auch im Alter gelohnt hat? Wie setzen wir das Recht auf Teilhabe derer durch, die heute in einem verhärteten Kern der Langzeitarbeitslosigkeit ohne Perspektive sind, obwohl die Arbeitsmarktpolitik so erfolgreich ist? Wie stärken wir Familien, in denen die Eltern im Niedriglohnbereich arbeiten und das Gefühl haben, dass ihre Arbeit sich nicht rentiert? Wie gelingt es, den bisher engen Zusammenhang zwischen sozialer Herkunft und Bildungserfolg zu lockern? Was ist zu tun, um das umfangreiche Hilfenetz des Sozialstaats besser als heute auf Befähigung auszurichten? Wie sichern wir, dass der, der ein Recht auf Hilfe hat, diese Hilfe auch verlässlich bekommt? Wie erhalten wir die Solidaritätsbereitschaft der Mitte mit dem unteren Rand der Gesellschaft? Was kann eine empathische Zivilgesellschaft für eine Sozialpolitik der Befähigung leisten? Und nicht zuletzt: Wie gelingt eine gesellschaftliche Debatte zum Sozialstaat, die Empathie, nüchterne Analyse und Faktentreue so verbindet, dass Rationalität das Wort führt? Jede reformerische Leistung bei den genannten Herausforderungen, durchgesetzt nach zähem Ringen um einen tragfähigen Kompromiss, hilft, unser Land dem Ideal der Gerechtigkeit ein Stück weiter anzunähern.

ZU LAGE UND STIMMUNGEN

2.
Der Populismus,
der aus der sozialen Kälte kam?

Die Schuldigen schnell ausgemacht

Am Abend der Bundestagswahl 2017 stand es fest: Die «Alternative für Deutschland» (AfD) wurde drittstärkste Kraft im Deutschen Bundestag. An schnellen Erklärungen war kein Mangel. In wachsender Zahl folgten die Abgehängten der AfD. Am Wahlabend verwies die Vorsitzende der Linkspartei, Katja Kipping, auf «kulturelle und ökonomische Verlustängste und auch Existenzängste» als Folge einer «Politik der sozialen Verunsicherung»,[1] die es zu beenden gelte. Der Präsident des Deutschen Instituts für Wirtschaftsforschung, Marcel Fratzscher, sah in dem Wahlergebnis einen «Ausdruck der Spaltung der deutschen Gesellschaft»; es solle «ein Weckruf an die Politik sein, die Ungleichheit und soziale Polarisierung der deutschen Gesellschaft endlich ernster zu nehmen».[2] Und Stephan Hebel schrieb anlässlich der Wahl in den Blättern für Deutsche und Internationale Politik: Der Populismus komme aus der «sozialen Kälte»; durch «ihr unbeirrbares, ja unbelehrbares Festhalten am neoliberalen Modell», durch ihre Weigerung, in den sozialen Frieden zu investieren, sei Angela Merkel zur «Geburtshelferin der AfD» geworden.[3]

Kippings Hinweis auf Verlustängste ist berechtigt, und die Forderungen, die Fratzscher mit seinem «Weckruf» verbindet, etwa eine Stärkung der Investitionen in Bildung, sind gut begründbar. Aber der Duktus dieser und vieler anderer Kommentare war:

Letztlich habe der Vormarsch der AfD seine Ursache in einer unsozialen Politik der Bundesregierung. Diese Sicht passt in die größere Erzählung des Sozialabbaus, die auch von Sozialverbänden verbreitet wird. Also sei gegen den Populismus genau das zu tun, was man immer schon gefordert habe, den Sozialabbau zu stoppen und den Sozialstaat weiter auszubauen.

Das Narrativ des Sozialabbaus soll in den Kapiteln 8 bis 14 einer ausführlichen Prüfung unterzogen werden. An dieser Stelle sei nur darauf hingewiesen, dass die Sichtweise einer Regierungspolitik der sozialen Kälte, die verunsichert und in neoliberaler Verblendung untätig bleibt, nicht in Deckung zu bringen ist mit der tatsächlichen Politik der Großen Koalition, die 2017 eine so derbe Niederlage erlitten hat. Sie hat nämlich sozialpolitisch Bemerkenswertes geleistet, gemessen daran, dass Politik ausschließlich in reformerischen Schritten handeln kann. Nur die Einführung des Mindestlohns hat es geschafft, ins öffentliche Bewusstsein vorzudringen. Die Ausweitung der Mütterrente ist nahezu vergessen. Und sofern man sich ihrer erinnert, steht die Begrenzung auf zwei Beitragspunkte für die vor 1992 geborenen Kinder (im Vergleich zu drei Beitragspunkten für die danach geborenen Kinder) als neuer Beweis der Ungerechtigkeit im Vordergrund. Der Unterhaltsvorschuss für Alleinerziehende wird jetzt unbefristet bis zum 18. Geburtstag des Kindes bezahlt. Dies entspricht einer seit langem erhobenen Forderung der Sozialverbände. Mit dem Elterngeld Plus haben Eltern nun flexible Möglichkeiten, die Betreuung ihrer Kinder mit Teilzeitarbeit zu verbinden, ohne auf Ansprüche verzichten zu müssen. Für pflegende Angehörige zahlt die Pflegeversicherung nun höhere Beiträge zur Rentenversicherung; das wird helfen, Altersarmut zu vermeiden. In der Behindertenhilfe sind die Regeln zur Anrechnung des Einkommens und Vermögens behinderter Personen deutlich verbessert worden, und es wird künftig das Einkommen des Partners nicht mehr herangezogen. Das ist eine substantielle Verbesserung; der Kreis derer aber, die dadurch etwas gewinnen, ist zu klein, als dass dies in einem Wahlkampf Wirkung entfalten könnte.

All dies hat dem verbreiteten Bild einer negativen sozialpolitischen Bilanz der Regierung nichts anhaben können. Besonders
bitter ist dies für die SPD, die den Mindestlohn der Union abgerungen hat und dennoch bei der Wahl nicht punkten konnte. Das
hat auch etwas mit ihr zu tun. «Das Problem der SPD im jüngsten
Wahlkampf», so der Politikwissenschaftler Wolfgang Jäger, «war
doch, dass der Kanzlerkandidat gar keinen Stolz auf die Regie-
rungsleistungen der SPD in der vergangenen Legislaturperiode
zeigte.»[4] Wird nur thematisiert und betont, was weiterhin ungerecht ist, rückt aus dem Blick, was der Sozialstaat leistet und was
Sozialpolitik erreicht hat. Das untergräbt die Glaubwürdigkeit der
politischen Akteure, die heute Verantwortung tragen oder in früheren Regierungen trugen. Da ja alles so schreiend ungerecht ist,
fragt man sich, warum sie es dann nicht geändert haben, als sie an
der Macht waren. Dieses Problem hat nicht, wer noch nie Verantwortung trug. Daher der irritierende Wettbewerbsvorteil radikaler
Außenseiter.

Es sind nicht allein die Abgehängten

Käme der Populismus schlicht aus der sozialen Kälte, so sollte man
erwarten können, dass er dort besonders stark ist, wo die Ungleichheit besonders hoch und der soziale Schutz besonders schlecht ist.
Aber Rechtspopulisten feierten in Österreich weit früher als in
Deutschland große Erfolge – trotz einer wirtschaftlichen und sozialen Lage, die am ehesten mit Bayern und Baden-Württemberg
vergleichbar ist, trotz eines ausgebauten Sozialstaats. Erfolgreiche
rechtspopulistische Parteien gibt es auch in den skandinavischen
Staaten – trotz ihrer langen wohlfahrtsstaatlichen Tradition, trotz
niedrigerer Armutsrisikoquoten, trotz geringerer Einkommensungleichheit. Sie erreichen dort ähnlich hohe oder sogar deutlich
höhere Stimmenanteile als derzeit die AfD in Deutschland.
   Wäre der Rechtspopulismus eine Folge der sozialen Kälte, so
müssten sich seine Mitglieder und Wähler vorrangig unter deren

Opfern finden, Menschen, die abgehängt sind, Menschen, denen es im Vergleich zur Mitte deutlich schlechter geht. Diese Erklärung ist beliebt, sie setzt häufig an regionalen Besonderheiten an, an gebrochenen Ostbiographien oder gescheiterten Stadtvierteln im Ruhrgebiet. «Das Markanteste am Aufstieg der AfD», so eine Analyse in der *Zeit*, «sind aber nicht die 35,5 Prozent der Stimmen, die sie in der Sächsischen Schweiz bekam, oder die 17 Prozent in Gelsenkirchen. Das Markanteste ist, dass sie fast nirgendwo in Deutschland schlecht abschnitt.»[5] Regionale Problemballungen können die Anfälligkeit für Populismus erhöhen, aber sie erklären sie nicht. Es ist schlicht ignorant, die AfD zu einem Problem der neuen Bundesländer zu stilisieren. Stefan Locke, der Dresdner Korrespondent der *Frankfurter Allgemeinen Zeitung*, in der DDR aufgewachsen, schreibt verbittert über das hanebüchene Herumpsychologisieren unmittelbar nach der Bundestagswahl über den abgehängten ostdeutschen Mann: «Er ist jetzt der Problembär der Republik, in deren Vorstellung er einsam und von allen Frauen verlassen in seinem Plattenbau hockt und diesen nur verlässt, um Ausländer zu verprügeln, die Bundeskanzlerin anzubrüllen und falsche Parteien zu wählen.»[6] Solche Stereotype, gepaart mit Geringschätzung und Ignoranz gegenüber den Lebensleistungen von Menschen, die nach der Vereinigung und der massiven Deindustrialisierung der ehemaligen DDR ganz neu anfangen mussten, können Spaltungen vertiefen, die der AfD nur nutzen werden.

Auch die gängigen sozialwissenschaftlichen Datensätze[7] widersprechen der These, es seien vorrangig die Abgehängten, die die AfD unterstützten. Zwar sind die AFD-Anhänger (ebenso wie diejenigen der Linken) häufiger mit ihrer materiellen Situation unzufrieden als der Rest der Deutschen. Aber ihr durchschnittliches Nettohaushaltseinkommen liegt mit etwas über 2900 Euro nur etwa 150 Euro unter dem der Gesamtbevölkerung. Fast drei Viertel der AfD-Anhänger haben Lehre, Fachschule oder den Meisterabschluss, ein knappes Fünftel einen Fach- oder Hochschulabschluss. Da überdurchschnittlich viele Arbeiter von der AfD erreicht werden, weisen sie unterdurchschnittliche Stundenverdienste aus, aber immerhin bewertet etwa die Hälfte der AfD-Anhänger ihre materielle Situation als gut oder sehr gut. Allerdings ist mehr als die Hälfte der AfD-Anhänger der Auffassung, keinen gerechten Anteil am Lebensstandard zu erhalten, während dies in der Gesamtgruppe der Befragten nur ein Drittel meint. Von den statistisch erfassten «großen Sorgen» beunruhigen «Zuwanderung nach Deutschland» (82%) und «Entwicklung der Kriminalität» (71%) die AfD-Anhänger am stärksten. Hier unterscheidet sich ihr Profil am radikalsten von den Anhängern anderer Parteien. Die Sorge um den eigenen Arbeitsplatz (9%) ist nicht höher als in der Gesamtbevölkerung.[8]

Ein überdurchschnittlicher Anteil von ihnen lebt in kleinen (ländlichen) Gemeinden.[9] Das könnte daran liegen, dass sich viele AfD-Anhänger Sorgen um die Lebensperspektiven im ländlichen Raum machen. Diese Interpretation wird durch eine ökonometrische Auswertung der Bundestagswahlergebnisse der AfD, differenziert nach den 299 Wahlkreisen, gestützt. Es gibt keinen signifikanten Zusammenhang zwischen den AfD-Werten und der Arbeitslosenquote oder dem Bildungsniveau. Dagegen erzielt die AfD überdurchschnittliche Ergebnisse in dünn besiedelten Räumen mit einer überdurchschnittlich alten Bevölkerung,[10] in Räumen also, aus denen viele Junge wegziehen und wo es schwerfällt, Perspektiven gegen diesen Trend zu finden.

Die populistische Bedrohung lässt sich, das zeigen die Daten, nicht mit einer simplen Theorie materieller Benachteiligung erklären. Man kann sich auch in der gut situierten Mitte radikalisieren. Zukunftsängste können wirksam werden, verbunden mit dem Gefühl, nicht gehört und nicht wertgeschätzt zu werden. Es kann aber auch handfeste Benachteiligung sein. Immer wieder kommt ein Ton in die Debatte, als käme es gar nicht so genau darauf an, ob der Abstieg «gefühlt» ist oder sich in harten Daten zu Einkommen oder Beschäftigung niederschlägt. Ob «gefühlt oder nicht», für die politischen Prozesse sei entscheidend, dass wir uns in einer Gesellschaft befinden, in der der Abstieg oder zumindest die Angst vor ihm das Lebensgefühl prägt.

Sicher, weit verbreitete Gefühle sind höchst relevante Tatsachen, aber es ist falsch, die Unterscheidung zwischen Gefühlen und Realität für irrelevant zu halten. Damit schwindet die Grundlage für rationale Politik. Wenn es eindeutig benennbare Benachteiligung gibt, kann Politik versuchen, im Rahmen des Möglichen Benachteiligungen abzubauen oder auszugleichen, sei es auf dem Feld der Sozial-, Bildungs-, Arbeitsmarkt- oder Regionalpolitik. Auch dann ist nicht gesichert, dass sich das Gefühl ändert, denn dies setzt zumindest voraus, dass die Bemühungen der Politik wahrgenommen und keine Erwartungen an sie gerichtet werden, an denen sie nur scheitern kann. Wenn aber alle das Gefühl haben, zu kurz zu kommen, hat rationale Politik keine Chance, Gehör zu finden. Wenn die Anfälligkeit für populistische Verheißungen in der Angst vor einer unbekannten Zukunft besteht, kann Politik kein Vertrauen in die Zukunft verordnen. Aber jeder kann Verantwortung dafür übernehmen, dass der Diskurs des Niedergangs nicht weiter geschürt wird.

3.
Alles schreiend ungerecht?

Mir geht es gut, dem Land geht es schlecht

Das Allensbach-Institut befragte 2017 eine repräsentative Stichprobe der Bevölkerung im Alter zwischen 30 und 59 Jahren, wie sie zurzeit die eigene Lebensqualität einschätzen. 79% der Befragten antworteten mit sehr gut oder gut. 41% waren der Meinung, ihre Lebensqualität habe sich in den letzten Jahren verbessert, weitere 40%, es habe sich nicht viel verändert, 17% meinten dagegen, es sei schlechter geworden.[1] Die Daten des Sozio-oekonomischen Panels (SOEP) zur Lebenszufriedenheit zeigen ebenfalls ein durchaus erfreuliches Bild. Das SOEP ist eine repräsentative Wiederholungsbefragung, die derzeit etwa 35 000 Personen in 15 000 Haushalten erfasst. Sie erfolgt im Auftrag des Deutschen Instituts für Wirtschaftsforschung und ist eine der wichtigsten Datenquellen zu wirtschaftlichen und gesellschaftlichen Entwicklungen in Deutschland. Seit 1984 lautet eine Kernfrage des SOEP: «Wie zufrieden sind Sie gegenwärtig, alles in allem, mit Ihrem Leben?» Die Befragten können auf einer Skala zwischen null (ganz und gar unzufrieden) und 10 (ganz und gar zufrieden) wählen. Die so gemessene mittlere Lebenszufriedenheit lag stets zwischen 6,8 und 7,5 – zu stark lässt sich dieser Wert von den politischen und wirtschaftlichen Konjunkturen offensichtlich nicht beeinflussen. Der tiefste Punkt der Lebenszufriedenheit wurde 2004 erreicht, auf dem Höhepunkt der Arbeitslosigkeit in Deutschland; seitdem steigen die Werte kontinuierlich mit Ausnahme einer

kleinen Delle während der Finanzmarktkrise und nach der Reaktorkatastrophe von Fukushima. Heute liegt die mittlere Lebenszufriedenheit auf dem höchsten Wert seit Beginn der Erfassung
durch das SOEP. Auch der Abstand zwischen West- und Ostdeutschland wird kleiner.[2] Und: Dieser positive Befund gilt für
alle Einkommensgruppen, die Zunahme ist unten sogar etwas
stärker ausgeprägt als oben. Mit der deutlich verbesserten Arbeitsmarktlage sinkt die Sorge um den eigenen Arbeitsplatz und die
persönliche wirtschaftliche Situation, ebenfalls in allen Einkommensgruppen.[3]

Die Bürger, die in überwältigender Mehrheit bekunden, es
ginge ihnen gut, sind gleichzeitig zu etwa zwei Dritteln überzeugt,
dass die wirtschaftlichen Verhältnisse in Deutschland ungerecht
seien. Auch hier sind die Werte auf einem konstant hohen Level,[4]
recht unabhängig von aktuellen politischen Lagen und Einflüssen. Die Bürger sorgen sich um den gesellschaftlichen Zusammenhalt. Allerdings gibt es auch hier eine Diskrepanz zwischen einer durchaus positiven Beurteilung des Zusammenhalts in der
Gegend, in der die Befragten wohnen, und dem verfestigten Gefühl, dass der Zusammenhalt in Deutschland insgesamt gefährdet
sei.[5]

Stellt die Gleichzeitigkeit hoher persönlicher Zufriedenheit
und der Wahrnehmung großer Ungerechtigkeit einen Widerspruch dar? Nein, sagt Marcel Fratzscher, Präsident des Deutschen Instituts für Wirtschaftsforschung. Vielen Menschen gehe
es nicht nur um ihre ganz persönliche Lage. Sie wollen in einer
Gesellschaft leben, die einen Ausgleich schafft, sie wollen die eigene Zufriedenheit mit anderen teilen.[6] Ist das stark verbreitete
Gefühl großer Ungerechtigkeit und schwindenden gesellschaftlichen Zusammenhalts also Folge der starken Empathie einer
Mitte, der es gut geht, mit denen, die am Rande stehen? Das wird
ein Teil der Erklärung sein; zum Glück gibt es diese Empathie.
Aber die Mitte sieht, wenn sie Ungerechtigkeit empfindet, durchaus auch sich selbst als Opfer von Benachteiligung. Sonst wäre
nicht zu erklären, dass populistische Kräfte auch unter «sich aus-

geliefert fühlenden Durchschnittsverdienern»[7] erfolgreich werben
können. Viele bewerten ihren persönlichen Lebensstandard posi-
tiv und sind gleichzeitig überzeugt, weniger zu haben, als ihnen
eigentlich gerechterweise zustünde.[8] Auch hier sind die Werte im
gesamten Zeitraum seit der Wiedervereinigung recht stabil.

Wie zu erwarten, unterscheiden sie sich nach Einkommensgruppen. In Westdeutschland empfindet etwa die Hälfte der Bezieher niedriger Einkommen, dass sie weniger als ihren gerechten
Anteil erhalte, aber auch bei jenen mit mittleren Einkommen liegt
dieser Anteil in den meisten Jahren bei 35%. Und bei Beziehern
oberer Einkommen sind es immerhin noch etwa 20%. Auch Menschen oberhalb der Mitte haben vielfältige Möglichkeiten zu einem Vergleich, der sie unzufrieden werden lässt. In Ostdeutschland sind die Werte in allen Einkommensgruppen deutlich höher,
sie passen sich langsam den Westwerten an, aber die Diskrepanz
bleibt groß.[9] Die Stabilität der Werte über den langen Zeitraum
seit der Wiedervereinigung lässt wenig Raum für die Hoffnung,
die Regierung besäße praktikable Stellhebel, das Gerechtigkeitsempfinden massiv zu verändern. So wichtig Reformen auf den
einzelnen Feldern sozialstaatlicher Sicherung sind, nichts von
dem, was eine Regierung realistischerweise bewältigen kann, wird
zu einer völligen Verschiebung der gesellschaftlichen Gefühlslagen
führen.

Die Vorstellungen darüber, was gerecht ist und wo die größten
Gerechtigkeitsdefizite verborgen liegen, werden von der persönlichen Lebenslage und den eigenen Interessen stark beeinflusst.
Der Soziologe Uwe Engel verdichtete dies aufgrund umfangrei-
cher Befragungen in einem Buchtitel: «Gerechtigkeit ist gut, wenn
sie mir nützt».[10] Die bereits erwähnte Allensbach-Umfrage hat
auch gefragt, was der Staat tun könne, um für mehr Gerechtigkeit
zu sorgen. Dabei erhalten die Optionen Zustimmungswerte von
70%, die Gerechtigkeitsdefizite betreffen, die in der Mitte erfahren oder zumindest gefühlt werden: gleiche Bezahlung für gleiche
Arbeit, Schließung von Steuerschlupflöchern. Und: «Wer arbeitet,
sollte spürbar mehr verdienen als derjenige, der von staatlicher

Unterstützung lebt.» Dagegen werden Optionen, die unten ansetzen, wie «Migranten besser fördern» und «Die Unterstützung für Hartz-IV-Empfänger erhöhen», nur von etwa einem Viertel der Befragten befürwortet.[11]

Auch wenn soziale Anliegen breit unterstützt werden, ist die Bereitschaft, hierzu finanziell beizutragen, sehr verhalten. Mit Zustimmungswerten von 70% oder mehr wünschen die von Allensbach Befragten ein zukunftssicheres Gesundheitssystem, den Abbau der Unterschiede zwischen Arm und Reich, eine gute Altersversorgung, die stärkere Förderung von Familien mit Kindern und gute Schulen und Hochschulen; fast drei Viertel der Befragten wollen aber zugleich eine Senkung der Belastungen durch Steuern und Abgaben.[12] Die Diskrepanz zwischen großen Wünschen und kleiner Finanzierungsbereitschaft zeigen auch andere Befragungen.[13]

Gerecht sind nur Gerechtigkeiten

Alle sprechen von Gerechtigkeit. Aber man sollte nicht der Illusion erliegen, es gäbe eine einheitliche Vorstellung darüber, was unter Gerechtigkeit zu verstehen ist, und dass es jeweils die eigenen politischen Vorschläge für mehr Gerechtigkeit wären, die mehrheitsfähig sind. Gerechtigkeitsvorstellungen stehen miteinander im Konflikt. Was der eine für gerecht hält, hält der andere für schreiend ungerecht.

Bei aller Unschärfe des Begriffs können wir nicht auf ihn verzichten. Gerechtigkeitsfragen stellen sich insbesondere dann, wenn Interessenkonflikte bestehen, wenn etwa zu klären ist, wie knappe Güter und Lasten, wie die Erträge aus Kooperationen zu verteilen sind. Kooperation in komplexen Gesellschaften erfolgt zwischen Menschen, die häufig in keiner nahen Beziehung zueinander stehen, sich nicht einmal persönlich kennen. Gute Kooperation ist ohne die Sicherheit, dass die Kooperationsbereitschaft nicht ausgebeutet wird, nicht möglich. Gerechtigkeit treibt Men-

schen um, weil sie vor Verhältnissen geschützt sein wollen, die sie
bedrohen oder übervorteilen. Fühlen sich Arbeitnehmer am Arbeitsplatz schlecht behandelt, verlieren sie die emotionale Bindung zu ihrem Unternehmen und ihre Kooperationsbereitschaft
sinkt. Erfahren oder fühlen Menschen Ungerechtigkeiten auf der
gesellschaftlichen Ebene, sinkt das Vertrauen in die Institutionen,
die die Gesellschaft tragen.[14] Gerechtigkeit ist für den Zusammenhalt einer Gesellschaft eine zwingende Voraussetzung. Was sie genau bedeutet, welche Regeln und Strukturen Gerechtigkeit sichern
können, muss in einer offenen Gesellschaft immer wieder neu
ausgehandelt werden.[15]

«Wirklich gerecht sind nur Gerechtigkeiten», schreibt der Sozialethiker Gerhard Kruip.[16] Wir benötigen unterschiedliche Kon-
zeptionen von Gerechtigkeit, die in unterschiedlichen Kontexten
Geltung besitzen. Sie sollen im Folgenden kurz erläutert werden.
Es bedarf dabei einer Leitorientierung. Ausgangspunkt ist der
Mensch, der mit unveräußerlichen Rechten ausgestattet ist und
als vernunftbegabtes Wesen sein Leben selbstbestimmt gestaltet.
Er will als Bürger am gesellschaftlichen Leben teilhaben, mit den
gleichen Rechten und Pflichten wie alle anderen Bürger. Die Ordnung, in der er lebt, darf daher nicht von Privilegien bestimmt
sein, denn in deren Genuss können, sonst wären es keine Privilegien, nur einige, aber nicht alle Bürger kommen. Die rechtliche
und politische Ordnung muss den Bürgern Raum zur selbstbestimmten Lebensführung geben, ihre Freiheit sichern.

Die entscheidende Voraussetzung hierfür ist ein demokratischer
Rechtsstaat. Er schützt vor Zwang und Gewalt, er bietet über
das allgemeine Wahlrecht demokratische Mitwirkungsrechte und
durch den Zugang zu den Gerichten rechtlichen Schutz. Dabei
muss strikt das Prinzip der Gleichheit gelten; jede Abweichung
von diesem Anspruch wäre die Rückkehr in eine vordemokra-
tische Privilegienordnung. So wichtig Rechtsgleichheit ist, es gibt
dennoch Hürden, die einer politischen Beteiligung weniger arti-
kulationsfähiger Teile der Bevölkerung oder der faktischen Durchsetzung ihrer Rechte entgegenstehen; diesen Bürgern fehlen häu-

fig Informationen und Beziehungen. Daher bleibt auf dem Feld der Durchsetzung gleicher Bürgerrechte noch viel zu tun.

Der demokratische Rechtsstaat ist eine notwendige, aber keine hinreichende Bedingung für ein selbstbestimmtes Leben.[17] Bei existenzieller Not kann sich Leben nicht entfalten. Die Wahrnehmung von Freiheitsrechten ist an Mittel gebunden. Um diese erwirtschaften zu können, sind die Bürger auf eine Wirtschaftsordnung angewiesen, in der sie sich durch Einsatz ihrer Fähigkeiten ein Einkommen erarbeiten können. Sie benötigen ein Umfeld, insbesondere ein Bildungs- und Ausbildungssystem, in dem sie die für ein gelingendes Leben erforderlichen Fähigkeiten entwickeln und ihre Potentiale entfalten können. Wenn ein Einkommen, das eine autonome Lebensführung ermöglicht, nicht erwirtschaftet werden kann, etwa weil hohe Arbeitslosigkeit herrscht, so ist die Gesellschaft verpflichtet, die Lebensgrundlagen durch Sozialleistungen zu sichern, solange der Ausschluss von produktiver Arbeit nicht überwunden werden kann. Und die Gesellschaft ist verpflichtet, ein möglichst selbstbestimmtes Leben auch denen zu ermöglichen, die aufgrund etwa einer Behinderung oder Erkrankung keine Möglichkeiten der Einkommenserzielung durch Arbeit haben. Diese Verpflichtung beinhaltet nicht allein die Sicherung der physischen Existenz, sondern auch die Gewährung basaler sozialer Teilhabe. Ein selbstbestimmtes Leben aller Bürger kann nur ein Rechtsstaat sichern, der gleichzeitig Sozialstaat ist.

Bei Fragen der Gerechtigkeit geht es häufig um die Verteilung knapper Güter oder die Aufteilung von Lasten wie etwa Steuern. Nach welchem Prinzip soll dies erfolgen, damit «Verteilungsgerechtigkeit» herrscht?[18] Hier gibt es mehrere Prinzipien. Die Verteilung nach Status, etwa durch Geburt erworbenen Anrechten, ist unvereinbar mit einer privilegienfreien Ordnung. Das Prinzip der Gleichheit entspricht häufig unserer Gerechtigkeitsintention. Zu Grundgütern, etwa zu medizinischer Versorgung, muss der gleiche Zugang aller Bürger gewährleistet sein, unabhängig davon, wie ihre materielle Lage ist. Dies kann nur ein Sozialstaat garantieren. Aber wenn es um die Entlohnung von Arbeit geht, folgen wir meist nicht dem Prinzip der Gleichheit, sondern dem Leistungsprinzip. Ungleichheit, sofern sie durch unterschiedliche Leistung begründet ist, halten die meisten von uns für legitim. Auch dieses Prinzip ist durchaus konfliktträchtig, denn es gibt keine eindeutigen Regeln, wie die Leistung, die in einem Unternehmen oder einer Institution erbracht wird, den einzelnen Leistungsträgern zuzuordnen ist. Und dennoch können wir auf das Leistungsprinzip nicht verzichten, da es Anreize zur Leistungserbringung setzt, auf die unser Wohlstand beruht. Auch Steuerlasten verteilen wir nicht nach dem Prinzip der Gleichheit, sondern berücksichtigen die unterschiedliche Leistungsfähigkeit der Bürger. In anderen Konstellationen ist das Bedarfsprinzip leitend. Jedem Menschen mit Behinderung die gleiche Unterstützung zukommen zu lassen wäre ungerecht, weil ihr Bedarf, um am gesellschaftlichen Leben teilhaben zu können, höchst unterschiedlich ist.

Eine selbstbestimmte Lebensführung setzt Fähigkeiten voraus. Wie gerecht sind die Chancen verteilt, solche Fähigkeiten zu erwerben? Die Natur verteilt ihre Gaben höchst ungerecht. Die soziale Herkunft ist prägend, was eine freiheitliche Gesellschaft nicht verhindern kann. Das darf aber nicht einfach hingenommen werden. Durch Bildungs- und Sozialpolitik können Bedingungen geschaffen werden, die es auch Kindern und Jugendlichen, die unter benachteiligten Bedingungen aufwachsen, ermöglichen, ihre Potentiale möglichst gut zu entfalten. Es geht also nicht allein darum, dass der Zugang zu Macht, Status und herausgehobenen Positionen leistungsgerecht nach diskriminierungsfreien Regeln erfolgt. Dies entspricht einem eher engen Verständnis von Chancengerechtigkeit. Es geht aber um mehr, es geht um die Entfaltung der Fähigkeiten, die Teilhabe und ein gelingendes Leben erst ermöglichen.[19]

Dieser Herausforderung entspricht ein Gerechtigkeitsprinzip, das im Diskurs um Gerechtigkeit meist zu kurz kommt: die Befähigungsgerechtigkeit. Der Begriff geht wesentlich auf den indisch-amerikanischen Ökonomen und Philosophen Amartya Sen und die amerikanische Philosophin Martha Nussbaum zurück.[20] Nicht allein der Zugang zu Ressourcen und Einkommen bildet die Grundlage für Handlungsoptionen, sondern Menschen benötigen darüber hinaus Fähigkeiten, um Handlungsoptionen wahrnehmen und damit ein würdevolles und freies Leben führen zu können. Diese Fähigkeiten sind in sehr unterschiedlicher Weise verteilt, ihre Entwicklung wird durch die sozialen Verhältnisse, in denen Menschen aufwachsen, entscheidend geprägt. Der Befähigungsansatz stellt die Potentiale jedes Menschen in den Mittelpunkt. Damit Menschen diese entfalten können, sind sie auf Grundbedingungen angewiesen, die sie, ihre Familien und ihr Umfeld allein nicht sicherstellen können. Im Ringen darum, was gerecht ist, darf das Prinzip der Befähigungsgerechtigkeit nicht fehlen. Auch die Sozialpolitik ist daran zu messen, ob sie Befähigung ermöglicht. Sie darf nicht vor der Aufgabe kapitulieren, auch die Startchancen derjenigen zu verbessern, die ihr Leben unter prekären Verhältnissen beginnen.

Märkte und Gerechtigkeit

Teil der Stimmungen zu unserer sozialen Lage sind tiefsitzende Zweifel, ob eine Marktwirtschaft gerecht sein kann. Das zeigt eine repräsentative Erhebung von 2012. Etwa drei Viertel der Bevölkerung sind überzeugt, dass die Soziale Marktwirtschaft die Reichen reicher und die Armen ärmer mache und sie nicht mehr so funktioniere wie früher. Die Hälfte ist überzeugt, dass sie verantwortlich sei für die Ungerechtigkeit in Deutschland und sie grundlegend verändert werden müsse. Und gleichzeitig stimmen etwa zwei Drittel der Befragten der Aussage zu, die Soziale Marktwirtschaft sei maßgeblich für die gute wirtschaftliche Lage und für Deutschland immer noch am besten.[21] Ein als ungerecht bewertetes System wird somit von einer breiten Mehrheit für unverzichtbar gehalten.

Woher kommt dieses Unbehagen? Obwohl die Marktökonomie unseren Wohlstand sichert, kann sie Ergebnisse hervorbringen, die nach verbreiteten Gerechtigkeitsvorstellungen nicht akzeptiert werden. Marktprozesse bestimmen die primäre Verteilung der Einkommen, bevor sie der Staat über Steuern und Transfers korrigiert. Märkte erzeugen Ungleichheit. Das ist nicht zu vermeiden; wenn die Erträge der Marktteilnehmer von ihren Markttransaktionen abhängen, so kann man nicht erwarten, dass Gleichheit der Einkommen das Ergebnis ist.[22] Natürlich stellen sich auch bei der Bewertung des Marktgeschehens und des Verhaltens der Marktakteure Fragen der Gerechtigkeit. Sind die Regeln fair? Oder ist der Wettbewerb durch Subventionen verzerrt, die dem einen gewährt werden, anderen aber verschlossen bleiben? Gilt das Prinzip der Verbindung von Handlungsfreiheit und Haftung, oder können, wie in der Finanzmarktkrise, Unternehmen die Folgen riskanter Geschäfte auf die Allgemeinheit abwälzen?

Wenn die Eigentümer eines erfolgreichen Start-ups hohe Gewinne machen, wird man das nicht als Verletzung einer wie auch immer definierten Verteilungsgerechtigkeit kritisieren können. Aber auch hier stellen sich Fragen der Gerechtigkeit. Beruht der Erfolg wirklich auf der Leistung des Unternehmens, oder war Diebstahl geistigen Eigentums im Spiel, wurden Kunden hinters Licht geführt? Wurde die Umwelt geschädigt? Oder wurde durch Druck auf Mitarbeitende die Wahl eines Betriebsrates verhindert, wodurch die Bezahlung von Überstunden vermieden werden konnte? Diese und andere Formen unfairen Marktverhaltens müssen durch eine Ordnung der Wirtschaft unterbunden werden, die nur ein wirkmächtiger Staat setzen kann. Sie ist die zwingende Voraussetzung dafür, dass Märkte lebensdienlich wirken können. Wenn aber der Erfolg in fairer Einhaltung der Regeln erzielt wurde und der Gewinn legal versteuert wird, gibt es auch an hohen Erträgen nichts zu kritisieren.

Das Leistungsprinzip hat in unseren Gerechtigkeitsvorstellungen einen hohen Wert. Wer auf Märkten mit fairen Methoden Erfolg erzielt, wird in der Regel etwas geleistet haben. Aber Glück

spielt auch eine große Rolle. Der Markt ist keine Belohnungs-
anstalt für individuelle Mühen. «Denn», so der Ordnungsöko-
nom Viktor Vanberg, «obschon der marktliche Wettbewerbspro-
zess dazu tendiert, eine Proportionalität von Leistung und Ertrag
zu fördern, so spielen doch unvermeidlich auch glückliche Zufälle
für den Erfolg in der Nutzung marktlicher Chancen eine Rolle,
und auch die besten eigenen Bemühungen bieten keine Garantie
dafür, dass einem die erwartete Belohnung nicht durch unerwar-
tete Änderungen in den Marktbedingungen versagt bleibt, die
dem eigenen Einfluss gänzlich entzogen sind.»[23]

Ist also jedes Marktergebnis zu akzeptieren oder gar als «gerecht» zu bezeichnen, wenn nur die Marktregeln fair sind und eingehalten wurden? Niemand würde sagen, es sei ungerecht, wenn
eine Fußballmannschaft ohne Fouls elf zu eins gewinnt. Aber
kann man so auch bezüglich Märkten argumentieren? Dies wird
durchaus vertreten. Aus der richtigen Erkenntnis, dass eine regel-
basierte Marktökonomie die Grundlagen unseres Wohlstands sichert, wird geschlossen, dass ihre Ergebnisse schlicht zu akzeptieren sind. Verwiesen wird darauf, dass der Versuch einer staatlichen
Korrektur in eine Kaskade von Regulierungen münden könne,
die die Effizienz der Marktordnung untergrabe und langfristig alle
schädige. So berechtigt diese Sorge ist, man kann die Frage nach
der gesellschaftlichen Verantwortung nicht einfach zur Seite legen. Man braucht jedenfalls schon sehr ausgeprägte wirtschaftsdi-
daktische Fähigkeiten, um etwa die Arbeiter und die Menschen in
der Region eines großen Industriewerks, das aufgrund wegbre-
chender Nachfrage geschlossen werden soll, zu überzeugen, dass
es langfristig auch in ihrem wohlverstandenen Interesse ist, staat-
licherseits nichts zu tun. So kann Politik in einer demokratischen
Gesellschaft nicht handeln.[24] Politik kann allerdings die Beschäftigten auch nicht schlicht vor den Folgen sich verändernder
Märkte schützen; sie kann nur die Illusion erwecken, dies zu
können, um dann später umso größere Enttäuschung zu bereiten.
Bei den gut organisierten Bergleuten im Steinkohlenbergbau des
Ruhrgebiets hat es eine solche Schutzpolitik zu horrenden Kosten

lange gegeben, aber bei den vielen Menschen, die in der nieder-
gehenden Textilindustrie oder in vielen anderen Branchen ihre
Arbeitsplätze verloren haben, gab es diesen Schutz nicht. Es kann
ihn nur für einige, nicht für alle geben. Aber Politik kann dennoch handeln, etwa durch Regelungen zu Sozialplänen, die Unterstützung von Transfergesellschaften, durch Weiterbildungsan-
gebote mit entsprechender Absicherung oder regionalpolitische
Bemühungen, um andere Unternehmen zur Ansiedlung in der
Region zu gewinnen. Über manche dieser Maßnahmen werden
strenge Marktliberale die Nase rümpfen. Aber auch eine Politik
zur Sicherung einer leistungsfähigen Sozialen Marktwirtschaft –
zweifelsohne eine zentrale Aufgabe zur Sicherung von Freiheit
und Wohlstand – muss demokratische Zustimmung finden.

Der Diskurs über Gerechtigkeit gewänne, wenn konkreter benannt würde, nach welchen Prinzipien Gerechtigkeit hergestellt
werden soll und an welchen Akteur sich eine Forderung richtet.
Gerechtigkeit braucht ein handelndes Subjekt. Wenn Prinzipien
und Akteure nicht konkret benannt werden, handelt es sich um
leeres Gerede. Wenn es um die Marktordnung geht, muss diskutiert werden, welche Regeln angemessen sind, damit der Markt als
System der Koordination unterschiedlichster Teilnehmer mit unterschiedlichsten Interessen im Sinne der Bürger funktionieren
kann. Das ist demokratisch auszuhandeln.

Auszuhandeln ist auch, in welchem Umfang das vom Markt er-
zeugte Ergebnis durch Verteilungspolitik korrigiert werden soll.
Es kann nicht darum gehen, das Ergebnis des Marktes durch Besteuerung und staatliche Transfers nachträglich in eine Gleichverteilung zu überführen. Dies würde jegliche Anreize zu höherer
Arbeitsleistung, Innovationen oder risikobehafteten Investitionen
zerstören. Daher wird diese Art von Gleichheit, trotz allen Unbe-
hagens an Ungleichheit, auch nicht mehrheitlich gefordert. Aber
zu starke Diskrepanzen werden bei uns von einer breiten Mehrheit ebenfalls nicht akzeptiert, insbesondere wenn sie zu Armut
und Ausgrenzung führen. Es muss ausgehandelt werden, was ungerechte Ungleichheiten sind und welches Maß an Ungleichheit

gewünscht, notwendig oder zumindest noch erträglich ist.[25] Dabei sind funktionale Aspekte zu diskutieren, da die Grundlage aller Verteilungspolitik eine leistungsfähige Ökonomie ist, aber auch normative Aspekte, etwa das Recht der Bürger auf gesellschaftliche Teilhabe. Zu diskutieren ist auch, wann Ungleichheit dysfunktional wird, etwa wenn reiche Bürger einen Einfluss auf politische Entscheidungen gewinnen, der die Bürgerrechte aller Bürger einschränkt, und wie dies zu verhindern ist. Auch hier ist übrigens Deutschland gerechter, als wir meinen. Die viel gescholtene öffentliche Parteienfinanzierung schützt unser politisches System vor einem Grad der Beeinflussbarkeit, die sich anderenorts aus der existenziellen Abhängigkeit von Großspendern bei der Bewerbung um politische Ämter ergibt.

4.
Wie weit öffnet sich die Schere?

Die Wirtschaft boomt – und unten kommt gar nichts an?

Keine andere Zahl war im Bundestagswahlkampf 2017 so dominant präsent wie diese: Die ärmeren 40% der Bevölkerung haben seit der Wiedervereinigung nichts dazugewonnen; ihr verfügbares Einkommen liegt nach einem zwischenzeitlichen Anstieg in der zweiten Hälfte der 1990er Jahre 2014 kaufkraftbereinigt wieder auf dem Wert von 1991. Dagegen stiegen die Einkommen der oberen 60% der Bevölkerung um 16%. Noch deutlicher zeige sich die auseinandergehende Einkommensschere, wenn wir die obersten und die untersten 10% betrachten. Während die verfügbaren Einkommen der obersten Gruppe seit der Wiedervereinigung um 27% kletterten, sackten sie bei der untersten Gruppe um nahezu 9% ab.[1] In der öffentlichen Wahrnehmung war dies nicht allein Beleg für die gewachsene Ungleichheit der Einkommen in Deutschland: Bei den Menschen unten komme einfach nichts an, obwohl die Wirtschaft brummt. Schnell ist dann die Linie gezogen zu einem Beschäftigungsboom, der nur auf dem Papier stehe, aber eigentlich nichts weiter beinhalte als eine Ausbreitung prekärer Beschäftigung, von der niemand leben könne.

Auch hier sind die Verhältnisse komplizierter. Datengrundlage ist das SOEP. Ein besonderes Verdienst dieser Erhebung ist es, durch regelmäßige Stichprobenergänzungen auch spezifische Teilgruppen abzubilden. So ist in dem langen Zeitraum zwischen 1991 und heute das SOEP immer wieder um spezielle Stichproben von Alleinerziehenden, Mehrkindfamilien, Familien mit kleinen Kindern, Familien im kritischen Einkommensbereich sowie um mehrere Migrationsstichproben ergänzt worden. Dies ermöglicht tiefergehende Auswertungen zu diesen Teilgruppen, ist aber bezüglich der Gesamtergebnisse mit höchst komplexen methodischen Problemen verbunden, die die Vergleichbarkeit der Daten über die Zeit beeinträchtigen.[2]

Wie gut oder schlecht die Migrationsbevölkerung erfasst wird, ist eine besonders sensible Frage. Bezüglich der meisten relevanten Sozialindikatoren haben die Menschen mit Migrationshintergrund deutlich schlechtere Werte; sie sind zu höheren Anteilen arbeitslos, sind im Durchschnitt geringer qualifiziert und arbeiten häufiger in schlechter entlohnten Tätigkeiten. Wird eine zusätzliche Migrationsstichprobe in die Erhebung aufgenommen, so kann dies dazu führen, dass nun die Daten der Intention der Forscher gemäß ehrlicher werden. Gleichzeitig besteht aber die Gefahr von Fehleinschätzungen, wenn der plötzliche Anstieg der Armutsrisikoquote oder der Ungleichheit, der sich dann in den Daten zeigt, als momentane Verschlechterung der sozialen Lage interpretiert wird. Der Eindruck entsteht, trotz boomenden Arbeitsmarkts habe sich die Lage verschlechtert. In Wirklichkeit aber zeigen die Daten eine Problematik, die schon lange besteht, bisher jedoch nur ungenügend erfasst wurde.

Ein Blick auf die Werte seit 1991, die im Bundestagswahlkampf Furore machten (vgl. Schaubild 1): Auffallend ist, dass in den Jahren 1993/94 die untersten Einkommen massiv einbrachen; bei den untersten 10% zeigt sich ein Einbruch um real 11%.[3] Da damals die Inflationsraten weit höher waren als heute, müsste es einen radialen Einbruch der nichtinflationsbereinigten Einkommen gegeben haben, die die untersten Haushalte erhielten. Aber es gibt keine plausible wirtschaftliche Erklärung für diesen Einbruch; 1994 war ein gewöhnliches Jahr. Ein Grund dürfte eine neu in das SOEP aufgenommene Migrationsstichprobe sein,[4] ein weiterer methodische Änderungen bei der Einkommenserhebung.

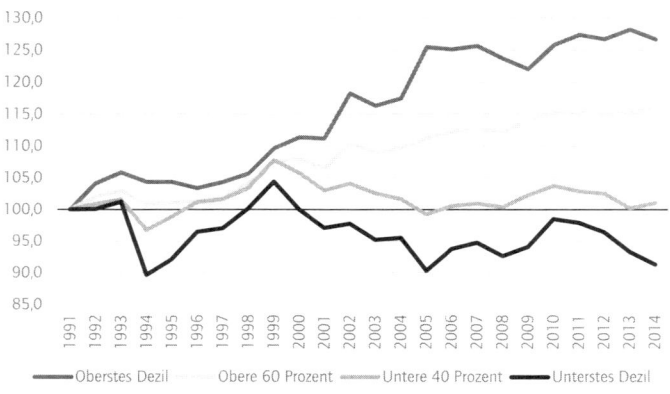

Schaubild 1: Realeinkommen nach Einkommensdezilen mit Basisjahr 1991. Bedarfsgewichtete Nettoeinkommen in Preisen des Jahres 2014. SOEP Original-werte, Index 1991 = 100

Die Verteilungsforscherin Judith Niehues hat die Daten einer Sensitivitätsanalyse unterzogen.[5] Wählt man statt 1991 das Basisjahr 1994 – also nach dem schwer erklärlichen Bruch –, so hat auch das unterste Dezil leichte Einkommensgewinne, und die unteren 40% haben einen realen Einkommensgewinn von 4,4% (vgl. Schaubild 2). Auch hier zeigt sich nach 2010 ein Rückgang der Einkommen im unteren Bereich, der schwer erklärlich ist, da es mit der deutlich besseren Beschäftigungssituation auch unten Lohnsteigerungen gab, Renten erhöht und Transferzahlungen an die Inflation angepasst wurden. Ein wesentlicher Faktor liegt auch hier in der Erweiterung des SOEP um eine Migrationsstichprobe. Bleibt diese unberücksichtigt, so ergibt sich noch mal ein anderes Bild; die unteren 40% haben Einkommensgewinne von 8%, die oberen 60% von 16,5% (vgl. Schaubild 3).

Auch die alternativen Darstellungen zeigen nicht einfach «die» Wahrheit; sie sind Bestandteil einer Sensitivitätsanalyse, die nur deutlich machen kann, wie stark das Gesamtergebnis von vielen methodischen Setzungen, etwa der Wahl des Basisjahrs, abhängt. Wie wichtig solche Hintergrundbetrachtungen sind, wenn man

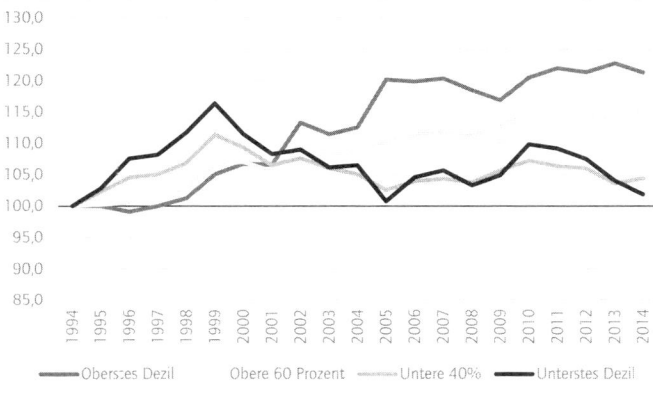

Schaubild 2: Realeinkommen nach Einkommensdezilen mit Basisjahr 1994. Bedarfsgewichtete Nettoeinkommen in Preisen des Jahres 2014. SOEP-Originalwerte, Index 1994 = 100

keine Fehlschlüsse ziehen will, zeigt auch eine 2018 veröffentlichte Auswertung der SOEP-Daten, die bis 2015 reicht. Sie weist einen Anstieg des durchschnittlichen verfügbaren Einkommens inflationsbereinigt von 15% seit 1991, also seit der Wiedervereinigung aus. Auch hier öffnet sich über einen Zeitraum von fast 25 Jahren die Einkommensschere, aber es kann keine Rede davon sein, die unteren 40% seien abgehängt. Deutliche Einkommensverluste werden für die untersten 10% ausgewiesen, wobei auch hier das Ergebnis von dem schwer erklärlichen Einbruch 1994 beeinflusst wird. Beim zweiten Dezil wird das reale Einkommen von 1991 nach Schwankungen erst 2015 wieder nahezu erreicht. Das ist keine erfreuliche Einkommensentwicklung beim untersten Fünftel. Allerdings dürfen die Daten nicht so gelesen werden, als hätten alle diejenigen, die 1991 zu den untersten 10 oder 20% gehörten, Verluste erlitten oder nichts hinzugewonnen. Diese Gruppe setzt sich heute aufgrund der hohen Zuwanderung deutlich anders zusammen als 1991. Etwa 40% der Bevölkerung im untersten Fünftel der Bevölkerung haben heute einen Migrationshintergrund.[6] Es dauert sehr lange, bis sie so integriert sind, dass die

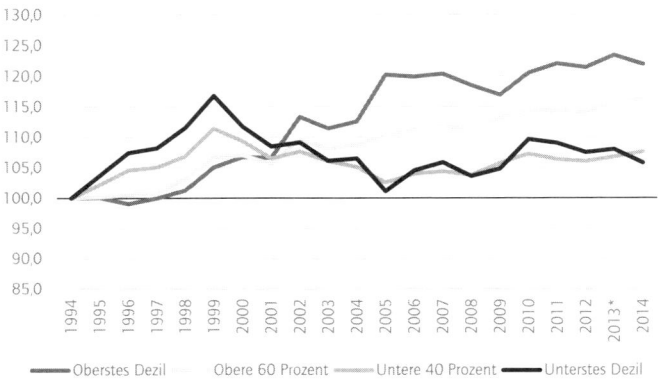

Schaubild 3: Realeinkommen nach Einkommensdezilen mit Basisjahr 1994. Bedarfsgewichtete Nettoeinkommen in Preisen des Jahres 2014. SOEP-Werte, Index 1994 = 100, ohne Berücksichtigung der Migrationsstichprobe 2013[7]

Einkommenslücke zur Bevölkerung ohne Migrationshintergrund (fast) geschlossen ist; das verweist auf die enormen Herausforderungen der Integrationspolitik. Und dennoch ist die Aussage falsch, die Menschen unten hätten nichts von der besseren Beschäftigungssituation, da bei einem boomenden Arbeitsmarkt die Integration leichter und schneller gelingt.

Datensätze wie das SOEP sind unverzichtbare Instrumente, um die Realität zu erfassen, aber sie offenbaren keine einfachen Gewissheiten. Auch unter Wissenschaftlern, die mit den methodischen Problemen vertraut sind, gibt es eine in Teilen durchaus kontroverse Debatte zur Interpretation der Daten. Öffentlichkeit und Medien wollen aber einfache Wahrheiten, und aus der Bandbreite möglicher Interpretationen schaffen die es am leichtesten ins öffentliche Bewusstsein, die am besten in die Vorerwartungen passen. Nur so ist zu erklären, dass sich im Bundestagswahlkampf die vermeintliche Einkommensstagnation der unteren 40% zu einer unumstößlichen Wahrheit verfestigen konnte. Wissenschaftler berichten immer wieder im persönlichen Gespräch, dass das Interesse von Journalisten, die sie kontaktieren, rasch erlahmt, wenn ihre differenzierten Erklärungen eine bereits vorgeplante Story zu zerstören drohen, aber auch solche Erfahrungen dürfen nicht generalisiert werden. Dringend notwendig ist, dass die Wissenschaftler, die die Datensätze verantworten, deutlich offener und klarer über die methodischen Brüche und die Grenzen der Aussagefähigkeit kommunizieren. Aber Versuchungen, mit starken Thesen in der Öffentlichkeit zu punkten, sind auch dem Wissenschaftssektor nicht fremd; mediale Beachtung ist auch dort zu einer begehrten Währung geworden.

Man muss auch kritisch darüber diskutieren, warum diverse Datensätze seit Mitte der 2000er Jahre eine so unterschiedliche Entwicklung der realen verfügbaren Einkommen zeigen. Laut Mikrozensus stieg das mittlere Einkommen seit der Trendwende auf dem Arbeitsmarkt kontinuierlich an (zwischen 2006 und 2016 um über 13%). Im SOEP hingegen dümpelt der Wert bis 2014 mit Schwankungen in einem Bereich von 2 bis 4% vor sich hin.[8] Erst 2015 zeigt sich ein deutlicher Anstieg,[9] der jedoch weiterhin stark hinter dem Mikrozensus herhinkt. Auch dies dürfte mit den erwähnten Brüchen zu tun haben. Unkritisch rezipiert könnten die SOEP-Daten den Eindruck erwecken, bei den meisten Menschen wäre lange von der guten Beschäftigungssituation nichts angekommen. Aber das ist falsch (vgl. Kap. 6).

Mehr Ungleichheit, aber kein Zerfall der Mitte

Deutschland war bis in die frühen 1990er Jahre ein Land mit einer vergleichsweise geringen Einkommensungleichheit, da die von den Sozialpartnern getragene Lohnpolitik die Ungleichheit der Erwerbseinkommen dämpfte. Zudem reduzierten sozialstaatliche Programme und eine umverteilende Steuerpolitik die Ungleichheit der am Markt erzielten Einkommen. In der Bandbreite der westlichen Industrieländer zwischen den skandinavischen Ländern mit geringer und den angelsächsischen Ländern mit hoher Einkommensungleichheit lag Deutschland nah bei den nordischen Ländern.[10] Seither hat in Deutschland wie in den allermeisten (aber nicht allen) Industrieländern die Ungleichheit sowohl der Markteinkommen als auch der verfügbaren Einkommen deutlich zugenommen; Deutschland nimmt heute im internationalen Vergleich eine mittlere Position ein. Dabei stieg die Ungleichheit der verfügbaren Einkommen weniger stark als die der Markteinkommen;[11] das heißt, die Umverteilung in Deutschland durch das Steuer- und Transfersystem hat den Anstieg der Ungleichheit der Markteinkommen alles in allem mildern, aber nicht ausgleichen können.

Auch hier ist die zeitliche Entwicklung im Auge zu behalten, um keinen Fehlschlüssen zu erliegen. Die Einkommensungleichheit wuchs ab den 1990er Jahren bis etwa 2005 sehr stark. Die Ungleichheit von Verteilungen wird mit dem Gini-Koeffizienten gemessen. Für jede Verteilung wird ein Wert zwischen null und eins bestimmt; null bedeutet völlige Gleichverteilung, eins dagegen die maximale Ungleichverteilung, wenn einem alles und all den anderen nichts gehört. Zwischen 1995 und 2005 stieg der Gini-Koeffizient der verfügbaren Einkommen von 0,256 auf 0,289, ein sehr deutlicher Anstieg. Seit Mitte der 2000er Jahre liegt der Gini-Koeffizient mit leichten Schwankungen auf dem 2005 erreichten Niveau um 0,29.[12] Die Einkommensschere hat sich geöffnet, aber sie öffnet sich nicht immer weiter. Damit muss man sich nicht zufriedengeben; aber der Hinweis ist dennoch wichtig, weil in der öffentlichen Debatte der Eindruck erweckt wird, es werde immer schlimmer.

Wenn die Einkommensverteilung ungleicher wird, werden die Ränder zulasten der Mitte gestärkt; der Anteil der Bezieher mittlerer Einkommen geht zurück, der Anteil der Einkommensarmen und der Einkommensreichen nimmt zu. Meist wird die Einkommensschichtung nur in einer sehr groben Einteilung zur Kenntnis genommen (unten, Mitte, oben), aber für ein differenziertes Bild bietet sich eine Einteilung in fünf Einkommensklassen an. Im Folgenden stütze ich mich auf eine Auswertung der SOEP-Daten der verfügbaren Einkommen von Judith Niehues. Wer weniger als

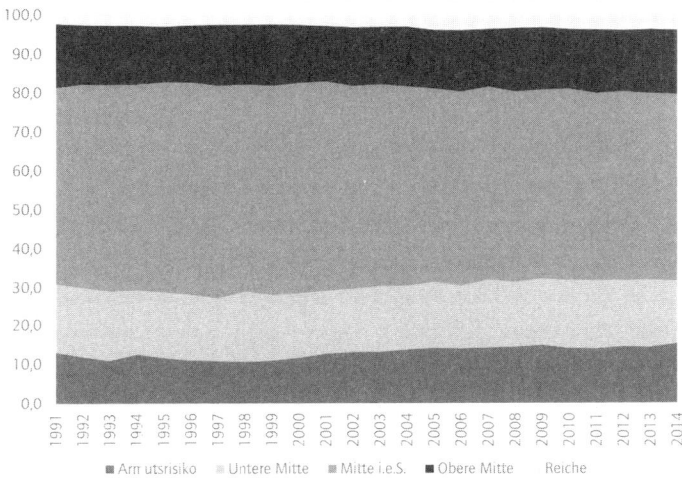

Schaubild 4[13]: Einkommensverteilung in der Bundesrepublik Deutschland seit 1991

60% des Medianeinkommens hat, lebt im Armutsrisiko. Mit einem Einkommen zwischen 60 und 80% des mittleren Einkommens gehört man zur unteren Mitte, mit 80 bis 150% zur Mitte im engeren Sinne und mit 150 bis 250% zur oberen Mitte. Wer über mehr als 250% des mittleren Einkommens verfügen kann, zählt zu den Einkommensreichen (wobei man auch dann nicht zwingend reich im Sinne gesellschaftlicher Vorstellungen von Reichtum ist).

Wie Schaubild 4 zeigt, liegt der Anteil der unteren Mitte seit der Wiedervereinigung bei 17%, der Anteil der oberen Mitte bei etwa 16%. Der Anteil der Mitte im engeren Sinne stieg infolge des Aufholungsprozesses in Ostdeutschland in den Jahren nach der Wiedervereinigung von 50% um 4 Prozentpunkte an und sank dann bis zur Mitte der 2000er Jahre wieder auf etwa 50% ab. 2014 liegt er bei 48%. Der Anteil der Menschen im Armutsrisiko (vgl. Kap. 7) sank in den ersten Jahren nach der Wiedervereinigung und stieg dann zwischen 1998 und 2005 wieder deutlich an. Heute liegt er mehr als zwei Prozentpunkte über dem Niveau von 1991 und nahezu fünf Prozentpunkte über dem niedrigsten Stand nach der Wiedervereinigung 1998. Der Anteil der Einkommensreichen stieg von etwas über 2 auf knapp 4% an. Die Daten zeigen eindeutig eine höhere Ungleichheit der verfügbaren Einkommen. Aber sie bestätigen nicht das in der Öffentlichkeit verbreitete Bild einer drastisch schrumpfenden oder gar zerfallenden Mitte.[14]

Die bei weitem wichtigste Einkommensquelle der Haushalte ist das Erwerbseinkommen. Die Lohnungleichheit hat deutlich zugenommen. Bei den oberen Einkommen zeigt sich dies seit den 1980er Jahren, in den unteren spätestens seit Mitte der 1990er Jahre. Die beliebte Erklärung, an der wachsenden Lohnungleichheit sei «Hartz IV» schuld, taugt somit nicht, weil die Entwicklungen lange vor der Agenda 2010 einsetzten.

Der Rückgang der Tarifbindung in Deutschland bereitet uns zu Recht Sorgen; allerdings kommt ihm bei der Erklärung der wachsenden Lohnungleichheit nur eine nachgeordnete Rolle zu, weil auch die tarifgebundenen Entlohnungen deutlich ungleicher wurden. In der langen Phase stark steigender Arbeitslosigkeit machten die Gewerkschaften erhebliche Zugeständnisse, um Beschäftigung zu sichern. Der obere Bereich der Lohnverteilung wurde ungleicher, weil die Nachfrage nach gut qualifizierten Arbeitskräften stark zunahm, während Routinetätigkeiten weniger beschäftigungswirksam waren. Auch die Entlohnungsunterschiede zwischen den Unternehmen wurden größer.[15]

Was bleibt, wenn die Miete bezahlt ist?

Eine weitere Differenzierung ist erforderlich, die den Blick auf ein politisches Handlungsfeld lenkt, das lange vernachlässigt wurde: die Wohnungspolitik. Verteilungsforscher konzentrieren sich in ihren Analysen auf die Verteilung der Markteinkommen sowie der verfügbaren Einkommen der Haushalte. Aber entscheidend ist, was der Haushalt für die Dinge des täglichen Bedarfs ausgeben kann, nachdem er die Kosten für Wohnung und Heizung beglichen hat. Jüngst hat eine Forschergruppe (Christian Dustmann,

Bernd Fitzenberger und Markus Zimmermann) erstmals die Daten auf diese eigentlich naheliegende Frage hin ausgewertet.[16] Die Wohnungsnachfrage ist kurzfristig betrachtet recht starr. Steigen die Mieten oder die Energiekosten, kann man nicht schnell mal in eine kleinere Wohnung umziehen; man muss sie erst einmal finden, und da bei Neuvermietung die Mieten meist höher sind als bei langjährigen Mietverhältnissen, ist auch keineswegs sicher, dass man mit einem Umzug wirklich Geld spart.

In Deutschland wohnt ein im internationalen Vergleich sehr hoher Anteil der Bevölkerung zur Miete. In den unteren Einkommensgruppen ist dieser Anteil deutlich höher als in den oberen; 77% sind es im untersten Einkommensfünftel. Ihre Wohnkostenbelastung, der Anteil ihres verfügbaren Einkommens, den sie für Miete und Heizung ausgeben, ist seit Mitte der 1990er Jahre deutlich gestiegen. Ein Faktor ist der Anstieg der Mieten. Ein zunehmender Anteil der Menschen mit niedrigem Einkommen lebt in größeren Städten, in denen die Mieten ohnehin höher sind. Der Anteil derer, die in Sozialwohnungen oder kommunalen Wohnungen wohnen, ist deutlich zurückgegangen. Die Sozialbindung vieler Sozialwohnungen lief aus, und eine Reihe von Kommunen haben ihren Wohnungsbestand verkauft, um sich zu entschulden. Auch wenn Wohnungen, die öffentlich gefördert wurden oder im öffentlichen Besitz sind, häufig nicht zu sehr viel günstigeren Mieten angeboten werden als Wohnungen gleicher Ausstattung in privatem Besitz, ist das öffentliche Wohnungsangebot wichtig, um überhaupt Angebote für kleinere Geldbeutel bereitzuhalten.

Aber es ist nicht die Mietenentwicklung allein. Auch die Zahl der Singlehaushalte hat drastisch zugenommen, im untersten Einkommensfünftel von 23% 1993 auf 42% 2013. Einspareffekte, die sich aus dem Zusammenleben mehrerer Personen ergeben, fallen dann weg. Auch die Qualität der Wohnungen ist heute besser; sie sind größer und überwiegend mit Zentralheizung ausgestattet, auch bei den Haushalten im untersten Einkommensfünftel. Ob allerdings Haushalte mit wenig Geld aus freien Stücken bessere und teurere Wohnungen wählen oder ob ihnen schlicht nichts anderes übrigbleibt, weil es zu wenig kleinere oder einfacher ausgestattete Wohnungen gibt, beantworten die Zahlen nicht. Der Anteil des Einkommens, das Personen im unteren Fünftel für die Wohnkosten ausgeben, stieg zwischen 1993 und 2013 von 26 auf 38%.[17] Am stärksten war dieser Anstieg in den Jahren, in denen auch die Ungleichheit der verfügbaren Einkommen stark zunahm. Dagegen gab es im obersten Einkommensfünftel sogar Entlastung; Hausbesitzer, die ihre Immobilien noch vor dem Preisanstieg der letzten Jahre erworben hatten, profitieren von niedrigeren Zinsen. Das Gesamtfazit der Forschergruppe: Die Ungleichheit der Einkommen, die den Haushalten zur Verfügung stehen, nachdem die Wohnkosten bezahlt sind, hat stärker zugenommen als die der verfügbaren Einkommen. Auch die Kaufkraftbereinigung regionaler Armutsrisikoquoten zeigt, dass die Mieten in expandierenden städtischen Ballungszentren ein Armutstreiber sind.[18]

Wohnungspolitik ist somit ein zentrales Politikfeld für den gesellschaftlichen Zusammenhalt. Dazu gehört nicht nur das öffentliche Engagement für den sozialen Wohnungsbau. Teil des Problems ist ein Abschottungsegoismus gegen den Wohnungsbau im eigenen Umfeld, der Planungen erheblich verzögert. Auch ist erforderlich, gesetzliche Standards bezüglich der Ausstattung der Wohnungen, der Stellplätze für Autos oder des Energieverbrauchs so zu setzen, dass sie nicht zu Preistreibern werden, die die Wohnungsversorgung für Haushalte mit schmalem Geldbeutel zusätzlich erschweren.

Schließung der Qualifizierungslücke

Ein Teil der Einkommensgewinne in den Haushalten der gehobenen Mitte und darüber ist Folge gesellschaftlich gewollter Entwicklungen, der Schließung der Qualifizierungslücke zwischen Männern und Frauen und der steigenden Erwerbstätigkeit von Frauen. Wenn beide Partner in höchst anspruchsvollen Berufen tätig sind, verfügen sie über ein hohes Haushaltseinkommen. Ein Hochschullehrer und eine erfolgreiche Rechtsanwältin steigen leicht in die Gruppe der «Einkommensreichen» auf, die über mehr als das Zweieinhalbfache des mittleren Einkommens verfügen. In den Zeiten einer schlechten Betreuungsinfrastruktur wäre früher in der Regel die Frau trotz guter Ausbildung der Kinder wegen lange Jahre zu Hause geblieben; heute arbeitet sie in oder nahe Vollzeit; auch das erhöht das Einkommen des Paares. Gefragt, wo sie sich in der Einkommenspyramide einordnen, werden sich beide Partner voller Überzeugung der breiten Mitte zuordnen. Und falls sie der Meinung sind, man solle Reiche stärker besteuern, ist die Wahrscheinlichkeit nicht sehr groß, dass sie damit auch sich selbst meinen.

In diesem Zusammenhang wird häufig auf die Homogamie verwiesen. Gemeint ist die Tatsache, dass in der überwiegenden Zahl der Partnerschaften Menschen mit ähnlichem Bildungsgrad, Einkommenspotential und Sozialstatus zusammenfinden. Früher habe der Arzt die Krankenschwester geheiratet, heute heirateten Arzt und Ärztin. Hier gibt es eine gewisse Verklärung der Vergangenheit. Solange Frauen von einer Hochschulbildung ausgeschlossen waren oder nur wenige von ihnen Zugang bekamen, gab es folglich keine oder nur wenige Akademikerehen. Aber auch damals spielte die Schichtzugehörigkeit bei der Partnerwahl eine bedeutende Rolle. Zweifelsohne wäre die Einkommensverteilung deutlich gleicher, wenn Partner durch einen Zufallsgenerator zusammenfänden. Doch niemand will die freie Partnerwahl einschränken. Es ist sinnlos, die statistische Folge von individuellen Entscheidungen, an denen es von einem ethischen Standpunkt aus nichts auszusetzen gibt, als weiteres Indiz eines gespaltenen Landes zu beklagen. Gerechtigkeitsfragen stellen sich dennoch auch in diesem Zusammenhang. Angenommen, es würde tatsächlich vermehrt bildungshomogen geheiratet, dann kommt dem Bildungssystem umso mehr die Aufgabe zu, für eine Angleichung der Chancen zu sorgen. Leistet es genug, damit auch die Kinder aus der Verbindung von zwei Partnern mit geringen beruflichen

Qualifikationen ihre Potentiale entfalten können? Man kann diese Frage kaum guten Gewissens bejahen.

Der neidvolle Blick nach oben

Der starke Anstieg der oberen Einkommen ist auch Folge veränderter Haltungen gegenüber der Entlohnung von Führungskräften. Sie soll leistungsgerecht sein, aber dieses Kriterium lässt Raum für eine große Bandbreite unterschiedlicher Entlohnungssysteme. Marktkräfte spielen eine große Rolle, die Entlohnung muss ausreichend sein, qualifizierte Kräfte gewinnen und halten zu können. Aber die Verhandlungen über Gehälter im Spitzenbereich werden von sozialen Faktoren überlagert, von Vorstellungen darüber, was sittlich ist. Hier hat es nun eindeutig Verschiebungen gegeben. Edzard Reuter soll in seiner Zeit an der Spitze der Daimler-Benz AG zwischen 1987 und 1995 eine Million DM als Jahresgehalt erhalten haben, ein Gehalt, über das heutige Wirtschaftsführer nur müde lächeln. Besonders exzessiv wurde die Bezahlung des Vorstandsvorsitzenden erstaunlicherweise beim Volkswagenkonzern gehandhabt, der wie kein anderes deutsches Großunternehmen in ein Geflecht staatlicher und gewerkschaftlicher Mitentscheidung eingebunden ist. Gerechtfertigt wird diese Entwicklung mit einer Superstartheorie; auf dem heute weltweiten Markt für Führungskräfte müsse eben mehr geboten werden als zu Zeiten, als das Spiel noch national war.[19] Aber diese Superstartheorie kann wohl kaum erklären, warum auch regionale Sparkassenvorstände unbedingt deutlich mehr verdienen müssen als die Bundeskanzlerin.

Sobald eine solche Entwicklung ihren Lauf genommen hat, wirken Faktoren der Selbstverstärkung. Sie fördert den neidvollen Vergleich der Führungskräfte untereinander. Beim Gehalt mithalten zu können, wird zu einer Frage des Status oder gar der Selbstachtung. Auch die Kräfte in der zweiten, dritten oder vierten Reihe schielen nach oben und werden unzufrieden mit dem, was bisher auf ihrer Ebene als angemessen galt. Und in der Mitte verstärkt es das Gefühl, weniger zu erhalten, als einem zustünde.

Frei von Schizophrenie ist allerdings auch die öffentliche Kritik an den Gehaltsexzessen nicht. In der Schusslinie stehen neben Wirtschaftsführern Spitzenpolitiker, obwohl sie, gemessen an Ersteren, bescheiden vergütet werden. Sport und Showbusiness sind außen vor. Bayern München hat Spieler, die mit 15 Mio. Euro Jahresgehalt an den ehemaligen VW-Chef Winterkorn heranreichen. Das regt aber kaum jemanden auf; man will ja kein Spielverderber sein.[20]

5.
Eine im internationalen Vergleich hohe Vermögensungleichheit

Unser Wissen ist lückenhaft

Die Vermögensverteilung ist weit ungleicher als die Einkommensverteilung. Bei den verfügbaren Einkommen in Deutschland liegt der Gini-Koeffizient bei 0,29,[1] beim Nettovermögen bei oder etwas über 0,75.[2] Während Deutschland bei der Einkommensungleichheit im internationalen Vergleich eine mittlere Position einnimmt, ist die Vermögensungleichheit hoch.[3]

Unser Wissen über die Vermögensverteilung ist äußerst lückenhaft, somit ist der angegebene Wert eher als grobe Näherung zu verstehen. Das Rauschen in den Daten ist zu groß, um wirklich verlässliche Aussagen über Trends zu machen.[4] Seit 1997 die Vermögensteuer nach einem Urteil des Bundesverfassungsgerichts «ausgesetzt» wurde, haben die Finanzbehörden keine Kenntnis mehr über die Höhe und Verteilung der Vermögen. Wichtigste Datenquelle sind Haushaltsbefragungen. Die Bürger sind aber über ihr Vermögen weit schlechter informiert als über ihr Einkommen. Befragte tun sich schwer, den Verkehrswert ihrer Immobilie zu schätzen. Äußerst unbefriedigend ist zudem die Erfassung der Spitzenvermögen; sehr reiche Menschen sind wie scheue Rehe, sie sind so gut wie nie unter den Befragten zu entdecken. Immerhin lässt die Bundesbank seit 2010 in mehrjährigen Abständen etwa 5000 Haushalte nach ihrem Vermögen und ihrer finanziellen Situation befragen, sodass nun einigermaßen repräsentative

Daten für 99% der Bevölkerung vorliegen.[5] Die Spitzenvermögen werden auch hier nicht abgebildet und müssen gesondert geschätzt werden.

Auch die soziale Sicherung berücksichtigen

In den gängigen Vermögenserhebungen werden das Immobilien- und das Betriebsvermögen, sonstige Wertgegenstände und das Finanzvermögen der Haushalte abzüglich ihrer Verbindlichkeiten erfasst, nicht aber die erworbenen Renten- und Pensionsansprüche. Dafür gibt es Gründe.[6] Es wird in der Rentenversicherung kein Kapital und damit kein Vermögen gebildet, sondern es werden im Umlageverfahren Ansprüche auf die Leistungen der nachkommenden Generation zugesichert. Diese Ansprüche sind nicht frei verfügbar, sie können nicht verkauft, beliehen oder vererbt werden. Auch ist ihre Höhe davon abhängig, dass die Zusagen später eingehalten werden; die staatliche Rentenpolitik kann Ansprüche senken, wenn die Nachhaltigkeit des Rentensystems gefährdet ist. Allerdings kann die Politik hier nicht willkürlich handeln, denn die Renten- und Pensionsansprüche sind verfassungsrechtlich geschützt.[7] Somit sind sie eigentumsähnlich, ohne allerdings Eigentum im klassischen Sinne zu sein.

Werden sie nicht einbezogen, so gibt es jedoch erhebliche Verzerrungen bei der Bewertung der wirtschaftlichen Lage von Personen und Haushalten. Ein Freiberufler, der für seine Altersvorsorge ein Vermögen von 300 000 Euro angespart hat, liegt in der Statistik der Vermögensverteilung bereits im obersten Fünftel.[8] Aber er stellt sich angesichts steigender Lebenserwartung und niedriger Zinsen nicht zwingend besser als ein gut situierter Rentner, der eine gesetzliche Rente von 2000 Euro und 500 Euro aus einer betrieblichen Altersversorgung erwarten kann.[9] Bleibt die Altersversorgung außen vor, so haben die vermögendsten 10% der Bevölkerung einen Anteil am Vermögen von 58%, wird die Altersversorgung erfasst, geht dieser Anteil auf 37% zurück. Der Gi-

ni-Koeffizient der Vermögensverteilung sinkt von 0,78 auf 0,59.[10]
Man sollte, um der Situation gerecht zu werden, beide Vertei-
lungswerte im Blick haben.

Unter den Industriestaaten, die eine höhere Vermögensungleichheit als Deutschland aufweisen, sind die USA, aber auch die
skandinavischen Wohlfahrtsstaaten Norwegen, Schweden und
Dänemark.[11] In gut ausgebauten Wohlfahrtsstaaten besteht weniger Zwang, für das Alter privat vorzusorgen, und gleichzeitig reduzieren hohe Steuern und Abgaben die Möglichkeiten zum privaten Vermögensaufbau. Das Beispiel der USA zeigt, dass hohe
Vermögensungleichheit auch mit geringer sozialstaatlicher Sicherung verbunden sein kann. Das sollte berücksichtigt werden,
wenn die Verhältnisse in Deutschland und den USA verglichen
werden und beklagt wird, die Vermögensungleichheit in Deutschland sei fast so hoch wie in den USA. Unter Einbeziehung der sozialen Sicherung sieht der Vergleich für Deutschland deutlich
günstiger aus.

Sind wir ärmer als die Griechen?

Teil der Vermögensungleichheit in Deutschland ist die sehr geringe Vermögensausstattung der unteren Hälfte der Haushalte.
Der Medianwert des Vermögens, der die Bürger nach ihrem Vermögen in eine untere und eine obere Hälfte teilt, beträgt in
Deutschland 61 000 Euro. In den meisten europäischen Ländern
ist er deutlich höher; 113 000 Euro in Frankreich, 146 000 Euro in
Italien und 160 000 Euro in Spanien.[12] Vor der massiven Wirtschaftskrise in Griechenland war selbst der griechische Medianwert etwa doppelt so hoch wie der deutsche. Jedes Mal, wenn die
Europäische Zentralbank Vermögensdaten veröffentlicht, ist dies
verständlicherweise Gegenstand großen Erstaunens. So war auf
der Online-Seite der Süddeutschen Zeitung zu lesen: «Deutschland ist zwar seit langem Europas wirtschaftlicher Motor. Bei einem Großteil der Bevölkerung kommt davon aber wenig an.»[13]

Auf dem Höhepunkt der Griechenlandkrise titelte die Bild-Zeitung: «Griechen reicher als wir! Aber die Regierung plant neue Milliardenhilfe.»[14]

Das niedrige Medianvermögen erklärt sich aus einer Besonderheit des deutschen Wohnungsmarktes. Nur 44% der Deutschen sind Eigentümer ihrer Wohnung, die Mehrheit wohnt zur Miete. Der deutsche Medianvermögensbesitzer hat somit kein Wohneigentum, und er hat, da er regelmäßig Miete zahlt, auch eingeschränkte Möglichkeiten, andere Vermögenspolster aufzubauen. Dagegen sind in Frankreich 59%, in Italien 68%, in Griechenland 72% und in Spanien gar 83% der Bürger Eigentümer der Wohnung, in der sie wohnen.[15] Dort besitzt somit der Medianvermögende eine Wohnung, und sein Vermögenswert wird überwiegend vom Wert dieser Wohnung bestimmt.

Man kann sich durchaus überlegen, ob die deutsche Sonderstellung bei der Wohnraumversorgung mittel- und langfristig überwunden werden und man anstreben sollte, den Anteil des Wohnungseigentums zu erhöhen. Es trägt sehr zur wirtschaftlichen Absicherung im Alter bei. Mit dem im Koalitionsvertrag 2018 vereinbarten Baukindergeld ist ein Element der Vermögensförderung vereinbart worden.[16] Dabei sollte man allerdings nicht auf ein europäisches Ranking schielen. Würde es gelingen, den Anteil der Wohnungseigentümer in Deutschland von 44 auf 52% zu erhöhen, so hätte auch bei uns der Medianvermögende Wohnungseigentum; Deutschland würde im Ranking des Medianvermögens einen Sprung nach oben tun. Ginge der Einsatz öffentlicher Mittel hierfür allerdings zu Lasten des Mietwohnungsbaus, würde Deutschland nicht gerechter.

Betrachten wir nicht den Median, sondern den Durchschnitt des Nettovermögens, nimmt Deutschland in Europa eine mittlere Position ein. Sie könnte besser sein, wenn Haushalte, die über Finanzvermögen verfügen, ihre Ersparnisse ertragreicher anlegen würden. Das Anlageverhalten der Haushalte muss, wie die Bundesbank sehr diplomatisch schreibt, «immer noch als eher konservativ angesehen werden».[17] Nur 10% der Haushalte haben direkten Aktienbesitz, der Anteil der Haushalte, die Fonds besitzen, war nach der Finanzkrise sogar rückläufig. Die Haushalte nutzen ganz überwiegend Anlageformen, die zwar sicher sind, aber wenig oder nichts abwerfen. Die Niedrigzinspolitik scheint daran wenig geändert zu haben. Die Angst vor Verlusten hat mit der Finanzmarktkrise wohl noch zugenommen; damit werden Anlagen vermieden, die zwar Verluste bringen können, in langfristiger Betrachtung aber deutlich höhere Renditen ermöglichen.

Die Kehrseite der erfolgreichen Wirtschaftsstruktur

Wenn diskutiert wird, ob die Vermögensverteilung gerecht ist, spielt der Anteil der obersten 10 % und insbesondere des obersten 1 % am Gesamtvermögen eine besondere Rolle. Knapp 60 % des Vermögens gehören den obersten 10 % (ohne Berücksichtigung der Altersvorsorgeansprüche). Haushalte mit einem Nettovermögen von mehr als 468 000 Euro bilden diese Gruppe. Haben sie mehr als 722 000, gehören sie sogar zu den obersten 5 %.[18] Dort sind viele Inhaber von Betrieben mit einem Betriebsvermögen von durchschnittlich ca. 910 000 Euro.[19]

Das oberste 1 % besitzt etwa ein Drittel des Vermögens.[20] Kann das gerecht sein? Marcel Fratzscher, der in seinem Buch «Verteilungskampf» Ungerechtigkeit in Deutschland mit einigen Superlativen anprangert, weist auf einen positiven Aspekt der hohen Vermögenskonzentration hin: «Ein wichtiger Grund hierfür ist die Wirtschaftsstruktur Deutschlands, bei der das Eigentum vieler Unternehmen traditionell in Familienbesitz liegt.»[21] Deutschland sei zu Recht stolz auf diese Wirtschaftsstruktur, die durch einen starken Mittelstand geprägt sei. Deutschland habe eine hohe Anzahl von «hidden champions», kleinen und mittleren Unternehmen, die bei spezifischen Produkten und Dienstleistungen Weltmarktführer sind und sich hochinnovativ über Jahrzehnte behauptet haben. Fratzscher lobt, dass diese «im Allgemeinen auch eine sehr viel langfristigere Perspektive ein[nehmen] als börsenorientierte Unternehmen, bei denen die kurzfristigen Interessen der Anteilseigner einen großen Einfluss auf die unternehmerischen Entscheidungen haben.» In und nach der Finanzkrise habe sich diese langfristige Orientierung bewährt. Eine Kehrseite dieser Wirtschaftsstruktur sei «jedoch die aus ihr resultierende Vermögensungleichheit. … In fast allen anderen Industrieländern sind die Unternehmen zu einem viel größeren Teil an der Börse und sind so Eigentum von sehr viel mehr Bürgern – mit allen genannten Vor- und Nachteilen.»

Aber was wollen wir? Würde das Betriebsvermögen der mittelständischen Betriebe über Aktien breiter gestreut, ergäbe dies Verschiebungen im obersten Zehntel oder allenfalls dem obersten Fünftel der Vermögensbesitzer. Für die unteren 80% ist eher entscheidend, wie sich eine drastische Veränderung der Wirtschaftsstruktur auf ihre Arbeitsplätze und die Präsenz der Unternehmen in ihrer Region auswirken würde. Ob also die Beschäftigten der vielen «hidden champions» es sich wirklich wünschen sollten, dass nicht mehr eine Eigentümerfamilie die Anteile des Unternehmens hält – trotz der klassischen Dramen, die dort passieren können –, sondern diese breit gestreut werden, um dann vermutlich von einem Fonds verwaltet zu werden, ist zweifelhaft. Die bei weitem problematischste Seite sehr hoher Vermögen ist die Ballung von wirtschaftlicher und in ihrer Folge auch politischer Macht. Dieses Problem nähme aber eher zu als ab. Denn die neuen Anteilseigner wären zwar Eigentümer, sie hätten aber keine Macht.[22] Diese konzentrierte sich bei Fondsmanagern, und zwar über viele Unternehmen. Wenn die Wirtschaftsstruktur Deutschlands die segensreichen Wirkungen hat, die Fratzscher beschreibt, sollten wir dann nicht mit etwas mehr Gelassenheit ertragen, dass der Gini-Koeffizient unserer Vermögensverteilung dadurch höher ist? In unserem Bemühen, Vermögensungleichheit abzubauen, sollten wir somit weniger auf das Betriebsvermögen reicher Familien schielen, sondern in den Fokus nehmen, wie die gestärkt werden können, die nichts oder durch Überschuldung weniger als nichts haben.

Ist Erben gerecht?

Es ist eine kontrovers diskutierte Frage, ob Erben ungerecht sei.[23] In der Sicht eines konsequenten individualistischen Liberalismus gehört auch das Recht zu bestimmen, wem es nach dem Tod zufallen soll, zu den privaten Verfügungsrechten über das Eigentum. Der Erzvater des Wirtschaftsliberalismus, Milton Friedman, und seine Frau Rose Friedman stellen die rhetorische Frage: Soll der Staat zwar zulassen, dass man sein Geld für ein Leben in Saus und Braus ausgibt, aber verbieten, es seinen Kindern zu hinterlassen?[24] Aber, so der wichtigste Gegeneinwand, vererbtes Vermögen werde von Seiten des Empfängers leistungslos erworben. Dies stehe in Widerspruch zu den Prinzipien einer Gesellschaft, in der Wohlstand und Status grundsätzlich Ausfluss eigener Leistung sein sollten und nicht wie in feudalen Gesellschaften Folge des Status seien, den man durch Geburt erworben habe. Daher müsse die Übertragung von Vermögen an die nächste Generation fairen Regeln unterworfen werden, insbesondere einer Besteuerung der Erbschaften.

Befragungen zum Gerechtigkeitsempfinden zeigen, dass das Leistungsprinzip äußerst hohe Zustimmung findet, zwei Drittel der Befragten es aber auch für gerecht halten, das erarbeitete Vermögen an die Kinder weiterzugeben, sodass diese bessere Chancen haben. Dies wird in weit höherem Maße für gerecht gehalten als die Nutzung einer vermögenden Stellung, um den Kindern durch den Besuch von Privatschulen bessere Startchancen zu ermöglichen.[25] Eine konfiskatorische Erbschaftsteuer, die die Weitergabe von Vermögen an die Kinder unterbände, widerspräche somit verbreiteten Gerechtigkeitsvorstellungen. Sie würde sich zudem nachteilig auf die Leistungsbereitschaft auswirken – man denke etwa an die erwähnten Familienunternehmen. Somit ist wohl auch hier eine gerechte und kluge Regelung die Folge einer Abwägung unterschiedlicher Interessen.

Wie sich Erbschaften auf die Vermögensverteilung auswirken, ist eine empirische Frage. Hier gibt es einen Effekt, den man nicht erwarten würde. Erbschaften reduzieren die Vermögensungleichheit etwas, weil auch Haushalte erben, die ohne Erbschaft kein Vermögen hätten. [26] Oben sind die Erbschaften absolut höher, haben aber für die Vermögensposition der Haushalte eine geringere Bedeutung. Diese Wirkung von Erbschaften auf die relative Vermögensverteilung spricht keineswegs gegen eine höhere Erbschaftsteuer. Mit einer klugen Freibetragsregelung würden Haushalte unten dennoch profitieren und der nivellierende Effekt von Erbschaften würde insgesamt noch etwas stärker.

Bei der Besteuerung von Erbschaften könnte der Gesetzgeber also durchaus mutiger sein. Auch die Wirtschaftsweisen Lars Feld und Christoph Schmidt kritisieren die Verschonungsregeln beim Betriebsvermögen als «übermäßig»[27]. Dies verhindere de facto, so der Wissenschaftliche Beirat beim Bundesfinanzministerium, dass Erbschaften je nach Vermögen überhaupt nennenswert besteuert würden. Der Beirat plädiert dafür, die weitgehenden Verschonungsregeln abzuschaffen und moderate Erbschaftsteuersätze mit verbesserten Stundungsregeln zu verbinden; das sei völlig ausreichend, um die Fortführung von Betrieben und den Erhalt von Arbeitsplätzen zu sichern.[28] Die Sorge, Familienbetriebe zu gefährden, wäre dann unbegründet.

Von einer reformierten Erbschaftsteuer sollte man jedoch keine Wunder erwarten, weder bei den Folgen für die Vermögensverteilung noch bezüglich des zu erwartenden Einnahmepotentials. Der Verweis auf die Erbschaftssteuer muss derzeit häufig herhalten, wenn die Frage der Finanzierung vielfältigster Wünsche ansteht. Welches Einnahmepotential ist realistisch? Eine Abschätzung des Deutschen Instituts für Wirtschaftsforschung geht von Erbschaften in Höhe von knapp 150 Mrd. Euro pro Jahr aus, bei etwa 1,6 Mio. Erbfällen; zusätzlich werden etwa 70 Mrd. Euro in Form von Schenkungen übertragen.[29] Meist werden kleinere und mittlere Beträge vererbt, bei fast 900 000 Fällen weniger als 50 000 Euro, weitere 570 000 Erbschaften liegen unter 200 000 Euro, weitere knapp 100 000 unter 500 000 Euro.

Eine Erbschaftsteuerreform ist politisch nur durchzusetzen, wenn mittels Freibeträgen kleine und mittlere Erbschaften freigestellt werden, insbesondere innerhalb der Familie. Bei einem Freibetrag von 400 000 Euro je Begünstigtem und einem einheitlichen Steuersatz von 10% ergäbe sich ein jährliches Einnahmepotential von 6 Mrd. Euro.[30] Ein Erbschaftsteuersatz von 10% klingt niedrig; nach geltendem Recht sind 30% zu zahlen, wenn ein Vermögenswert (abzüglich Freibetrag) von über 26 Mio. an ein Kind vererbt wird. Aber Erbschaften dieser Größenordnung sind überwiegend Betriebsvermögen, die derzeit aufgrund der Verschonungsregeln häufig so gut wie gar nicht belastet werden. Die hohen Steuersätze stehen also nur auf dem Papier. Eine Steuerbelastung von 30% ohne jede Verschonungsregel hingegen würde die Fortführung familiengeführter Unternehmen gefährden, deshalb nehmen auch alle politischen Lager hiervon Abstand.[31] Eine breite Bemessungsgrundlage mit moderaten Steuersätzen ist besser als der jetzige eindeutig ungerechte Zustand, bei dem viele sehr hohe Erbschaften weitestgehend befreit sind. 6 Mrd. oder bei höheren Sätzen vielleicht auch 12 Mrd. Euro Erbschaftsteuereinnahmen pro Jahr wären viel Geld, mit dem man in öffentlicher Verantwortung Gutes tun kann. Aber selbst 12 Mrd. Euro wären nur etwa 1% dessen, was derzeit im staatlichen Sektor und den Sozialversicherungen jährlich verausgabt wird. So wichtig es ist, die Erbschaftsteuer zu reformieren, ihre Bedeutung für die staatliche Handlungsfähigkeit ist leider nachrangig.

Gleiches gilt übrigens auch bei einer Wiedereinführung der Vermögensteuer. Bei einem persönlichen Freibetrag von 1 Mio. Euro, einem Freibetrag für Betriebsvermögen von 5 Mio. Euro und einem Vermögensteuersatz von 1% schätzen Wissenschaftler des Deutschen Instituts für Wirtschaftsforschung das Einnahmepotential auf 15 Mrd. Euro pro Jahr. Aber, so ihre Einschränkung: «Anpassungsreaktionen der Steuerpflichtigen könnten das Steueraufkommen allerdings spürbar mindern.»[32] Damit ist zu rechnen. Die unterschiedlichen Steuern müssen zusammen betrachtet werden; die Vermögensteuer wirkt wie eine zusätzliche Ertragsteuer. Bei einem Vermögensertrag von 4% erhöht sich die Besteuerung des Ertrags des Vermögens um 25 Prozentpunkte. Eine solch deutliche Steuererhöhung bleibt nicht ohne Reaktionen. Wie hoch sie sind, ist unter Wirtschaftswissenschaftlern strittig. Wissenschaftler des ifo Instituts, München, sind aufgrund ihrer Modellrechnungen überzeugt, dass eine so deutliche Anhebung der Besteuerung der Vermögenserträge geringere Investitionen inländischer Unternehmen zur Folge hätte und die ausländischen Direktinvestitionen in Deutschland stark zurückgingen. Das Wirtschaftswachstum wäre geringer, in der Folge würden Lohn-, Umsatz- und Unternehmensteuereinnahmen weniger stark wachsen. Unter dem Strich würde dadurch die Vermögensteuer nicht zu Mehr-, sondern zu deutlichen Mindereinnahmen des Staates führen.[33] Der Streit kann hier nicht weiter erörtert werden. Entscheidend für unseren Zusammenhang ist folgende Schlussfolgerung: Selbst unter optimistischen Annahmen bezüglich der Reaktionen der Vermögenden – auch die Vermögensteuer beamt uns nicht in andere Galaxien staatlicher Handlungsfähigkeit.

6.
Amerikanisierung des Arbeitsmarktes?

Der Arbeitsmarkt boomt; und dennoch gibt es Zweifel, ob alles mit rechten Dingen zugehe. Ist der Erfolg, den die Arbeitsmarktstatistik ausweist, nicht doch schlicht Folge deutlich verschlechterter Arbeitsbedingungen, der Ausdehnung prekärer Beschäftigungsverhältnisse? Mit Hartz IV sei der Arbeitsmarkt in Deutschland «amerikanisiert» worden, so die Kritik.[1] Es sei daher geradezu zynisch, wenn Politiker den Erfolg der Arbeitsmarktpolitik lobten.[2]

Das Normalarbeitsverhältnis gewinnt an Boden

Die Grundsicherung für Arbeitsuchende, als Hartz IV bekannt, wurde auf dem Höhepunkt der Arbeitslosigkeit in Deutschland eingeführt. Danach stiegen die Arbeitslosenzahlen für kurze Zeit noch weiter, da nun endlich auch arbeitsfähige Personen, die zuvor Sozialhilfe erhielten, als Arbeitslose erfasst wurden. Der Höchststand der Arbeitslosigkeit, 5,3 Mio. Menschen, wurde im Februar 2005 ermittelt. Danach ging die Arbeitslosigkeit in einem Maße zurück, die angesichts eines verfestigten Beschäftigungspessimismus kaum jemand für möglich gehalten hätte; zunehmende Massenarbeitslosigkeit galt längst als unausweichliches Schicksal. Die Zahl der Arbeitslosen sank bis 2017 auf 2,5 Mio. Die Arbeitslosenquote halbierte sich im selben Zeitraum von 11,7 auf 5,7%.[3] Die Zahl der Erwerbstätigen, die in der ersten Hälfte der 2000er Jahre leicht rückläufig war, stieg von 39,3 Mio. 2005 auf 43,5 Mio. 2016.[4] Auch das Arbeitsvolumen nahm seit 2005 wieder zu, der drastische Rückgang nach der Wiedervereinigung ist fast wettgemacht.[5] Arbeit ist also nicht einfach nur umverteilt worden. Es war eine große politische Leistung von Gerhard Schröder, sich bei der Verfolgung des Ziels, die Arbeitslosigkeit deutlich zu senken, nicht von den vielen Propheten verunsichern zu lassen, die im Brustton der Überzeugung das baldige Ende der Arbeit verkündeten.

Aber welche Jobs nahmen zu, nur die miesen? Nein, es wuchs die sozialversicherungspflichtige Beschäftigung. 2005 war nicht nur das Jahr mit dem Höchststand der Arbeitslosigkeit, sondern auch mit dem Tiefststand der sozialversicherungspflichtigen Beschäftigung. Diese stieg von 26,3 Mio. Menschen 2005 auf 31,4 Mio. 2016.[6] Die sozialversicherungspflichtige Beschäftigung ist der wesentliche Treiber der Trendwende auf dem Arbeitsmarkt;[7] mit einem Zuwachs von 5 Mio. Stellen stieg sie stärker als die Gesamtbeschäftigung. Die derzeit eher entspannte finanzielle Lage der Sozialversicherungen und die nach einer Reihe magerer Jahre wieder deutlichen Rentensteigerungen sind Folge dieser Entwicklung.

Aber auch eine sozialversicherungspflichtige Beschäftigung kann ungenügend sein, wenn etwa nichts weiter zu finden ist als ein Teilzeitjob, der zum Leben nicht reicht. Für das Verständnis der Entwicklung am Arbeitsmarkt ist der Begriff der «atypischen Beschäftigung» von Bedeutung. Mit ihm werden alle Beschäftigungsformen erfasst, die sich vom «typischen» Normalarbeitsverhältnis unterscheiden, der unbefristeten Beschäftigung in oder nahe Vollzeit. Lange Zeit sah es so aus, als erodiere das Normalarbeitsverhältnis, als verlöre es seine normsetzende Bedeutung. Aber mit dem starken Rückgang der Arbeitslosigkeit seit Mitte der 2000er Jahre nahm auch die Zahl der Normalarbeitsverhältnisse wieder zu, von 19,7 Mio. 2005 auf 21,7 Mio. 2014.[8]

Ist atypisch prekär?

Als atypisch gelten ganz unterschiedliche Beschäftigungsverhältnisse: Teilzeitbeschäftigungen bis 31 Wochenarbeitsstunden,[9] befristete Tätigkeiten, geringfügige Beschäftigung und Zeitarbeit,
in einem weiteren Verständnis auch die Soloselbständigkeit. Allerdings ist es falsch, wie dies oft in der Diskussion geschieht,
atypische und prekäre Beschäftigungen gleichzusetzen. Die wichtigste atypische Beschäftigungsform ist die Teilzeitbeschäftigung.
Sofern sich Beschäftigte dazu gezwungen sehen, weil die Suche
nach einer Vollzeitstelle ergebnislos blieb, stellt diese Beschäfti-
gungsart eine Form der Unterbeschäftigung dar. Sie bedeutet de
facto auch Teilzeitarbeitslosigkeit, die in den Daten der offen
ausgewiesenen Arbeitslosigkeit nicht erfasst wird. Laut Statisti-
schem Bundesamt wünschten 2015 14% der Teilzeitbeschäftigten,
ihre Arbeitszeit aufzustocken, und standen dafür auch kurzfristig
zur Verfügung.[10] Es gibt aber auch in hohem Maße Teilzeitarbeit, die den Interessen der Beschäftigten entspricht. Sie ermöglicht in vielen Konstellationen die Vereinbarkeit von Familie und
Beruf, auch heute, nachdem die Betreuungsangebote deutlich
ausgebaut wurden. Die Teilzeitquote steigt bei Frauen zwischen
dem 20. und 40. Lebensjahr stark an, in der Altersphase, in der
auch der Anteil der Frauen mit Kindern stark zunimmt. Problematisch ist Teilzeit in einer biographisch begrenzten Phase nicht;
für Frauen ist jedoch höchst nachteilig, dass ihre Teilzeitquote
nach der Zeit der Kindererziehung nicht nennenswert zurückgeht – bisher jedenfalls nicht.[11] Teilzeit ist die quantitativ wichtigste Form der atypischen Beschäftigung. Dass sie mit dem
Boom der Beschäftigung seit Mitte der 2000er Jahre zugenommen hat, ist jedenfalls kein Indiz einer Amerikanisierung des Arbeitsmarktes, sondern schlicht die Folge steigender Frauenerwerbstätigkeit. Sie trägt zum Familieneinkommen bei und sichert
Paare auch im Alter besser ab. Darin ist nichts Krisenhaftes zu
erkennen.

Die Befristung wird dagegen in aller Regel nicht dem Wunsch der Arbeitnehmer entsprechen. In der zweiten Hälfte der 2000er Jahre nahm die Zahl der Befristungen von 2,0 auf 2,9 Mio. zu, ging aber bis 2014 wieder auf etwa 2,5 Mio. zurück. Gemessen an der Gesamtzahl der Beschäftigten ist die Befristung kein Massenphänomen. Hohe Bedeutung hat sie bei Neueinstellungen, insbesondere bei jüngeren Beschäftigten; 44% der Neueinstellungen waren 2014 befristet, bei 38% von ihnen erfolgte später eine unbefristete Übernahme. Ein Teil der Befristungen sind Folge der Schutzrechte anderer, etwa wenn zur Vertretung einer Person in Elternzeit eine andere Person befristet eingestellt wird. Befristungen werden von Unternehmen aber auch als Instrument der Personalerprobung genutzt. [12] Dafür ist eigentlich die Probezeit da. Eine befristete Einstiegsbeschäftigung kann auch Bewerbern Chancen eröffnen, die von der Papierform ihrer Qualifikationen oder ihrem Auftritt im Bewerbungsgespräch noch nicht voll überzeugt haben. Wie häufig Befristungen genutzt werden, hängt auch von arbeitsrechtlichen Bestimmungen ab; in Ländern, in denen Arbeitsverträge vergleichsweise leicht vom Arbeitgeber gekündigt werden können wie in Dänemark oder Großbritannien, spielen sie eine geringere Rolle als in Deutschland mit einem umfangreichen Kündigungsschutz. [13]

Die höchste Befristungsquote hat nicht die gewerbliche Wirtschaft, sondern der öffentliche Dienst, hier insbesondere die Bundesländer. In Teilen ist dies nachvollziehbar, weil auch die befristeten wissenschaftlichen Qualifikationsstellen der Hochschulen zum öffentlichen Dienst der Länder gehören. [14] Aber der öffentliche Dienst kann auch einen Blankoscheck ziehen, der ihm vom Gesetzgeber ausgestellt wurde. Es gilt als sachlicher Grund für eine Befristung, wenn «der Arbeitnehmer aus Haushaltsmitteln vergütet wird, die haushaltsrechtlich für eine befristete Beschäftigung bestimmt sind». [15] Diese haushaltsrechtlichen Festlegungen trifft aber der öffentliche Arbeitgeber mit der Aufstellung des Haushalts. Die öffentliche Hand nimmt sich hier ein Privileg gegenüber privaten Arbeitgebern heraus.

Die Befristung bei Erst- und Neueinstellungen belasten Partnerschaften und Familiengründung. Befristungen werden daher aus gutem Grund arbeitsrechtlich geregelt. Wenn man sie allerdings zu rigide zurückdrängte, könnten Unternehmen davor zurückschrecken, zusätzliche Arbeitsplätze anzubieten, wenn sie sich nicht sicher sind, dass der erhöhte Beschäftigungsbedarf dauerhaft ist. Wie meist, wenn es um Gerechtigkeit geht, gibt es zwei Seiten.

Atypisch ist auch die geringfügige Beschäftigung, die «Minijobs». Zu unterscheiden ist, ob der Minijob die ausschließliche Beschäftigung ist oder ergänzend zu einer sozialversicherungspflichtigen Beschäftigung ausgeübt wird. Mit der Agenda 2010 wurde die Einkommensgrenze für Minijobs auf 400 Euro (heute 450 Euro) angehoben; mit den «Midijobs» wurde bis zur Grenze von 800 Euro (heute 850 Euro) eine Gleitzone mit ermäßigten Sozialabgaben für Arbeitnehmer eingeführt; der Minijob neben einer regulären Beschäftigung wurde wieder ermöglicht. Zudem sind die Zuverdienstmöglichkeiten für Transferempfänger deutlich verbessert worden; davor lohnte sich eine geringfügige Beschäftigung für sie kaum. Dies war Teil einer Politik der Flexibilisierung des Arbeitsmarktes auf dem Höhepunkt der Arbeitslosigkeit. Der Minijob ist für Arbeitnehmer insofern attraktiv, als Brutto gleich Netto gilt, während sozialversicherungspflichtige Beschäftigung durch Steuern und Abgaben belastet wird. Etwa 5 Mio. Beschäftigte haben ausschließlich einen Minijob.[16] Er wird in hohem Maße von Studierenden und von Rentnern genutzt; für sie ist die geringfügige Beschäftigung eine durchaus attraktive Möglichkeit zu einem Zusatzeinkommen. Aber auch etwa 15% der Frauen mittleren Alters haben nur einen Minijob.[17] Sie tragen so zum Familieneinkommen bei; krankenversichert sind sie über den Ehemann, brutto gleich netto scheint attraktiv. Aber auf Dauer ist es für sie höchst nachteilig, dass sie keine oder nur eine geringe eigenständige Altersversorgung aufbauen.[18]

Fester Bestandteil der Amerikanisierungsthese ist die Aussage, immer mehr Menschen in Deutschland könnten ohne Zweitjob nicht mehr leben. Auch hier ist ein differenzierender Blick notwendig. Etwa 3 Mio. Menschen haben in Deutschland einen Zweitjob, somit etwa 7% der Beschäftigten. Die Daten bilden allerdings nur die legale Beschäftigung ab; Zusatztätigkeiten in Schwarzarbeit erfassen sie nicht. Am bei weitem häufigsten stocken sozialversicherungspflichtige Teilzeitbeschäftigte durch einen Zweitjob ihre Arbeitszeit auf. Die Zahl der Zweitjobs hat sich seit 2003 mehr als verdoppelt. Der stärkste Anstieg fand statt, unmittelbar nachdem der Minijob als Teil der Agenda 2010 deutlich attraktiver gestaltet worden war.[19] Wer zusätzlich zu einer Vollzeittätigkeit im Zweitjob Zeitungen austrägt, tut dies aus schierer Notwendigkeit. Wenn der Lohn in der Hauptbeschäftigung stagniert oder gar real sinkt, wenn Krankheit oder Arbeitslosigkeit eines Familienmitglieds zu verkraften sind, kann ein Zusatzjob finanzielle Entlastung bringen. Teil der Wachstumsdynamik ist auch, dass in einem boomenden Arbeitsmarkt ein Zusatzjob leichter zu finden ist.

Aber es ist nicht allein wirtschaftlicher Druck, der Menschen einen Zusatzjob aufnehmen lässt. Ein Minijob kann ein Steuersparmodell sein. 450 Euro Mehrverdienst beim regulären Arbeitgeber führt zu zusätzlichen Steuern und Abgaben von häufig der Hälfte oder mehr des Zusatzeinkommens. Somit muss die Kombination von sozialversicherungspflichtiger Teilzeitarbeit mit einem Minijob nicht zwingend darauf beruhen, dass eine Aufstockung im Hauptjob nicht möglich ist. Nebentätigkeiten sind auch in der Mittelschicht verbreitet; Wissenschaftler, Techniker, Buchhalter und Rechnungsprüfer, auch Künstler nutzen sie. Gut qualifizierte Erwerbspersonen sind unter den Beschäftigten mit Zweitjob stark vertreten.[20]

In einer so guten Beschäftigungssituation wie derzeit gäbe es durchaus gute Argumente, die Privilegierung geringfügiger Beschäftigung durch niedrigere Sozialabgaben zurückzufahren. Die Mehreinnahmen könnten genutzt werden, um untere Einkommen bei den Sozialabgaben gezielt zu entlasten und so eine sozialversicherungspflichtige Hauptbeschäftigung auch bei niedrigen Bruttoeinkommen für Arbeitnehmer und Arbeitgeber attraktiver zu machen.[21] Nachdem sich jedoch die Minijobs mit etwa 7 Mio. Beschäftigungsverhältnissen (einschließlich Zweitjobs)[22] im deutschen Arbeitsmarkt fest etabliert haben, ist dies für die politisch Verantwortlichen mit Risiken behaftet. Es würde von vielen als schmerzhafte Erhöhung der Abgabenbelastung wahrgenommen.

Und die Zeitarbeit? Nach den Hartz-Reformen hat sie sich von einem niedrigen Niveau aus etwa vervierfacht, aber ist immer noch nur ein kleines Segment des Arbeitsmarktes; knapp 3% der Beschäftigten sind Zeitarbeiter.[23] Die Bewertung fällt gemischt aus. Viele, die in Zeitarbeitsfirmen unterkommen, waren vorher arbeitslos. Zeitarbeit kann Brücken schaffen. Sie kann ermöglichen, dass Arbeit, die sonst durch Überstunden abgedeckt würde, zu einem weiteren, wenn auch befristeten Arbeitsplatz führt. Zeitarbeit wird aber auch missbraucht, um die Rechte von Belegschaften auszuhebeln. Hier hat der Gesetzgeber 2017 durch eine Equal-Pay-Bestimmung, die allerdings durch Tarifverträge in ihrer Wirkung eingeschränkt werden kann, gegengesteuert.[24]

Müssen immer mehr Rentner arbeiten?

Die deutliche Zunahme erwerbstätiger Rentner war ein Reizthema während des Bundestagswahlkampfes. Viele Medien haben es aufgegriffen. Mit ihrer Rentenpolitik, so der rentenpolitische Sprecher der Fraktion der Linken im Bundestag, Matthias Birkwald, zwinge die Bundesregierung immer mehr Rentner zu arbeiten. Er forderte: «Keine Maloche bis zum Tode».[25]

In der Tat hat die Zahl der Rentner, die arbeiten, stark zugenommen. Im Jahr 2005, auf dem Höhepunkt der Arbeitslosigkeit in Deutschland, arbeiteten von den etwa 17 Mio. Rentnern knapp 700 000, 2016 dagegen arbeiteten von inzwischen 18,5 Mio. Rentnern 1,4 Mio. Der Anteil der Arbeitenden unter den Rentnern stieg also von 4,0 auf 7,6%. Von den 1,4 Mio. Rentnern, die 2016 arbeiteten, gingen etwa 341 000 einer sozialversicherungspflichtigen Beschäftigung nach, 673 000 hatten einen Minijob und 351 000 arbeiteten als Selbständige.[26]

Aber die Zahlen sagen uns wenig über die Hintergründe. Warum arbeiteten 2005 so viele Rentner weniger als heute? Wenn man bedenkt, dass es auf dem Höhepunkt der Arbeitslosigkeit als Rentner schlicht viel schwieriger war, einen Job zu finden, erscheint der Anstieg in einem anderen Licht. Für diese Sicht spricht auch, dass die Erwerbstätigenquote der über 65-Jährigen sich nach Bundesländern deutlich unterscheidet. Am höchsten ist sie in Bayern und Baden-Württemberg, wo die Arbeitsmarktlage besonders gut ist.[27]

Wie viele Rentner arbeiten aus purer Not weiterhin? Die Lebenserwartung steigt, viele Rentner sind noch lange Jahre nach dem Renteneintritt in einer guten gesundheitlichen Verfassung. Warum sollte es ein Anzeichen einer sozialen Schieflage sein, wenn jeder dreizehnte von ihnen, meist in einem zeitlich beschränkten Umfang, arbeitet? Steckt hinter der Annahme, es geschehe aus Not, nicht doch ein recht traditionelles Bild vom Alter im «Ruhestand»? Die strikte Trennung von Arbeitsleben und Ruhestand ist teilweise schlicht überholt. Der hohe Anteil der Minijobs unter den arbeitenden Rentnern erklärt sich aus renten- und arbeitsrechtlichen Regelungen:[28] Ein geringfügiger Beschäftigungsumfang (bis 450 Euro monatlich) ist für alle Rentner ohne Abzug möglich, auch für jene, die vorzeitig in Rente gegangen sind. Zudem sind keine Beiträge für Kranken- und Pflegeversicherung abzuführen. Und die besser situierten Rentner, die Steuern zahlen, vermeiden mit einem Minijob eine zusätzliche Steuerbelastung. Arbeitgeber können, wenn sie Rentner beschäftigen, weitreichende Befristungsmöglichkeiten nutzen. Unter der hohen Zahl der Selbständigen dürften in erheblicher Zahl vor der Rente abhängig Beschäftigte sein, die in der Rente auf Honorarbasis weiter tätig sind. Auch gut situierte Selbständige wie Rechtsanwälte, Steuerberater und Architekten arbeiten weiter. Es sind also nicht ausschließlich Soloselbständige, die aufgrund fehlender Alterssicherung so lange weitermachen, wie es nur irgendwie geht.

Gegen die These, allein die Not treibe die Alten zur Arbeit, spricht auch, dass die arbeitenden Rentner als Gruppe deutlich besser qualifiziert sind als die Nichterwerbstätigen ihrer Altersgruppe.[29] Eine hohe Erwerbstätigenquote haben pensionierte Beamte, die niedrigste dagegen un- und angelernte Arbeiter, die sicherlich stärker auf eine Aufbesserung ihrer Altersbezüge angewiesen wären. Auch im Rentenalter haben die besser Qualifizierten die besseren Chancen, eine Beschäftigungsmöglichkeit zu finden. Außerdem haben sie meist die bessere gesundheitliche Konstitution. Zu denken geben sollte auch, dass die Rentner, deren Partner noch nicht im Ruhestand ist, etwa dreimal so häufig erwerbstätig sind wie Rentner ohne Partner; Paare haben ein Interesse daran, den Ruhestandsbeginn aufeinander abzustimmen.[30]

Ist es also schlicht die Freude an der Arbeit, die Rentner veranlasst, weiter berufstätig zu sein? Diese Schlussfolgerung wäre ebenfalls zu einseitig. Gefragt nach ihren Motiven, warum sie im Ruhestand arbeiten, geben fast drei Viertel der Befragten an, die Arbeit würde ihnen Spaß machen; mehr als die Hälfte nennen den Wunsch nach einer Aufgabe und den Kontakt zu Menschen als Motive, und natürlich wollen sie auch Geld verdienen. Je geringer das Einkommen der Rentner, desto häufiger werden finanzielle Gründe genannt.[31] Die Rentner mit Minijob sind danach befragt worden, wie dringlich sie auf den Zuverdienst angewiesen seien. 36% gaben an, das Geld unbedingt zu brauchen, um ihren Lebensunterhalt zu bestreiten. Es gibt Bezieher von Minirenten, die Zeitungen austragen oder Regale auffüllen und die das ausschließlich deswegen tun, weil sie sonst nicht über die Runden kämen. Wenn der Arbeitsmarkt boomt, haben sie immerhin bessere Möglichkeiten, eine Arbeit zu finden. Selbstredend darf ein Alterssicherungssystem dies nicht einkalkulieren, schon deswegen nicht, weil viele, die am dringendsten einen Zuverdienst brauchen, dazu gesundheitlich gar nicht in der Lage sind. 9% sagten, Geld sei für sie eher unwichtig. Und 55% erklärten, sie brauchten das Geld nicht unbedingt, könnten sich damit aber Extrawünsche erfüllen.[32] Auch in dieser Gruppe wird es Menschen geben, deren

Extrawünsche sehr bescheiden sind, der Café- oder Kinobesuch, um am gesellschaftlichen Leben teilhaben zu können. Aber ein Rentensystem, das es für die breite Mehrheit völlig belanglos werden lässt, 450 Euro zu haben oder nicht zu haben, muss erst noch erfunden werden.

Beschäftigungsboom mit Schattenseiten

Festzuhalten ist, der Beschäftigungsboom seit Mitte der 2000er Jahre war nicht mit der «Amerikanisierung» des Arbeitsmarktes verbunden. Die Prozentanteile der atypischen Beschäftigung an der wachsenden Gesamtzahl der Beschäftigten nahmen zeitweise zu, aber das war keine Folge des Rückgangs der sozialversicherungspflichtigen Beschäftigung oder des Normalarbeitsverhältnisses, im Gegenteil. Diese Erkenntnis aber steht im Widerspruch zur öffentlichen Wahrnehmung.

Die Chancen, einen Arbeitsplatz zu finden, sind deutlich gestiegen. Das hat nicht nur eine wirtschaftliche Bedeutung. Wahloptionen stärken Arbeitnehmer. Auch Menschen, die arbeiten und deren Arbeitsplatz nicht gefährdet ist, können leiden, wenn sie die Stelle nicht wechseln können und von ihrem Arbeitgeber abhängig sind. Staatliche Regulierung und gewerkschaftliche Vertretung können, so wichtig sie sind, fehlende Wahlmöglichkeiten nicht kompensieren. Ein ausreichendes Arbeitsangebot ist somit auch wichtig, um die Freiheit der Bürger zu sichern.

Die Entwicklung auf dem Arbeitsmarkt war ein Jobwunder, aber dieses hat seine Schattenseiten. Menschen mit geringen beruflichen Qualifikationen profitieren durchaus von der besseren Beschäftigungslage, weil sie weit stärker von Arbeitslosigkeit bedroht sind als gut qualifizierte Kräfte. Und dennoch bleibt ihre Situation häufig prekär. Hierzu schreiben die Arbeitsmarktforscher Carina Sperber und Ulrich Walwei: «Während befristete Beschäftigung bei Qualifizierten häufig nur eine Episode auf dem Weg in eine stabile und in der Regel existenzsichernde Beschäftigung darstellt, sind Geringqualifizierte in befristeten oder geringfügigen Beschäftigungsverhältnissen viel stärker von Drehtüreffekten zwischen Beschäftigung und Arbeitslosigkeit betroffen.»[33] Auch das ist immerhin besser, als nur draußen zu stehen. Aber berufliche Qualifizierung ist höchst entscheidend, um den Kreis derer auszuweiten, die nachhaltig profitieren.

Auch eine sehr gute Beschäftigungslage kann persönliche Härten nicht verhindern. Wer als Facharbeiter seine Stelle aufgrund einer Betriebsschließung, wie etwa beim Opel-Standort Bochum, verliert, hat zwar deutlich bessere Chancen als noch vor zehn Jahren, wieder eine Stelle zu finden, aber dennoch zu häufig deutlich schlechteren Konditionen. Höchst verständlich, dass diejenigen, die diese Nachteile zu tragen haben, sich von «der Politik» alleingelassen fühlen, auch wenn keine politischen Hebel dagegen vorhanden sind, dass Unternehmen ihre Stellung im Wettbewerb nicht behaupten können. Die Politik ist hier mit Erwartungen konfrontiert, die sie letztlich nicht erfüllen kann.

Die Trendwende auf dem Arbeitsmarkt ist durch eine lange Phase der Lohnzurückhaltung eingeleitet worden; erst sie hat die Voraussetzungen dafür geschaffen, dass die institutionellen Reformen, die ab 2003 mit der Agenda 2010 der rot-grünen Bundesregierung eingeleitet wurden, wirken konnten. Die Bedingungen, die dies erzwangen, werden heute leicht vergessen: Die Öffnung der Märkte in Osteuropa brachte eine neue Konkurrenz zu Niedriglohnländern in unmittelbarer Nachbarschaft. Nach der Wiedervereinigung brach die Industrieproduktion in den neuen Bundesländern dramatisch ein. Die Regierung von Helmut Kohl hat substantielle Teile der Kosten der Wiedervereinigung durch höhere Sozialabgaben finanziert und damit die Sicherung sozialversicherungspflichtiger Beschäftigung erschwert. Die Arbeitslosigkeit stieg und stieg. In dieser Situation machten Gewerkschaften und Betriebsräte erhebliche Zugeständnisse, um Arbeitsplätze in den Unternehmen zu sichern: Lohnverhandlungen wurden häufig dezentralisiert und fanden vermehrt auf Unternehmens- und nicht mehr auf Branchenebene statt, Tarifverträge erlaubten unternehmensinterne Ausnahmeregeln. Die Dezentralisierung der Lohnfindung verbesserte die Wettbewerbsfähigkeit deutscher Unternehmen deutlich und schaffte damit die Grundlage für die beschäftigungspolitischen Erfolge der Hartz-Reformen. Dieser Erfolg wurde jedoch durch sinkende Löhne am unteren Ende der Lohnskala erkauft.[34]

Dies hat aber nicht einfach mit Ungerechtigkeit zu tun. Wird allein die Lohnungleichheit unter den Beschäftigten betrachtet, ist die Gefahr groß, dabei die Arbeitslosen auszublenden. Wenn Personen Arbeit finden, die zuvor arbeitslos waren, verändert sich die Zusammensetzung der abhängig Beschäftigten.[35] Das Profil vieler Neuzugänger zum Arbeitsmarkt unterscheidet sich in aller Regel deutlich von denen, die bereits Arbeit hatten; sie sind zu einem höheren Anteil gering qualifiziert, oder ihnen fehlt jede Ausbildung. In Phasen hoher Arbeitslosigkeit sind sie die Ersten, die ihre Stelle verlieren. Wenn nun der Arbeitsmarkt boomt, kommen auch diejenigen in Lohn und Brot, die vorher keine Chancen hatten. Sie steigen häufig zu Löhnen am unteren Ende der Lohnskala ein. Gegenüber der Arbeitslosigkeit verbessern sie ihre Situation, aber sie arbeiten durchschnittlich betrachtet zu schlechteren Bedingungen als diejenigen, die bereits Arbeit hatten. Nehmen wir zur Verdeutlichung an, das Fünftel der Beschäftigten mit den geringsten Löhnen würde auf einen Schlag arbeitslos. Die Statistik der Lohnverteilung erfasste dann die um ein Fünftel kleinere Gruppe der Beschäftigten. Innerhalb dieser Gruppe wäre der durchschnittliche Stundenlohn deutlich höher und die Ungleichheit deutlich kleiner. Die Zahlen würden nun paradoxerweise eine größere Gerechtigkeit ausweisen als zuvor. Wenn wir bei Verteilungsfragen ausschließlich die Beschäftigten in den Blick nehmen und Arbeitslose ausblenden, sind Fehlschlüsse nicht zu vermeiden.

Erst in den letzten Jahren gibt es nennenswerte Lohngewinne auch in den unteren Beschäftigungsgruppen. Nach einer langen Phase wachsender Lohnungleichheit seit Mitte der 1990er Jahre, also lange vor Hartz IV, scheint dieser Trend etwa 2010 gestoppt zu sein; ob dies dauerhaft eine Trendwende bedeutet, muss sich noch weisen.[36] Seit 2010 profitieren auch die unteren Lohngruppen und damit viele Menschen mit einfachen Jobs von der besseren Beschäftigungslage.[37] Und es gibt durchaus auch Aufstiegsmobilität. Die Auswertung des SOEP durch das Deutsche Institut für Wirtschaftsforschung zeigt, «dass es vielen Geringverdienern gelingt, über die Zeit auf deutlich höhere Stundenlöhne zu kommen. So zählte von den 20% der Arbeitskräfte mit den niedrigsten Löhnen im Jahr 2010, die in einer Beschäftigung blieben, mehr als die Hälfte fünf Jahre später nicht mehr zu den Geringentlohnten. Besonders starke Lohnanhebungen konnten hier die Vollzeitkräfte erzielen.»[38] Die Sorge um den eigenen Arbeitsplatz, die Angst vor Arbeitslosigkeit ist auf einem historischen Tiefstand. Wenn die Wirtschaft brummt, nutzt es auch denen, die unten stehen.

Doch auch der positive Trend des Anstiegs der unteren Löhne wurde in den Niedergangsdiskurs hineingepresst. Nur ein Beispiel: Der Evangelische Pressedienst berichtete 2017 darüber, dass die Löhne der unteren Einkommensgruppen seit einigen Jahren deutlich anziehen. Endlich, so sollte man meinen; diejenigen, die unten stehen, holen ein wenig auf. Aber der Pressedienst wählte die Überschrift «Mittlere Löhne wachsen seit 2010 unterdurchschnittlich».[39] Vermittelt wurde die Botschaft: Die Mitte fällt zurück.

Trotz der erfreulich guten Lage auf dem Arbeitsmarkt bleiben Gerechtigkeitsdefizite, die dringend harte Auseinandersetzungen erfordern. Die gesetzliche Regulierung der Arbeitswelt nutzt nur, wenn sie auch in der Praxis wirksam wird. Es gibt weiterhin Defizite bei der Durchsetzung des Mindestlohns, insbesondere bei Minijobs. Der Mindestlohn kann unterlaufen werden, wenn etwa mehr Arbeitsstunden als offiziell vereinbart geleistet werden müssen oder Bereitschaftszeiten nicht bezahlt werden.[40]

Gewerkschafter berichten von Betrieben, in denen versucht wird, die Bildung eines Betriebsrats durch massiven Druck zu verhindern. In den Unternehmen der Massentierschlachtung in Deutschland sind Vertragsunternehmen tätig, die sogenannte

Werkverträge mit Arbeitskräften aus Osteuropa schließen: Die Belegschaft wird dadurch in Teilbelegschaften aufgespalten, so-dass die Interessenvertretung durch einen Betriebsrat und die Durchsetzung elementarer Arbeitnehmerrechte be-, wenn nicht gar verhindert werden. Das ist auch der einzige Grund für den Einsatz der Vertragsunternehmen.[41]

Es gibt viele Menschen, die im expandierenden, gewerkschaft-lich ungenügend organisierten Dienstleistungssektor ganztags oder über die normale Vollarbeitszeit hinaus arbeiten und den-noch auf keinen grünen Zweig kommen.[42] Förderlich wäre, wenn es den Gewerkschaften hier gelänge, die Beschäftigten stärker zu organisieren. Aber auch Konsumenten, die sich dafür interessie-ren, wie die Arbeitsbedingungen etwa ihres Versandhändlers sind, können zur Verbesserung der Arbeitsbedingungen beitragen; eine schlechte Presse veranlasst Dienstleistungserbringer, Reputations-risiken in ihr Kalkül einzubeziehen. Die genannten Probleme sollte man neben den Erfolgen nicht ausblenden, wenn man auf die Daten eines boomenden Arbeitsmarktes blickt.

7.
Armut in einem reichen Land

15,7% der Bevölkerung in Deutschland sind arm – was heißt das?

In einem reichen Land wie Deutschland muss Armut in Relation zum Lebensniveau der breiten Mitte erfasst werden; es geht um relative Armut. Würden wir uns an einem Konzept absoluter Armut orientieren, wie dies in den armen und ärmsten Ländern der Erde angemessen ist, so würden wir Armut in Deutschland ausblenden. Als arm gilt, so der Rat der Europäischen Gemeinschaften, derjenige, der über so geringe Mittel verfügt, «dass er von der Lebensweise ausgeschlossen ist, die in dem Land, in dem er lebt, als Minimum annehmbar ist».[1] Das ist ein relatives Verständnis von Armut. Die Vorstellungen in einer Gesellschaft darüber, was als Minimum annehmbar ist, verändern sich mit zunehmendem Wohlstand.

Aber wie bestimmt man dieses Minimum? Nach verbreiteter Vorstellung muss ein Bürger über bestimmte Güter verfügen, um nicht als arm zu gelten; dazu gehören ausreichende Ernährung, Wohnung, Kleidung, medizinische Versorgung, der Zugang zu Bildung, Information usw. Aber so geht die Armutsmessung bei uns nicht vor. Nach einer europaweit gültigen Konvention gilt jeder als «im Armutsrisiko lebend», dessen verfügbares Einkommen weniger als 60% des mittleren Einkommens beträgt. Damit man das verfügbare Einkommen von Haushalten unterschiedlicher Größe vergleichen kann, wird dieses geteilt, aber nicht durch die

Zahl der Haushaltsmitglieder, sondern durch sogenannte Äquivalenzziffern. Bei einem Paar mit zwei Kindern, eines unter, eines über 14 Jahre, sind diese 1,0 für den ersten und 0,5 für den zweiten Erwachsenen, 0,5 für das ältere und 0,3 für das jüngere Kind. Das verfügbare Einkommen dieses Haushaltes wird somit durch 2,3 geteilt, um so das «Äquivalenzeinkommen» der Haushaltsmitglieder zu ermitteln.

Dieses Verfahren soll berücksichtigen, dass Haushalte durch das gemeinsame Wirtschaften Synergien haben: Man braucht nur eine Küche und einen Kühlschrank; die gemeinsame Wohnung muss nicht viermal so groß sein wie die einer Einzelperson. Allerdings kann man die Höhe dieser Äquivalenzziffern hinterfragen. Sie werden für alle Einkommensschichten gleich festgesetzt. Aber eine Alleinerziehende mit einem kleinen Kind wird mit dem 1,3-Fachen des Einkommens einer Alleinstehenden schlechter zurechtkommen als diese mit ihrem. Laut der Berechnung haben sie das gleiche Äquivalenzeinkommen. Damit wird das Armutsrisiko von Alleinerziehenden unterschätzt.[2]

Nachdem die Äquivalenzeinkommen berechnet sind, ist es zur Berechnung der Armutsrisikoquote nur noch ein kleiner Schritt. Wir stellen uns vor, die Bürger eines Landes würden sich nach der Höhe ihres Äquivalenzeinkommens aufstellen; auch die vier Mitglieder unserer Beispielfamilie wären eingereiht. Die Person, die die lange Reihe genau in zwei Hälften teilt, hat das mittlere oder auch das Medianeinkommen. Und alle, deren Äquivalenzeinkommen weniger als 60% dieses mittleren Einkommens beträgt, gelten als im Armutsrisiko lebend. Ob eine Person arm ist oder nicht, hängt somit nicht nur von ihrem Einkommen ab, sondern von der Verteilung aller Einkommen. Und würde eine Fee alle Einkommen verdoppeln, hätte das auf das gemessene Armutsrisiko keine Auswirkungen. Es verdoppelten sich alle Äquivalenzeinkommen. Alle stünden in unserer gedanklichen Reihe an derselben Stelle, und der Anteil derer, die weniger hätten als 60% des nun verdoppelten mittleren Einkommens, bliebe gleich. Daher kann man die Armutsrisikoquote auch als ein Verteilungsmaß be-

zeichnen, mit besonderem Fokus auf die unteren Einkommensgruppen.

Die Armutsrisikomessung anhand der 60-%-Schwelle abstra-
hiert vom Wohlfahrtsniveau einer Gesellschaft. Je wohlhabender
eine Gesellschaft ist, desto mehr kann man sich für ein Einkommen auf Höhe der Armutsrisikoschwelle leisten; aber der Abstand
zur Mitte bleibt. Ein niedriges Einkommen gilt als Näherung dafür, nicht ausreichend an dem teilhaben zu können, was das Leben in der Gesellschaft prägt, und zeigt die Gefahr an, ausgegrenzt
zu werden.[3] Die relative Armut ist ein gut begründetes Konzept,
allerdings muss man es entsprechend interpretieren.

Das gilt auch für internationale Vergleiche. Wie die Statistik
der EU ausweist, hat Tschechien mit 10% die niedrigste Armutsrisikoquote in Europa, Rumänien mit 25% die höchste. Deutschland belegt mit einem Wert von 16,5%[4] einen mittleren Platz. Die
Einkommen sind in Tschechien weit gleicher, in Rumänien weit
ungleicher verteilt als in Deutschland. Maßstab der Berechnung
sind die nationalen mittleren Einkommen. Betrachtete man die
Europäische Union als ein Land, sähe das Bild ganz anders aus.
Die Armutsrisikoquote in Rumänien betrüge 90%, in Tschechien
27% und in Deutschland 8%. Das große Wohlfahrtsgefälle in Europa können nationale Maße nicht zum Ausdruck bringen.[5]

In offizieller Definition wird mit der 60-%-Schwelle die Gruppe
der Menschen bestimmt, die «im Armutsrisiko leben». Vor der
Einführung der EU-Konvention sind Armutsschwellen von 40,
50 und 60% des mittleren Einkommens verwandt worden.[6] Die
Europäische Union hat die höchste der bis dahin genutzten Armutsschwellen als statistische Konvention durchgesetzt und dies
mit der begrifflichen Neuschöpfung «Armutsrisiko» verbunden,
ohne zu definieren, was Armut in Abgrenzung zum Armutsrisiko
sei. Zur Differenzierung bedarf es weiterer Informationen über die
Lebenslage der erfassten Personen. Der Armutsforscher Richard
Hauser schreibt: «In den meisten Fällen liegt die für Deutschland
ermittelte Armutsrisikogrenze der EU oberhalb der deutschen
Mindestsicherungsgrenzen. Die einem Armutsrisiko unterliegen-

den Personen mit den Armen gleichzusetzen, ist eine Verkürzung, die dem öffentlichen Meinungskampf über Verteilungsfragen zuzuordnen ist.»[7] Diese Differenzierung spielt im öffentlichen Diskurs in Deutschland jedoch keine Rolle; Armut und Armutsrisiko werden überwiegend synonym verwendet. Seit einigen Jahren wird die Differenzierung teilweise ausdrücklich zurückgewiesen. «Armutsrisiko» sei ein Verniedlichungsbegriff.

Die Unterscheidung zwischen Armut und Armutsrisiko ist aber sinnvoll. Es gibt unterschiedliche Armutsschwellen für einen Alleinstehenden, je nachdem, welche Daten verwendet werden, und zwar derzeit zwischen 942 Euro und 1189 Euro. Man wird kaum sagen können, dass Studierende oder Auszubildende mit 900 Euro von der Lebensweise ausgeschlossen seien, die «als Minimum annehmbar» sei, oder ihre Lebensverhältnisse seien skandalös. Auch macht es einen großen Unterschied, ob der Bezieher einer Nettorente unterhalb einer der genannten Armutsrisikoschwellen in einer Eigentumswohnung wohnt oder Miete zahlt. In den Daten des Mikrozensus wird der geldwerte Vorteil des selbstgenutzten Wohnungseigentums nicht erfasst. 30% der Rentner, die aufgrund ihres niedrigen Einkommens als im Armutsrisiko lebend erfasst werden, haben ein Vermögen von mehr als 50 000 Euro.[8]

Die 18- bis 24-Jährigen haben von allen Altersgruppen die bei weitem höchste Armutsrisikoquote. Das ist nicht weiter erstaunlich, da in diesem Alter besonders viele in der Ausbildung sind. Ohne die Differenzierung zwischen Armut und Armutsrisiko müssten wir schlussfolgern, dass bei jungen Erwachsenen der dringendste armutspolitische Handlungsbedarf bestünde. Aber natürlich sind nicht die vielen Studierenden und Auszubildenden das Problem, die temporär mit wenig Geld auskommen müssen und dabei die Grundlagen für eine sozial gesicherte Existenz legen können, sondern diejenigen, die keine Ausbildung machen.

Die Armutsrisikostatistik ist nützlich, um die Risikogruppen zu bestimmen. Es sind insbesondere Gruppen, die keinen (ausreichenden) Zugang zum Arbeitsmarkt haben, Arbeitslose, gering Qualifizierte und Alleinerziehende, insbesondere, wenn sie nicht oder nur in Teilzeit arbeiten können. Geringe Qualifikation, Arbeitslosigkeitsphasen und Armutsrisiko hängen eng zusammen. Eine durchbrochene Erwerbsbiographie, zumal in schlecht bezahlten Tätigkeiten, führt zudem in die Altersarmut. Allerdings schützt auch eine Vollzeiterwerbstätigkeit über ein ganzes Berufsleben zum oder knapp über dem Mindestlohn nicht vor Altersarmut. Dies ist ein eklatantes Gerechtigkeitsdefizit (vgl. Kap. 19).

Neue Armutsgruppen?

In Reaktion auf die Debatte zur Differenzierung von Armutsrisiko und Armut wurde jüngst darauf verwiesen, dass die auf Haushaltsbefragungen aufbauende Armutsstatistik relevante Betroffenengruppen nicht erfasst: Studierende in Gemeinschaftsunterkünften, wohnungslose Menschen, pflegebedürftige Menschen in Heimen, behinderte Menschen in vollstationären Einrichtungen sowie Flüchtlinge in Aufnahmeeinrichtungen und Gemeinschaftsunterkünften.[9] Selbst auf Strafgefangene wurde verwiesen. Die Verhältnisse seien weit skandalöser, als die offizielle Statistik ausweise.

Äußerst berechtigt ist der Hinweis auf die fehlende Erfassung wohnungsloser Menschen; es ist in der Tat ein gravierendes Defizit, dass es keine amtliche Statistik zu dieser Gruppe und ihrer Größe gibt. Studierende in Gemeinschaftsunterkünften leben in öffentlich geförderten Wohnheimen. Sie können vergleichsweise günstig wohnen. Eine spezifische armutspolitisch relevante Problemlage ist bei ihnen nicht zu erkennen. Es ist richtig, dass ein erheblicher Anteil der Bewohner von Pflegeheimen neben den Leistungen der Pflegeversicherung auf ergänzende Hilfe zur Pflege angewiesen ist. Ein solches Hilfesystem für bedürftige Bürger ist unverzichtbar und kein Ausdruck einer sozialen Schieflage (es sei denn, man hielte ein Rentensystem für denkbar, das jedem ermöglicht, aus seiner Rente etwa 2000 Euro für einen Pflegeheimplatz zu zahlen, oder man hielte die Pflegeversicherung als Teilkaskosystem für skandalös). Für behinderte Menschen in vollstationären Einrichtungen gilt die Argumentation in vergleichbarer Weise; auch ihr Bedarf und die umfangreichen Kosten ihrer Unterbringung und Unterstützung werden durch den Träger der Sozialhilfe gedeckt, worauf ein einklagbarer Rechtsanspruch besteht.

Flüchtlinge in Aufnahmeeinrichtungen und Gemeinschaftsunterkünften stehen, so sie denn eine tragfähige Bleibeperspektive haben, am Beginn des Integrationsprozesses. Sie wollen Verfolgung und Krieg entkommen, teils auch eine bessere Perspektive finden. Dass sie für eine längere Zeit, bis die Integration gelingt, Leistungen des Sozialstaats bekommen, ist jedenfalls kein Beleg für skandalöse Verhältnisse. Und welchen Sinn es haben soll, zu den Armen auch diejenigen zu zählen, die nach Verurteilung in einem rechtsstaatlichen Verfahren eine Gefängnisstrafe verbüßen müssen, ist schlicht nicht nachzuvollziehen. Alle genannten Gruppen verdienen aus unterschiedlichen sozialpolitischen Gründen Beachtung. Aber sie berechtigen nicht dazu, die Armut künstlich aufzubauschen.

Werden die Arbeitslosen immer ärmer?

Immer mehr Arbeitslose in Deutschland sind arm, heißt es. Jeder Armutsbericht des Paritätischen Wohlfahrtsverbandes beklagt die steigende Armut unter den Arbeitslosen.[10] Ulrich Schneider, Geschäftsführer des Verbandes, schreibt: «War 2005 die Hälfte der Arbeitslosen arm, so betrug die Quote 2015 59%.»[11] In der Tat, der fehlende Zugang zu produktiver Arbeit ist das größte Armutsrisiko. Was aber hat es mit dem Armutsanstieg der Arbeitslosen auf sich? Langzeitarbeitslose und Arbeitslose, die bisher nicht oder zu kurz gearbeitet haben, um Versicherungsansprüche zu erwerben, erhalten die Transferleistungen der Grundsicherung für Arbeitsuchende (Hartz IV). Diese liegen in aller Regel unter der Armutsrisikoschwelle der amtlichen Armutsstatistik. Diese Schwelle ist eine statistische Konvention, sie ist keine sozialpolitische Norm, die für die Festlegung der Höhe der Unterstützung bindend wäre. Viele Arbeitslose, die beschäftigt waren und noch nicht lange arbeitslos sind und damit Leistungen der Arbeitslosenversicherung beziehen, erhalten dagegen ein Einkommen oberhalb der 60-%-Schwelle.

Die Arbeitslosigkeit ist seit 2005 stark zurückgegangen. Aber diese positive Entwicklung verlief in den beiden Sicherungssystemen unterschiedlich. Die Zahl der Leistungsempfänger der Arbeitslosenversicherung ging um 59%, die der Langzeitarbeitslosen, die Hartz IV beziehen, dagegen «nur» um 39% zurück.[12] Der beklagte Anstieg der Armen unter den Arbeitslosen ist also nichts weiter als die statistische Konsequenz der deutlich besseren Lage auf dem Arbeitsmarkt. Dies für alarmierend zu halten wäre, als beklagte man, dass der Anteil der Schwerkranken an den Kranken zugenommen habe, dieser Effekt aber darauf beruht, dass die leichter Erkrankten gesund geworden sind. Ein arbeitsmarktpolitischer Erfolg wird in einen Beleg für das Versagen des Sozialstaats uminterpretiert.

Familienarmut

Ein deutlich erhöhtes Armutsrisiko haben Familien mit drei und mehr Kindern, während Paare mit einem oder zwei Kindern ein unterdurchschnittliches Armutsrisiko haben. Es stimmt also nicht, dass Kinder in Deutschland per se ein Armutsrisiko seien.[13] Die geringe Steigerung der Höhe des Kindergeldes mit der Zahl der Kinder (6 Euro mehr für das dritte, 31 Euro mehr ab dem vierten Kind) setzt den über längere Zeit eingeschränkten Möglichkeiten doppelter Erwerbstätigkeit der Eltern kinderreicher Familien nichts entgegen. Daran wird wohl auch die in dieser Legislaturperiode vorgesehene Kindergelderhöhung nichts ändern. Für alle Kinder ist die Erhöhung um denselben Betrag vorgesehen. Knapp 30% der Kinder im Armutsrisiko leben in Familien mit drei und mehr Kindern.[14] Nicht ganz die Hälfte der Kinder in kinderreichen Familien hat einen Migrationshintergrund.[15] Bei kinderreichen Familien können sich somit zwei Probleme vermischen: die zeitweise geringere Erwerbstätigkeit der Eltern und das deutlich höhere Armutsrisiko der Migrationsbevölkerung.

Ein kurzer Blick auf die Alleinerziehenden. Trennung ist ein hohes Risiko. Rein materiell betrachtet, entfallen die Synergien des gemeinsamen Haushalts, zwei Wohnungen werden benötigt, die groß genug sein sollten, dass die Kinder abwechselnd bei beiden Elternteilen wohnen können. Es wird deutlich schwieriger, im Alltag Kinder und Beruf zu vereinbaren. Viele Frauen und die bei ihnen lebenden Kinder, vor der Scheidung in der unteren Mitte, rutschen danach ins Armutsrisiko. Der Anteil der Alleinerziehendenfamilien an allen Familien mit Kindern unter 18 Jahren stieg von 14% 1996 auf 20% 2016.[16] Etwa 40% der Kinder im Armutsrisiko leben in Alleinerziehendenfamilien.[17]

In Armut aufzuwachsen, stellt ein erhebliches Risiko dar. Auf Ansätze, Familien im Niedrigeinkommensbereich besser abzusichern, kommen wir in Kap. 18 zurück. Etwa 60% der Kinder, die im Rahmen der Hilfen zur Erziehung intensiv betreut werden, stammen aus Familien, die Transfers, überwiegend Hartz IV, erhalten.[18] Das Jugendamt führt ein Hilfeplanverfahren durch, die Familie erhält sozialpädagogische Familienhilfe; oder es erfolgt eine Fremdbetreuung, wenn das Kindeswohl in der Familie nicht mehr gesichert ist. Der Zusammenhang zwischen Armutslagen und dem Erfordernis öffentlicher Erziehungshilfe ist nicht überraschend. Materieller Mangel belastet Familien. Kinder in Alleinerziehendenfamilien leiden unter der Trennung und ihren Folgen. Eltern mit massiven psychischen oder sozialen Problemen haben es schwer, sich auf dem Arbeitsmarkt zu behaupten und sind somit zu höheren Anteilen arm. Und denkbar ist zudem, dass Fachkräfte der Jugendhilfe Familien im Transferbezug schneller als anderen eine Hilfebedürftigkeit zuschreiben.[19]

Aus dem Faktum, dass ein hoher Anteil der Familien, die Hilfen zur Erziehung erhalten, arm sind, darf aber nicht im Umkehrschluss gefolgert werden, Familien im Armutsrisiko seien ganz überwiegend gescheiterte Familien. Damit würden viele Familien stereotyp abgewertet. Viele Familien fördern ihre Kinder trotz materieller Einschränkungen, stärken sie emotional und unterstützen ihr schulisches Fortkommen. Die ganz überwiegende Zahl der Alleinerziehenden, die zu ihren Teilzeitjobeinkünften auf ergänzende Hartz-IV-Leistungen angewiesen sind, dürfte ihren Kindern genauso Bücher vorlesen wie Eltern in Paarfamilien. Sie schicken sie nicht ohne Frühstück in die Schule und kümmern sich, so gut es geht, um ihre Hausarbeiten. Vermehrt nutzen die getrennten Eltern das gemeinsame Sorgerecht. Es ist unangemessen, diese Familienform, so hart die Trennung ist, stereotyp als hilfebedürftig anzusehen. In einer Alleinerziehendenfamilie aufzuwachsen, muss das Schicksal eines Kindes nicht lebenslang negativ prägen.[20] Zwar ist der Anteil der «Hartz-IV-Kinder» in der Jugendhilfe hoch. Aber nur eine Minderheit von 13% der Minderjährigen im Transferbezug erhält Hilfen zur Erziehung. Dazu erklärt die Jugendhilfeexpertin Karin Böllert: Der scheinbar klare Zusammenhang zwischen Kinderarmut und erzieherischem Bedarf müsse relativiert werden. «Es kann keine Rede davon sein, dass ein Transferleistungsbezug automatisch zu einem Hilfebedarf führt.»[21]

Weniger Armut in einem Land, das sich abschottet?

Die Entwicklung der Armut in Deutschland ist nicht zu verstehen, ohne die Menschen mit Migrationshintergrund gesondert zu betrachten (Schaubild 5). Sie sind alles in allem weit schlechter in das Bildungs- und Beschäftigungssystem integriert. Die Armutsrisikoquote der Bevölkerung ohne Migrationshintergrund liegt seit 2010 konstant bei 12%, während sie für die Bevölkerung mit Migrationshintergrund 2016 bei 28% lag und in den letzten Jahren eine leicht steigende Tendenz aufweist. Die Quote erhöhte sich mit der starken Einwanderung in den letzten Jahren. Flüchtlinge aus dem Irak oder Syrien sind zu großen Teilen noch nicht

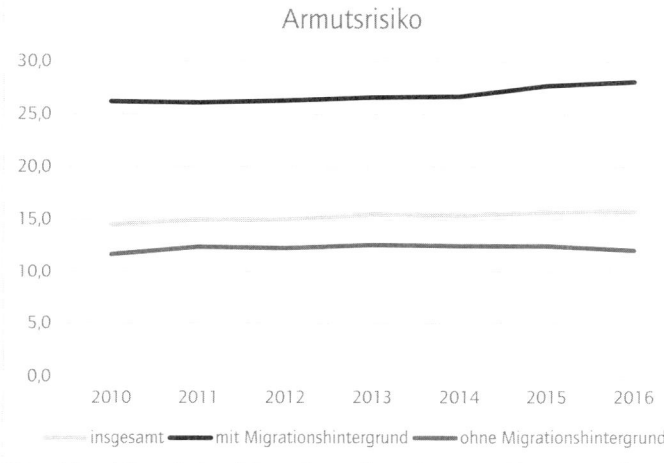

Schaubild 5[22]: Armutsrisikoquoten nach Migrationshintergrund (in Prozent), 2010–2016.

im Arbeitsmarkt angekommen; ihre Armutsrisikoquoten liegen bei 70 bzw. 80%. Besonders deutlich zeigt sich der Unterschied bei der Kinderarmut (Schaubild 6). Die Armutsrisikoquote der Minderjährigen ohne Migrationshintergrund liegt konstant bei 13%, bei den in Deutschland geborenen Minderjährigen mit Migrationshintergrund bei 28% mit einer leicht sinkenden Tendenz, bei denjenigen, die eingewandert sind, aber bei 54% (2016).[23] Dieser Anstieg ist kein Skandal, sondern statistische Folge der Bereitschaft, Flüchtlinge aufzunehmen. Man sollte «steigende Kinderarmut» nicht beklagen, ohne über die dargelegten Zusammenhänge aufzuklären. Sonst könnte man Ängste bei denen befördern, die von dem Anstieg gar nicht betroffen sind, und die Hilfsbereitschaft gegenüber den Zufluchtsuchenden schwächen.

Es bleibt der Befund, dass die Armutsquote der Bevölkerung ohne Migrationshintergrund zwar nicht wächst, aber trotz guter Beschäftigungssituation nach 2005 auch nicht zurückgeht, wie man erwarten würde. Der Schluss aber, dass der Arbeitsmarkt für die Armutsrisikoquote ohne Belang sei, ist dennoch voreilig. Der

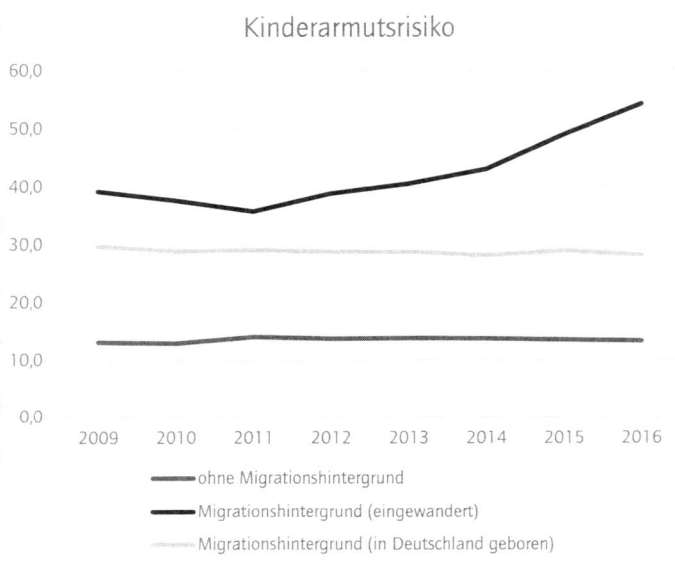

Schaubild 6: Kinderarmutsrisiko nach Migrationshintergrund (in Prozent), 2009–2016.

Anteil der Einpersonenhaushalte wächst, weniger Haushalte nutzen die Vorzüge des gemeinsamen Wirtschaftens. Der Anteil der Alleinerziehendenhaushalte hat nach 2005 weiter zugenommen. Dies wirkt sich über die Methodik der Berechnung senkend auf die Äquivalenzeinkommen der betroffenen Haushalte aus,[24] und tendenziell erhöhen sich Einkommensungleichheit und Armutsrisiko.[25] Zudem studieren heute etwa 800 000 junge Menschen mehr als 2007; der jüngste Anstieg der Studierendenzahlen fiel höher aus als in der Bildungsexpansion der 1970er und 1980er Jahre.[26] Das führt zwar mittelfristig zu besseren Einkommenschancen, aber erst einmal steigt die Zahl derer, die zeitweise mit wenig Geld, häufig unterhalb der Armutsrisikoschwelle, auskommen müssen. Meist leiden sie aber nicht. Ohne die deutlich verbesserte Beschäftigungssituation hätten diese Trends zu einer insgesamt steigenden Armutsrisikoquote geführt, unabhängig von der Zuwanderung.

Im Rat der Wirtschaftsweisen gab es zur Interpretation dieser Trends Differenzen. Peter Bofinger räumt ein, dass auch geänderte Lebensverhältnisse zur Entwicklung der Armutsrisikoquote beitragen: «Aus sozialpolitischer Sicht ist es jedoch in erster Linie entscheidend, dass immer mehr Menschen von einem Armutsrisiko betroffen sind, selbst wenn dies nicht durch ökonomische, sondern durch persönliche Faktoren verursacht wird.»[27] «Immer mehr» Menschen sind allerdings nur betroffen, wenn wir die Aufnahme von Arbeitsmigranten und Flüchtlingen ausblenden. Ein Land, das sich abschottet oder handverlesen nur gut qualifizierte Ausländer ins Land lässt, stünde bei den reinen Armutszahlen allemal besser da. Wir müssen uns für die Trends interessieren, die hinter der Entwicklung der Daten stehen. Steigt die ausgewiesene Armutsrisikoquote, weil mehr Menschen als Singles leben (wollen) oder weil die Arbeitsverhältnisse sich verschlechtern? Die politischen Schlussfolgerungen sind jeweils sehr unterschiedlich. Man kann und man sollte differenzieren, ohne allerdings den politischen Handlungsbedarf zu leugnen. Die Wirtschaftsweisen beklagen auch, dass die Ungleichheit sich verfestige, da die erlangten Bildungsabschlüsse weiterhin stark vom Elternhaus abhingen und so eine Tendenz zu einer Zementierung der Ungleichheit über Generationen hinweg bestehe.[28] Das aber ist nicht gottgegeben.

Es tut sich nichts?

Teil der Rhetorik in der Armutsdebatte ist der Vorwurf, alles sei bekannt, aber es tue sich nichts. Das stimmt nicht, auch wenn man angesichts mancher Prozesse zu Recht ungeduldig wird. Der Rückblick auf das Erreichte ist gelegentlich ermutigend. 1992 schloss der Deutsche Caritasverband unter Federführung des Armutsforschers Richard Hauser eine große Untersuchung zu Armut in Deutschland ab.[29] Zu dieser Zeit war Armut regierungsamtlich inexistent, es gab schließlich Sozialhilfe. Nach der Untersuchung konnte die Bundesregierung die verdeckte Armut von

Menschen, die Ansprüche auf Hilfen haben, aber vom Sozialstaat nicht erreicht werden, nicht mehr leugnen. Die Caritas erhob Forderungen,[30] die damals kaum Realisierungschancen zu haben schienen, aber mit Verzögerung doch aufgegriffen wurden. Selbstredend war es nicht die Caritas allein; viele in Politik, Wissenschaft und Sozialverbänden haben hierbei geholfen. Die damals geforderte Armutsberichterstattung, seinerzeit von der Regierung brüsk zurückgewiesen, ist heute fest etabliert. Vorgeschlagen wurde eine Pflegeversicherung, da Pflegeheimbewohner in wachsender Zahl auf Sozialhilfe angewiesen waren; sie wurde 1995 eingeführt. Auf dem Vorschlagszettel der Caritas standen eine verpflichtende Krankenversicherung für Grundsicherungsempfänger und die Begrenzung der Möglichkeiten des Sozialamts, gutverdienende Kinder von Sozialhilfeempfängern zur Mitfinanzierung der Sozialhilfe heranzuziehen; beides ist heute Wirklichkeit. Das ebenfalls geforderte Schuldnermoratorium wurde 1999 mit dem Verbraucherinsolvenzverfahren eingeführt; unter festgelegten Voraussetzungen kann nach einer Wohlverhaltensphase dem Schuldner die Restschuld erlassen werden. Mit ihrem dringenden Anliegen, Sozialhilfeempfänger als Arbeitslose zu registrieren und sie in das System der aktiven Arbeitsmarktpolitik zu überführen, um so ihre Chancen auf Arbeit zu erhöhen, hatte die Caritas bereits 1992 ein Problem angesprochen, dass später mit der Agenda 2010 angegangen wurde. Dies gilt auch für den Vorschlag, einmalige Leistungen der Sozialhilfe zu pauschalisieren, um Hilfeempfängern mehr Selbständigkeit bei ihren Entscheidungen zu ermöglichen. Auch die für die Hartz-IV-Reformen zentrale Zuverdienstregelung (vgl. Kap. 17) fand sich im Katalog der Caritas. Nicht auf Gehör stieß dagegen der dringende Appell, den sozialen Wohnungsbau zu verstärken und die Kommunen mit mehr Belegungsrechten auszustatten. Das Anliegen, Kleinrenten aufzustocken, blieb ebenfalls liegen, ist aber Teil des Koalitionsprogramms von 2018. Ebenso steht die Weiterentwicklung des Kinderzuschlags für Geringverdiener, der 2005 eingeführt wurde, auf der Agenda; auch hierzu gab es bereits Ansätze in den Forderungen von 1992. Politik ist zäh, vielleicht ist das ja auch gut so, weil es Fehlentscheidungen erschwert. Aber es tut sich einiges.

Und die Tafeln?

Die Zahl der Tafelnutzer in Deutschland ist sprunghaft gestiegen. Die Tafeln sind zu einer großen Sozialbewegung geworden, in der sich etwa 60 000 Ehrenamtliche engagieren. Die Tafeln sind eine Schande, so sagen viele, so schreibt Heribert Prantl: «Was soll man von einem Sozialstaat halten, in dem Menschen ihrer Armut wegen öffentlich sichtbar Schlange stehen müssen um billige oder kostenlose Lebensmittel?» Die Tafeln «expandieren wie sonst nichts. Sie expandieren deshalb, weil Not und Bedürftigkeit in Deutschland expandieren». Daher seien die Tafeln «auch Anklage: eine Schande für den Sozialstaat, der nicht leistet, was er leisten soll: Grundsicherung für Menschen, die einer Grundsicherung bedürfen».[31] Auch andere sehen das Wachstum der Tafeln als Folge des Sozialabbaus. Die Sozialpolitik neige, so der Soziologe Stefan Selke, «immer mehr dazu, soziale Verantwortung an Freiwillige auszulagern und die Symptombehandlung von Armutsphänomenen an Agenturen wie Tafeln, Suppenküchen und Kleiderkammern zu delegieren». Die Ehrenamtlichen «versuchen, mit viel Engagement eine Arbeit zu leisten, die bis vor kurzem noch der Sozialstaat übernommen hatte».[32]

Aber der Sozialstaat hat sich nicht zurückgezogen. 2016 wurden für existenzsichernde Leistungen 49 Mrd. Euro verausgabt, 43 % mehr als die Verteidigungsausgaben desselben Jahres.[33] Auch hat das Bundesverfassungsgericht 2010 in einem Urteil zur Höhe der Grundsicherung für Arbeitssuchende (Hartz IV) die rechtliche Stellung bedürftiger Bürger gestärkt. Es hat aus dem Gebot der Unantastbarkeit menschlicher Würde und dem Sozialstaatsgebot ein Grundrecht auf Gewährleistung eines menschenwürdigen Existenzminimums abgeleitet. Es sichert «jedem Hilfebedürftigen diejenigen materiellen Voraussetzungen zu, die für seine physische

Existenz und für ein Mindestmaß an Teilhabe am gesellschaftlichen, kulturellen und politischen Leben unerlässlich sind».[34]

Sind die Tafeln also ein Beleg für einen Verfassungsbruch, weil die staatlich gewährten Hilfen zu niedrig sind? Auch wenn das Bundesverfassungsgericht die Festsetzung des Regelsatzes durch Regierung und Parlament in den letzten Jahren nicht beanstandet hat, weil dieser nicht «evident unzureichend»[35] sei, kann man seine Höhe durchaus kritisieren. Das zur Berechnung angewandte Statistikverfahren erfasst das Ausgabenverhalten von Haushalten mit einem niedrigen Einkommen, das etwas oberhalb der Einkommen von Transferbeziehern liegt, der sogenannten Referenzgruppe. Die Festsetzung erfolgt also nicht willkürlich, sondern nach einem grundsätzlich geeigneten Verfahren. Dieses weist aber Inkonsistenzen auf, und es gibt auch politische Eingriffe, die korrigiert werden müssen.[36] So sind in nicht unerheblichem Maße verdeckt Arme in der Referenzgruppe. Da sie weniger zum Leben haben als das gesellschaftlich garantierte Minimum und somit entsprechend wenig ausgeben, ziehen sie das Rechenergebnis nach unten. Seit langem wird gefordert, verdeckt arme Menschen aus der Referenzgruppe herauszunehmen. Ausgaben für Tabak wurden gestrichen; viele Transferempfänger rauchen aber, und diejenigen, die nicht rauchen, hatten bis zur Streichung einen Puffer für andere Ausgaben. Statt Ausgaben für Bier, die in der Referenzgruppe ermittelt wurden, sind Ausgaben für Mineralwasser angesetzt worden. Nach Abschätzungen des Deutschen Caritasverbandes würde bei der Korrektur dieser Eingriffe der Regelbedarf eines Alleinstehenden gegenüber 416 Euro (2018) um etwa 60 Euro steigen. Zudem hat der Caritasverband die Einführung einer Flexibilitätsreserve von 5% und damit ca. 20 Euro pro Monat vorgeschlagen, beispielsweise um die Ansparung für Anschaffungen zu erleichtern.[37] Eine Erhöhung um 80 Euro gäbe Grundsicherungsempfängern etwas mehr Flexibilität in ihrer Lebensführung.

Folgte die Politik den Empfehlungen der Caritas oder anderer Wohlfahrtsverbände, die Grundsicherung zu erhöhen, würden dann die Tafeln verschwinden? Das müsste passieren, wenn man die Kritik ernst nimmt und meint, die schiere Existenz von Tafeln sei Beweis für das schändliche Versagen des Sozialstaats. Das Verschwinden der Tafeln wäre aber höchst unwahrscheinlich. Der evangelische Theologe Richard Schröder, nach dem Mauerfall Vorsitzender der SPD-Fraktion in der demokratisch gewählten Volkskammer, sagte in einem Interview dazu: «Wissen Sie, wenn irgendjemand, der schlecht bei Kasse ist, die Möglichkeit angeboten bekommt, billige Nahrungsmittel zu erwerben, dann wird er das nicht nur dann tun, wenn er Hunger hat, sondern auch dann tun, wenn er dadurch Geld spart. … Es ist ja nicht so, dass die Tafel die Leute vorm Hungern rettet, sondern sie sparen Geld, das sie für anderes verwenden können. Das gönne ich auch den Bedürftigen. Aber zu behaupten, der Staat müsste so viel zahlen, dass die Leute an der Tafel vorbeigehen und sagen, was soll ich denn dort, das ist doch eine absurde Erwartung!»[38]

Die rasche Zunahme der Tafeln seit den Anfängen 1993 ist kein sinnvoller Indikator für die Entwicklung der sozialen Verhältnisse in Deutschland. Das Motto der Tafelbewegung ist: «Lebensmittel retten. Menschen helfen.» Materielle Grundlage ihrer Arbeit ist die massive Verschwendung von Lebensmitteln; in den 1950er oder 1960er Jahren hätte es keine Tafeln heutiger Art geben können. So verteilen die Tafeln etwa viel Brot, das übrigbleibt, weil Kunden heute auch noch kurz vor Ladenschluss aus einem breiten Sortiment wählen wollen. Gab es 1993 erst 35 Tafeln, waren es 2005 bereits 480 und 2018 sind es 937 mit mehr als 2000 Ausgabestellen. Seit Mitte der 2000er Jahre hat sich ihre Zahl verdoppelt, während die Armutsrisikoquote in etwa konstant blieb. Die Höhe des Regelsatzes wurde kontinuierlich der Preissteigerung angepasst; der Anstieg der Tafeln liegt also nicht daran, dass die staatlichen Hilfen zurückgefahren wurden. Die Werte zu materiellem Mangel armer Menschen bezüglich der Ernährung haben sich seit 2005 deutlich verbessert;[39] zufrieden muss man mit ihnen dennoch nicht sein, denn sie sind weiterhin deutlich schlechter als beispielsweise in den skandinavischen Ländern. Regional ist ein Schwerpunkt der Tafeln in Baden-Württemberg und Bayern auszumachen; das liegt nicht an einer im Vergleich zu anderen Bundesländern besonders großen Not, sondern an dort besonders breit verankerten Strukturen ehrenamtlicher Arbeit.

Die Expansion der Tafeln ermöglicht eine wachsende Inanspruchnahme, diese wiederum ist Ansporn, das Angebot weiter auszuweiten.[40] Der Bundesverband der Tafeln erhebt die Zahl der Nutzer durch Umfragen. «Trotz dieser umfangreichen Datenbasis», so der Bundesverband, «bleibt die Erhebung der Gesamtkundenzahl der deutschen Tafeln schwierig, da jede Tafel eigenständig entscheidet, wie und in welchem Umfang sie die Kundenzahlen erfasst».[41] Die Zahl der regelmäßigen Nutzer (einmal pro Woche) liegt den Angaben zufolge zwischen 1,1 und 1,25 Mio.[42] Einschließlich temporärer Hilfen geht der Bundesverband von einer Gesamtzahl von bis zu 1,5 Mio. Tafelnutzern aus. Schätzungsweise 60% sind nichtdeutscher Herkunft.[43] Im Vergleich zu der Zahl der Hilfeberechtigten wird deutlich: Die Tafeln unterstützen nur einen begrenzten Teil der Bedürftigen, mehr können und mehr müssen sie auch nicht. Denn fast acht Millionen Menschen erhalten Leistungen der Arbeitslosenhilfe (einschließlich Familienmitglieder), der Grundsicherung im Alter oder bei Erwerbsminderung sowie nach dem Asylbewerberleistungsgesetz. Arme Menschen werden sich in aller Regel überwinden müssen, wenn sie zum ersten Mal zur Tafel gehen, auch wenn sich diese bemühen, Lebensmittel unter Bedingungen auszugeben, die nicht beschämen. Ein Teil der Nutzer kommt aus schierer Not, etwa wenn sie gegen Ende des Monats blank sind. Aber der Anstieg der Tafelnutzer ist Ergebnis einer Wachstumsdynamik, die eigene Ursachen hat. Sie ist kein Beleg für das Scheitern des Sozialstaates.

Zugewanderte Armut aus Osteuropa

Und dennoch bleibt der Eindruck, dass im optischen Bild der Städte Armut zugenommen hat. Die Osterweiterung der Europäischen Union und mit ihr die Freizügigkeit haben die Grenzen für die Not anderer geöffnet. Mit Rumänien und Bulgarien wurden zwei Länder in die EU aufgenommen, zu denen ein enormes Wohlstandsgefälle besteht. Das zieht Menschen an, die versuchen, auf einem Arbeitsmarkt mit weit höheren Verdiensten Fuß zu fassen. Diejenigen, die hier gute Chancen haben, hätten die Entwicklung ihrer Herkunftsländer vorantreiben können. Ein Teil der Arbeitsmigranten scheitert bei der Suche nach Arbeit und gerät in sehr prekäre Lebenslagen. Zudem haben beide Länder eine lange Tradition der Ausgrenzung und Missachtung gegenüber der Minorität der Sinti und Roma; im Erweiterungsprozess ist es versäumt worden, vor der Aufnahme eine Verbesserung ihrer Lage durchzusetzen.

Ein substantieller Teil jedenfalls der sichtbaren Armutsprobleme in den Städten ist Folge der Freizügigkeit, die einen großen Fortschritt in einem zusammenwachsenden Europa darstellt, aber auch ihre Schattenseiten hat. Beispielsweise werden die offenen Angebote für Wohnungslose vermehrt von Menschen aus Osteuropa um Hilfe gebeten. Erst die erfolgreiche Teilhabe am Arbeitsmarkt öffnet den Zugang zu umfänglichem sozialen Schutz. Das Recht auf Freizügigkeit innerhalb der Union beinhaltet nicht das Recht, unabhängig von eigenen Quellen der Existenzsicherung den Aufenthaltsort zu wählen und dann alle Sozialleistungen des Aufnahmelandes zu erhalten. Dies wird zum Teil massiv kritisiert:[44] Der voraussetzungslose Zugang aller EU-Ausländer, die zu uns kommen, zu den Leistungen der Grundsicherung würde die Finanzierbarkeit des sozialen Sicherungssystems in Deutschland jedoch langfristig gefährden. Jeder Bürger der Union hätte dann die Möglichkeit, temporär oder dauerhaft nach Deutschland zu kommen, verbunden mit einem Anspruch auf Regelbedarf, Woh-

nung und Krankenversicherung. Dies könnte dazu führen, dass
sich die Herkunftsstaaten ihrer Verantwortung entziehen, existenzsichernde Leistungen und den Krankenversicherungsschutz
auch für ihre armen Bürger zu gewährleisten. Dennoch kann ein
Sozialstaat denjenigen, die bei der Suche nach Arbeit bei uns
scheitern, Hilfe nicht einfach verweigern. Das kann aber bedeuten, Hilfen zeitlich zu befristen und die Rückkehr in das Heimat-
land zu unterstützen. Dringend notwendig sind Regelungen für
Mindeststandards eines an die jeweiligen Lebensverhältnisse ange-
passten nationalen Grundsicherungssystems in allen Mitglieds-
staaten, wie sie Andrea Nahles als Bundesarbeitsministerin gefordert hat.[45] Allerdings muss man große Zweifel haben, ob eine
realistische Chance besteht, sich im Rahmen der Europäischen
Union auf verbindliche Standards zu einigen. Es ist eine der dringenden bisher ungelösten Aufgaben der Europäischen Union.

ZUM BEFUND DES SOZIALSTAATS

8.
Suppenküchensozialstaat?

Das Narrativ des neoliberalen Sozialabbaus

Viele Menschen, denen eine gute sozialstaatliche Sicherung am Herzen liegt, sind überzeugt davon, dass der Sozialstaat in den letzten Dekaden abgebaut wurde; mal schleichend, mal in rasanten Schritten. An schrillen Tönen herrscht kein Mangel. Laut Christoph Butterwegge, Kandidat der Linkspartei für die Bundespräsidentenwahl 2017, sind von den ehemaligen Ansprüchen der Arbeitnehmer und Arbeitslosen «nur noch Rudimente» übrig geblieben. «Dahinter steckt die Absicht, dass der Sozialversicherungsstaat in der Tradition Bismarcks mehr und mehr zu einem Fürsorge-, Almosen- und Suppenküchenstaat gemacht wird.» Im Resultat führe dies «zu einer ‹US-Amerikanisierung› unseres Sozialstaats», der vermehrt Almosen verteile, statt Rechtsansprüche zu sichern.[1] Der Sozialrichter Jürgen Borchert spricht von «Sozialstaatsdämmerung», vom «Niedergang des Sozialstaats» und kontrastiert ihn mit dem Sozialstaat in seiner «Glanzzeit» nach dem Zweiten Weltkrieg.[2]

Dabei gelten die Nachkriegsdekaden als das «Goldene Zeitalter des Kapitalismus»: mit hoher Produktivitätssteigerung, wachsendem Massenkonsum, dem Zugang breiter Schichten zu Gütern, die zuvor als Luxus galten, mit einer gesamtwirtschaftlichen Steuerung, die zyklische Krisen vermeiden oder sie zumindest stark mildern konnte, und dem raschen Ausbau der sozialstaatlichen Sicherung. Der britische Historiker Eric Hobsbawm, der die Bezeichnung der Nachkriegsdekaden als «Goldenes Zeitalter» prägte, sprach von der «Vermählung des wirtschaftlichen Liberalismus mit der sozialen Demokratie».[3]

Dieser Konsens sei laut eines einflussreichen Narrativs von einer mehr und mehr neoliberal denkenden und handelnden Elite verlassen worden. So schreibt der Soziologe Wolfgang Streeck: «Beginnend in den frühen 1980er Jahren wurden in den Gesellschaften des Westens zentrale Elemente des Gesellschaftsvertrags des Nachkriegskapitalismus nach und nach aufgekündigt oder in Frage gestellt.» Neben der «Flexibilisierung» der Arbeitsmärkte und der Zurückdrängung des Einflusses der Gewerkschaften bezieht Streeck dies ausdrücklich auf die sozialen Sicherungssysteme und spricht von einer «Fundamentalrevision des Wohlfahrtsstaats». «Am Ende dieser Entwicklung stand, ungeachtet nationaler Unterschiede und Besonderheiten, ein zunehmend marktangepasster, ‹schlanker› … ‹modernisierter› Wohlfahrtsstaat, dessen ‹Beschäftigungsfreundlichkeit› und niedrige Kosten durch eine Absenkung des durch soziale Bürgerrechte gewährleisteten Mindestniveaus gesellschaftlicher Subsistenz erkauft worden waren.» [4] Die Konsolidierung der Staatsfinanzen in den 1990er Jahren sei, so Streeck, «mit tiefen Einschnitten in soziale Bürgerrechte, der Privatisierung öffentlicher Dienstleistungen und vielfältigen Formen der Kommerzialisierung der Daseinsvorsorge» verbunden gewesen, bei denen «private Versicherungsgesellschaften als Garanten sozialer Sicherheit an die Stelle von politischen Parteien und Regierungen traten». Auch die Zukunftsaussichten seien düster: In der Verlängerung dieser Entwicklung «der letzten knapp vierzig Jahre liegt … der Versuch einer endgültigen Freisetzung der kapitalistischen Wirtschaft und ihrer Märkte … von der Demokratie als Massendemokratie, wie sie zum Regime des demokratischen Kapitalismus gehörte».[5]

Es handle sich also um eine radikale Kündigung des Gesellschaftsvertrags, der den Wohlstand in Deutschland prägte. «Versagt», so Streeck, «haben Demokratie und demokratische Politik, als sie versäumt haben, die Konterrevolution gegen den Sozialkapitalismus der Nachkriegsära als solche zu erkennen und sich ihr zu widersetzen».[6] Auf die naheliegende Frage, warum sich eine solche Entwicklung, die eklatant den Interessen der breiten Mehrheit widerspricht, in demokratisch verfassten Gesellschaften über Dekaden ereignen konnte, geben die genannten Autoren eine recht einfache Antwort: Die neoliberale Revolution wurde, so Streeck, durch «neoliberale Umerziehung»[7] der Bürger abgesichert. Butterwegge spricht von «Gehirnwäsche».[8]

Selbst wenn eingeräumt wird, dass es in Deutschland weiterhin einen ausgebauten Sozialstaat gebe, wird diese Aussage häufig mit einem einschränkenden «noch» verbunden – noch habe Deutschland ein gutes Gesundheitssystem, zum Beispiel. Das suggeriert, dass der Sozialabbau kontinuierlich im Gange sei und es in Zukunft schlimmer werde. Auch wenn zugestanden wird, dass Deutschland im Vergleich mit anderen Sozialstaaten nicht unbedingt schlecht abschneide, ist es häufig ein eingeschränktes Lob: «Der Wohlfahrtsstaat in Deutschland ist nicht so demoliert wie andernorts», so der Politologe Claus Leggewie.[9] Aber deutlich ramponiert erscheint er ihm offensichtlich schon.

Taugt dieses Narrativ überhaupt? Wie weit konnten neoliberale Kräfte Einfluss nehmen? Helmut Kohl regierte in den 1980er Jahren, wie Ronald Reagan und Margaret Thatcher, die als Hauptbetreiber der «neoliberalen Revolution» angesehen werden. Aber wenn es eine Agenda der «neoliberalen Revolution» seitens der Unionsparteien bzw. der schwarz-gelben Koalition zwischen 1982 und 1998 gegeben haben sollte, wie ist dann zu erklären, dass mit der Wiedervereinigung nahezu alle sozialstaatlichen Regelungen der alten Bundesrepublik auf das Beitrittsgebiet übertragen wurden? Regelungen also, die aus einer Zeit stammen, als, dem Narrativ zufolge, der Konsens zwischen Wirtschaftsliberalismus und sozialer Demokratie noch bestand? Warum hat es dann nicht einmal den Versuch gegeben, mit Verweis auf die hohen, langanhaltenden Kosten der Wiedervereinigung die sozialrechtlichen Standards zwischen West- und Ostdeutschland zu differenzieren oder im vereinigten Deutschland radikal abzubauen?

Das Soziale wächst mit dem Wohlstand

Der beklagte kontinuierliche Sozialstaatsabbau müsste sich in einem Indikator niederschlagen, der genutzt wird, im internationalen Vergleich den Umfang sozialstaatlicher Tätigkeit zu messen, in der Sozialleistungsquote, also in dem Verhältnis des Sozialbudgets zum Bruttoinlandsprodukt. Mit dem Sozialbudget werden die Ausgaben für alle Sozialleistungen erfasst, die öffentlich finanziert werden oder auf gesetzlicher, verpflichtender Grundlage beruhen, wie die Leistungen der Sozialversicherungen. Das Bruttoinlandsprodukt ist der Wert der in einem Jahr erzeugten Güter und Dienstleistungen (abzüglich aller Vorleistungen). Die Sozialleistungsquote ist ein sehr grober Indikator; sie erfasst allein die Ausgaben der Sozialkassen, sagt also wenig über die Qualität sozialpolitischer Interventionen. Die Quote gilt als ein Maß für die Umverteilung in einer Gesellschaft; aber auch dazu taugt sie nur eingeschränkt. Ein hohes Maß an Umverteilung innerhalb der Mittelschicht kann mit eingeschränktem Schutz für Randgruppen einhergehen. Auch steigt die Quote, wenn das Bruttoinlandsprodukt sinkt und die Sozialleistungen auf dem bisherigen Niveau fortgeführt werden. Den höchsten Wert mit über 30% hatte die Sozialleistungsquote 2009, als, bedingt durch die Finanzkrise, die Wirtschaftsleistung deutlich einbrach.[10] Eine erfreuliche Arbeitsmarktentwicklung senkt tendenziell die Sozialleistungsquote, weil weniger Hilfen für Arbeitslose erforderlich sind. Auch beinhaltet sie nicht alle Ausgaben für Soziales; die Krankenversicherung ist mit 7% des Bruttoinlandsprodukts erfasst; die Gesamtausgaben des Gesundheitssystems liegen allerdings bei 11%.[11] Trotz all dieser Schwächen gibt die Sozialleistungsquote einen Einblick in die historischen Trendlinien.

Die Entwicklung der Sozialleistungsquote zeigt das über lange Zeit wachsende sozialstaatliche Engagement. Sie lag in den 1870er Jahren, also vor den bismarckschen Sozialreformen, bei 1%, zu Beginn des 20. Jahrhunderts bei 2,4% und stieg bis zum Ende der

Weimarer Republik auf knapp 14%.[12] In der jungen Bundesrepublik lag sie bei 17% (1965) und stieg bis Mitte der 1970er Jahre auf
26% an. Das «Goldene Zeitalter» war somit in einem doppelten
Sinne golden: Mit hohen Wachstumsraten stieg der wirtschaftliche Wohlstand, und der Anteil, der für soziale Belange ausgegeben wurde, vergrößerte sich. In den Jahren bis zur Wiedervereinigung lag die Quote meist bei 25 oder 26%; danach stieg sie mit
Schwankungen bis heute auf 29%.[13]

Auch wenn die historische Vergleichbarkeit eingeschränkt ist,[14]
ist die Tendenz der Entwicklung klar. In Zeiten hohen Wachstums bis 1975 nahm der Sozialstaat stärker zu als die wirtschaftliche Leistungsfähigkeit; danach war die Sozialpolitik vom Bemühen geprägt, die Balance zu halten, auch wenn dies, bedingt durch
die Folgekosten der Wiedervereinigung, nicht immer gelang.

Die Entwicklung der Sozialleistungsquote zeigt zweierlei: Es
hat in den vier Dekaden nach Ende des «Goldenen Zeitalters» keinen Sozialstaatsabbau gegeben, der sich im Verhältnis zwischen
Sozialausgaben und Wirtschaftsleistung niedergeschlagen hätte.
Allerdings stehen hinter diesem Gesamttrend unterschiedliche
Entwicklungen in den einzelnen Feldern sozialstaatlicher Sicherung. Stabilität oder moderates Wachstum der Sozialleistungsquote bildet nicht unbedingt ab, ob in bisher gültige Leistungszusagen empfindlich eingegriffen wurde. Ein differenzierender Blick
ist somit erforderlich (vgl. folgende Kap.).

Die Entwicklung zeigt zudem, dass es die als Gegennarrativ
zum Sozialstaatsabbau wortreich beklagte «Explosion» der Sozialleistungen ebenfalls nicht gegeben hat, jedenfalls nicht nach der
Phase hohen Wirtschaftswachstums. Das Bild der Explosion, das
Sozialstaatskritiker gerne gebrauchen, ist leicht zu erzeugen, wenn
über lange Zeiträume nominale, das heißt nichtpreisbereinigte
Sozialausgaben verglichen werden. Das Sozialbudget stieg von
etwa 400 Mrd. Euro 1991 auf 960 Mrd. Euro 2017. Wer so rechnet, vergleicht Äpfel mit Birnen. Die Preise steigen, Transferleistungen werden entsprechend angepasst, die Renten steigen ebenso
wie die Löhne der im Sozialsektor Beschäftigten. Daher ist das

Verhältnis der Sozialausgaben zur Wirtschaftsleistung, über das die Sozialleistungsquote informiert, aussagekräftiger. Auch sie stieg seit der Wiedervereinigung, um etwa drei Prozentpunkte.[15] Das ist ein substantieller Anstieg, denn bei der heutigen Höhe des Bruttoinlandsprodukts entspricht dies zusätzlichen Ausgaben von fast 100 Mrd. Euro.

Dies wurde in einer Zeit aufgebracht, in der bedingt durch die Wiedervereinigung zusätzliche Lasten zu bewältigen waren. Ohne das ständige Ringen um finanzielle Nachhaltigkeit wäre der Anstieg vermutlich deutlich höher gewesen – wenn es denn überhaupt möglich gewesen wäre, die dafür notwendigen höheren Sozialbeiträge und Steuern durchzusetzen. Das Narrativ der Explosion des Sozialstaats war insbesondere in der ersten Hälfte der 2000er Jahre, zu Zeiten rasch steigender Arbeitslosigkeit, in der öffentlichen Debatte präsent, verknüpft mit der Forderung nach einer Beschneidung sozialstaatlicher Leistungen. Die insgesamt erfolgreiche Arbeitsmarktpolitik seit 2005 zeigt, dass eine Reformpolitik gelingen kann, ohne den Sozialstaat zu schleifen.

9.
Gesundheitswesen mit niedrigen Zugangshürden

Ständige Reformbaustelle

Es gibt in Deutschland ein ausgebautes Gesundheitswesen mit im internationalen Vergleich äußerst niedrigen Zugangshürden. Der Beitragssatz zur gesetzlichen Krankenversicherung ist heute etwa vier Prozentpunkte höher als Anfang der 1980er Jahre. Das stützt nicht das Narrativ vom Rückbau des Sozialstaats. Aber das Gesundheitswesen war eine ständige Reformbaustelle. Seit Mitte der 1970er Jahre rückte aufgrund rasch steigender Leistungsausgaben der gesetzlichen Krankenversicherung mit zeitweise jährlichen Zuwachsraten von 15 bis 20% die «Kostendämpfung» in den politischen Fokus.[1] Seither begleitete diese Aufgabe alle Gesundheitsminister. Ein Grund für die hohen Steigerungen Anfang der 1970er Jahre waren Leistungsausweitungen, die in den Anfangsjahren der sozialliberalen Koalition, meist im Konsens mit der oppositionellen Union, eingeführt wurden.[2]

Die zentrale Schubkraft für Kostensteigerungen im Gesundheitssystem war und ist der medizinische Fortschritt, die rasche Ausweitung der diagnostischen und therapeutischen Möglichkeiten, bei einer gleichzeitig älter werdenden Bevölkerung. Die «Kostenexplosion», die zu dämpfen sich die Gesundheitspolitiker aller politischer Lager redlich bemühen, ist, so der Ökonom Walter Krämer, vor allem eine «Leistungsexplosion».[3] Der Umfang des «sinnvoll Machbaren» hat sich kontinuierlich ausgeweitet. Das zeigen beispielsweise der Einsatz diagnostischer Großgeräte wie etwa Kernspin-Tomographen, der Ausbau einer international vorbildlichen Nierendialyse, Hüft- und Kniegelenkoperationen in wachsender Zahl, neue Möglichkeiten der Krebstherapie oder technisch stark verbesserte Hörgeräte. Mit den Erfolgen der Medizin wuchs auch die Zahl derer, die auf ihre Leistungen angewiesen sind, weil auch die beste medizinische Kunst es nicht vermag, Krankheiten aus der Welt zu schaffen, uns aber hilft, mit medizinischer Hilfe länger und besser weiterzuleben. «Je besser eine medizinische Versorgung ist, desto mehr Behandlungsbedürftige wird es geben», sagte der langjährige Präsident der Bundesärztekammer, Karsten Vilmar.[4] Entgegen dem Narrativ des Sozialabbaus hat es das Gesundheitswesen in Deutschland bisher geschafft, allen krankenversicherten Bürger den Zugang zum Fortschritt bei Diagnostik und Therapie offen zu halten.

Die Behauptung, das Gesundheitssystem sei «kaputtgespart» worden, wie es in den harten Auseinandersetzungen zur Finanzierung immer wieder verlautbart wird, ist empiriefreie Empörung. Im Zeitraum seit der Wiedervereinigung stiegen die Gesundheitsausgaben zwischen 1992 und 2013 inflationsbereinigt um 38%. Ihr Anteil am Bruttoinlandsprodukt vergrößerte sich im selben Zeitraum von 9,4 auf 11,2%.[5] Eine Steigerung von 1,8 Prozentpunkten bedeutet, bezogen auf das aktuelle Bruttoinlandsprodukt, immerhin einen Mehraufwand von über 50 Mrd. Euro.

5,3 Mio. Menschen arbeiten derzeit im Gesundheitsbereich (2015, einschließlich der stationären und ambulanten Pflege), 2000 waren es erst 4,0 Mio. Auch wenn man berücksichtigt, dass Teilzeitarbeit zugenommen hat, bleibt ein erheblicher Anstieg, von 3,3 auf 3,9 Mio. Vollzeitstellen.[6] Entgegen verbreiteter Vorstellungen hat sich auch die Versorgung mit niedergelassenen Ärzten ausgeweitet. Zwar ging zwischen 1999 und 2013 die Hausarztdichte leicht zurück, dagegen stieg aber die Versorgung mit Fachärztinnen und -ärzten erheblich. Diese Verschiebung von der hausärztlichen zur fachärztlichen Versorgung ist ein langfristiger Trend im deutschen Gesundheitswesen.[7] Der ländliche Bereich ist zwar weniger gut versorgt als der städtische (was in Teilen Folge eines Steuerungsdefizits der Kassenärztlichen Vereinigungen ist), aber auch im ländlichen Raum ist die Versorgungsdichte mit Fachärzten gestiegen.[8] In den Krankenhäusern hat seit der Wiedervereinigung das ärztliche Personal um mehr als 50% zugenommen, zu Lasten allerdings des nichtärztlichen Personals, bei dem es einen Rückgang um 10% gab, was mit steigender Belastung des Pflegepersonals einherging.[9]

Steuerung eines schwer steuerbaren Systems

Die Kostensteigerung aufgrund des medizinischen Fortschritts gäbe es auch, wenn alle im Gesundheitssystem Tätigen, die Ärzte und ihre Interessenverbände, die Krankenhausträger sowie die Pharmaindustrie, ihre wirtschaftlichen Interessen in edelster Weise hintanstellten. Da sie das meist nicht tun, müssen sich Gesundheitspolitiker mit schwer lösbaren Strukturproblemen herumschlagen. Kostentreibend ist ein Phänomen, das Ökonomen als «angebotsinduzierte Nachfrage» bezeichnen. In ihrer Entscheidung, welche medizinische Behandlung in welcher Intensität erforderlich ist, sind Patienten vom Fachwissen der Ärzte abhängig. Sie folgen in der Regel der ärztlichen Empfehlung. Die Ärzte bestimmen mit dem Therapievorschlag also indirekt den Umfang der Nachfrage, die sie als Leistungserbringer dann bedienen können.

Viele als bürokratisch empfundene Regelungen im Gesundheitswesen dienen dazu, das Problem der angebotsinduzierten Nachfrage einzuhegen. Die Abfolge der Reformen gibt Aufschluss darüber, wie schwierig eine angemessene politische Steuerung des Gesundheitswesens ist. Ab Mitte der 1960er Jahre wurde jede Leistung der niedergelassenen Ärzte mit einem festen Geldbetrag nach einer Gebührenordnung honoriert («ungedeckelte» Einzelfallvergütung). Ärzte hatten somit einen Anreiz, möglichst viele Leistungen zu erbringen. Wieweit sie davon über das medizinisch Gebotene hinaus Gebrauch machten, hing davon ab, wie stark sie sich ethischen Standards verpflichtet fühlten. Unstrittig ist, dass diese Vergütungsform zu einer starken Ausweitung der Leistungsmengen führte. Um den Kostenanstieg in den Griff zu bekommen, wurde mit dem Krankenversicherungs-Kostendämpfungsgesetz von 1977 das System geändert. Die Krankenkassen überwiesen nun den Kassenärztlichen Vereinigungen, die für die Sicherstellung der ambulanten Versorgung der gesetzlich Krankenversicherten zuständig sind, für jeden Bezirk ein festes Budget. Die Verteilung an die Ärzte der Region erfolgte weiterhin nach dem Umfang der von ihnen erbrachten Einzelleistungen.[10]

Das Ziel der Kostenbegrenzung wurde erreicht, aber die Fehlanreize blieben. Denn der Arzt, der seine Leistungen ausweitete oder vielleicht auch nur bei der Abrechnung eine gewisse Kreativität an den Tag legte, vergrößerte seinen Anteil am Budget zu Lasten seiner Kollegen. Der ehrliche Arzt war der Dumme. Und so wurde das Vergütungssystem 1997 nochmals drastisch verändert: Die Anzahl der Leistungspunkte pro Praxis wurde begrenzt und die auf die Einzelleistung bezogene Vergütung wich fast vollständig einer Budgetierung pro Arztpraxis (in Abhängigkeit von der Zahl der Patienten). Zudem wurde die Niederlassung der Kassenärzte beschränkt.[11]

Im Sinne der Kostendämpfung waren die Regelungen durchaus wirksam, allerdings erzeugten sie neue Probleme. Die Niederlassungsbeschränkungen schützen auch Ärzte, die keinen guten Ruf haben. Eine strikte Budgetdeckelung kann zu schwierigen Abwägungsentscheidungen zwingen, auch zu einer verdeckten Rationierung, bei der zu erwarten ist, dass Patienten, die informiert sind und ihre Interessen gut artikulieren können, besser wegkommen als diejenigen, die dies nicht können. Zudem verlagert eine strikte Deckelung das Risiko, dass Krankheiten vermehrt auftreten und dadurch der Behandlungsbedarf steigt, von den Krankenkassen auf die Ärzteschaft. Daher ist die ambulante Vergütung in den Folgejahren wieder flexibler gestaltet worden,[12] ohne den Anspruch einer auf die einzelne Praxis bezogenen Mengensteuerung aufzugeben.

Auch im Krankenhausbereich wurde versucht, dem Kostenanstieg durch Strukturreformen Herr zu werden. Seit dem Krankenhausfinanzierungsgesetz von 1972 finanzierten die Krankenhäuser alle laufenden Kosten, die Kosten für ärztliche und pflegerische Leistungen, für Unterkunft und Verpflegung über tagesgleiche Pflegesätze. Sie wurden individuell für jedes Krankenhaus nach dem Selbstkostendeckungsprinzip bestimmt; wer höhere Kosten hatte, bekam somit auch einen höheren Pflegesatz. Die Refinanzierung der Krankenhäuser konnte sich somit auch bei vergleichbaren medizinischen Leistungen erheblich unterscheiden.[13] Diese Regelung gab den Krankenhäusern wirtschaftliche Sicherheit, hatte aber zwei problematische Anreizwirkungen. Ein Krankenhausgeschäftsführer, der sparsam wirtschaftete, riskierte, dass er in der nächsten Runde bei der Festsetzung der Tagespauschalen eine Kürzung hinnehmen musste, schließlich waren ja die Selbstkosten des Krankenhauses gesunken bzw. weniger gestiegen als die der anderen Krankenhäuser. Wirtschaftliches Verhalten wurde also bestraft. Zudem fallen die Kosten des Krankenhauses nicht gleichmäßig über die Aufenthaltstage der Patienten an. Bei zu kurzer Aufenthaltsdauer kam das Krankenhaus nicht auf seine Kosten, bei längerem Aufenthalt wurde es immer günstiger. Kein Wunder, dass die Liegezeit im Krankenhaus und die Zahl der Krankenhausbetten in Deutschland weltweite Spitzenwerte einnahmen. Patienten beschlich der Verdacht, dass sie nicht deswegen ein Wochenende im Krankenhaus verbringen mussten, weil der abschließende Blickkontakt mit dem Stationsarzt vor der Entlassung am Montagmorgen eine besonders heilende Wirkung zu entfalten versprach, sondern damit das Krankenhaus zwei weitere Tage abrechnen konnte. Daher hat es bereits in der Regierungszeit von Helmut Kohl diverse Bemühungen gegeben, die Vergütung stärker nach Behandlungsaufwand zu differenzieren, wobei die tagesbezogenen Pflegesätze weiterhin dominierten.[14] Die rot-grüne Bundesregierung hat dann den Wechsel der Krankenhausfinanzierung hin zu diagnosebezogenen Fallpauschalen eingeleitet, mit denen die Vergütung konsequent in Abhängigkeit von der Schwere des Behandlungsfalles erfolgt.

So sinnvoll diese Reform war, auch sie hatte ihre Tücken. Das System der Fallpauschalen musste kontinuierlich differenziert und mittels der Berücksichtigung von Nebendiagnosen verfeinert werden, um dem komplizierten Geschehen in den Krankenhäusern gerecht zu werden. Wie mit der Reform beabsichtigt, sank die Verweildauer der Patienten in den Krankenhäusern. Krankenhausbetten blieben ungenutzt, Überkapazitäten wurden offensichtlich. Die staatliche Gesundheitspolitik hätte einen Abbau der Kapazitäten steuern können, denn die Bundesländer verfügen über das Instrument der Krankenhausbedarfsplanung. Aber es ist für Gesundheitspolitiker äußerst unattraktiv, hierbei zu offen zu agieren, da jede Schließung eines Krankenhauses massiven Protest und Konflikte zwischen dem Land und der betroffenen Kommune auslöst. Es ist leichter, den Abbau der Kapazitäten der Wirkung anonymer Marktkräfte zu überlassen. Geht ein Krankenhaus dann in die Insolvenz, so steht nicht der Landesgesundheitsminister in der Schusslinie, sondern der Krankenhausträger, der vermeintlich oder tatsächlich schlecht gewirtschaftet hat.

Um gegen den Trend einer sinkenden Aufenthaltsdauer ihrer Patienten dennoch eine ausreichende Belegung zu sichern, nutzten und nutzen die Krankenhäuser Möglichkeiten, den Umfang der Behandlung auszuweiten, insbesondere bei Eingriffen, die höhere Fallpauschalen erbringen, wie Knie- oder Hüftoperationen. Das erhöht den Druck auf das Personal. Auch hier ist das genaue Ausmaß der Wirkung wirtschaftlicher Fehlanreize schwer zu bestimmen, da eine Ausweitung der Fallzahlen und der Behandlungsintensität auch am medizinischen Fortschritt und der Zunahme der Zahl alter Patienten liegen kann. Aber dass in der medizinischen Versorgung zu einem erheblichen Anteil wirtschaftliche Anreize wirken, ist unzweifelhaft. Das belegen starke Anstiege von Fallzahlen einer Reihe teurer Leistungen in kurzer Zeit oder nicht medizinisch erklärbare regionale Unterschiede in der Behandlungsintensität.[15] Auch die Reformbemühungen im Bereich der stationären Versorgung zeigen, wie komplex die Steuerungsprobleme im Gesundheitswesen sind. Die Gefahr ist immer gegeben, den Teufel mit Beelzebub auszutreiben, also einen Fehlanreiz durchaus wirksam zu bekämpfen, aber in der Folge andere Fehlwirkungen zu erzeugen.

Alle Maßnahmen der Kostendämpfung waren nur gegen den massiven Widerstand der Ärzteverbände, der Kassenärztlichen Vereinigungen, der Vereinigungen der Krankenhausträger und der Pharmaindustrie durchsetzbar. Die Gesundheitspolitik musste und muss immer auf das massive Mobilisierungspotential der Ärzteschaft gegen reale oder vermeintliche Leistungseinschränkungen, gegen «Bürokratie» oder «Staatsmedizin» Rücksicht nehmen. Diese Vorwürfe verfangen in der Öffentlichkeit, der die Steuerungsprobleme des Gesundheitssystems nicht vertraut sind, allzu leicht.

Zuzahlungen

Die bisher dargestellten Maßnahmen zur Dämpfung des Kostenanstiegs setzten bei den Leistungserbringern an; die Leistungsempfänger, die Patienten, wurden über Zuzahlungen einbezogen. Neben dem finanziellen Ertrag war und ist mit den Zuzahlungen auch das Ziel verbunden, wirtschaftlich verantwortliches Verhalten zu befördern. Die 2004 eingeführte Praxisgebühr von 10 Euro pro Quartal sollte Arztbesuche bei Bagatellerkrankungen vermeiden helfen und die Steuerungsfunktion der Hausärzte stärken. Murrend gewöhnten sich die Patienten an die Praxisgebühr; eine nennenswerte steuernde Wirkung in der Mitte der Gesellschaft entfaltete sie nicht. Sie barg aber die Gefahr, dass arme Menschen einen notwendigen Arztbesuch verschieben oder unterlassen. Zum Jahresanfang 2013 wurde die Praxisgebühr ersatzlos aufgegeben.

Zuzahlungen leisten die Patienten zum Krankenhausaufenthalt (10 Euro pro Tag), zum Verbrauch bestimmter Heilmittel und für verschreibungspflichtige Medikamente, pro Medikament zwischen 5 und 10 Euro. Dabei greift eine Überlastungsgrenze von 2% des Bruttoeinkommens; bei Menschen mit chronischen Erkrankungen liegt diese bei 1%. Der maximale Betrag der Zuzahlungen ist somit abhängig von der Höhe des Einkommens der Patienten, wie auch die Beiträge zur gesetzlichen Krankenkasse. Ist die Belastungsgrenze erreicht, wird der Versicherte auf Antrag durch eine Bescheinigung der Krankenkasse für das laufende Jahr von weiteren Zuzahlungen befreit. Die dafür erforderliche Dokumentation der Zuzahlungen stellt allerdings gerade arme Personen vor erhebliche Herausforderungen. Es gibt diverse Befreiungstatbestände. Kinder und Jugendliche unter 18 Jahren müssen nicht zuzahlen. Auch Erwachsene sind bei vielen Medikamenten befreit, wenn sie sich für ein günstiges Präparat entscheiden. Damit setzt der Gesetzgeber einen Anreiz für Ärzte und Patienten, auf den Preis der Medikamente zu achten. Es gibt bei vielen Medikamenten große Preisdifferenzen bei identischer Wirkung oder gar völlig identischer Zusammensetzung, bei denen somit keine medizinischen Gründe dagegensprechen, sich für das günstigste Präparat zu entscheiden.[16]

Auch die Zuzahlungen werden bemüht, das Narrativ des schleichenden Sozialabbaus zu belegen. Stefan Huster argumentiert in seinem Buch «Soziale Gesundheitsgerechtigkeit» dagegen: «Absurd wäre es, aus einem Gebot sozialer Gerechtigkeit zu schließen, dass … Zusatzbeiträge, Zuzahlungen und andere Steuerungsinstrumente, mit denen die Effizienz des Systems erhöht werden soll, trotz enger Belastungsgrenzen und eines Sozialausgleichs von vornherein ‹unsozial› sind. Dafür spricht kein einziges gutes Argument, sondern nur eine jahrzehntelange Gewöhnung.»[17] Wer als Angehöriger der Mitte wegen Zuzahlungen von maximal 2% seines Einkommens auf notwendige medizinische Leistungen verzichtet, setzt falsche Prioritäten.[18] Im internationalen Vergleich sind die Zuzahlungen in Deutschland niedrig.[19]

Wenn es eine gut begründete Kritik an den Kostendämpfungsmaßnahmen auf Patientenseite gibt, dann ist es der Einwand, dass ihre Ausgestaltung die Interessen des ärmeren Teils der Bevölkerung nicht ausreichend berücksichtigt hat. Der Ausschluss der Erstattung von Brillen bei Erwachsenen (sofern nicht eine besonders starke Sehbeeinträchtigung vorliegt) oder von nicht verschreibungspflichtigen Medikamenten trifft Langzeitarbeitslose und Empfänger der Grundsicherung im Alter weit härter als die Mitte. Man könnte ihre Interessen durchaus stärker berücksichtigen, ohne Kostendämpfungsinstrumente auf Seiten der Patienten aufzugeben. So könnten beispielsweise das Jobcenter bzw. der Sozialhilfeträger Empfängern von Arbeitslosengeld II und der Grundsicherung im Alter die Kosten für eine Brille oder vergleichbare Leistungen, die die Kasse nicht mehr übernimmt, erstatten oder zumindest deutlich bezuschussen, sofern sie vom Arzt verordnet sind. Oder es wird hierfür eine Überlastungsklausel im Gesundheitsrecht verankert, wie dies bereits beim Zahnersatz geregelt ist. Empfänger von Hartz IV, Sozialhilfe und Bafög sowie Geringverdiener[20] haben Anspruch auf die Vollerstattung, beschränkt allerdings auf die Regelversorgungsleistungen des Zahnersatzes,[21] die bei Zahnärzten nicht gerade beliebt sind. Solche Überlastungsregelungen sind notwendig, denn es ist schwer, größere Ausgaben aus dem knapp bemessenen Regelbedarf anzusparen. Allerdings haben in den Gerechtigkeitsvorstellungen der Mitte ergänzende materielle Hilfen für Randgruppen nur einen geringen Stellenwert (vgl. Kap. 3). Daher ist die Umsetzung weiterreichender Regelungen bisher politisch blockiert gewesen.

Die historisch überkommene Spaltung in gesetzliche und private Krankenversicherung

Wenn über Gerechtigkeit oder Ungerechtigkeit der Gesundheitspolitik in Deutschland gestritten wird, spielt der Dualismus von gesetzlicher (GKV) und privater Krankenversicherung (PKV) eine große Rolle. Diese Spaltung ist historisch überkommen. Die gesetzliche Krankenversicherung begann als Sicherungssystem für

Arbeiter. Sie ist ein Beispiel für die zähe Pfadabhängigkeit einmal eingeführter Systeme. Würde man heute eine gesetzliche Krankenversicherung aufbauen, käme wohl niemand auf die Idee, die Bürger in zwei getrennten Systemen zu versichern. Es gibt für diesen Dualismus keine sachliche Rechtfertigung.[22] 88% der Bevölkerung sind heute in der GKV versichert.[23] Ihre Versicherten bilden keine nach sinnvollen Kriterien abgrenzbare, gar homogene Schutzgemeinschaft – anders als zur Zeit der Bismarck'schen Sozialpolitik. Auch die allermeisten derjenigen, die ein Einkommen oberhalb der Beitragsbemessungsgrenze haben, sind darauf angewiesen, sich gegen das Erkrankungsrisiko zu versichern, sind also ebenfalls schutzbedürftig.

Dies hat der Gesetzgeber mit der Einführung des Rechts auf und der Pflicht zur Krankenversicherung für alle offiziell anerkannt.[24] Heute sind 99,9% der legal dauerhaft in Deutschland lebenden Personen abgesichert.[25] Mit Wirkung von 2009 sind die privaten Krankenversicherungen gesetzlich verpflichtet, einen Basistarif anzubieten, zu dem sich alle, die dem System der privaten Krankenversicherung zuzuordnen sind, ohne Gesundheitsprüfung und ohne risikobezogene Prämien versichern können. Die Prämienhöhe ist auf den Höchstbetrag der GKV begrenzt, bei Bedürftigkeit wird der Tarif halbiert und diese Ermäßigung wird von der Gemeinschaft der privat Versicherten getragen. Mit dieser begrüßenswerten Reform ist die Grenze zwischen den Systemen weiter aufgeweicht worden.[26]

Insbesondere würde man heute nicht auf die Idee kommen, aus dem System des Solidarausgleiches, den die gesetzliche Krankenversicherung leistet – zwischen Besserverdienern und Geringverdienern, zwischen Menschen mit niedrigen und hohen Risiken, zwischen Menschen ohne und mit Familienverantwortung – ausgerechnet diejenigen auszunehmen, die höhere Einkommen haben. Auch mit dem viel beschworenen Wettbewerb zwischen beiden Systemen ist es nicht weit her, da der Gesetzgeber aus guten Gründen detaillierte Vorgaben macht über den Leistungskatalog, den Krankenversicherungen, auch die privaten, abdecken müssen.

Knapp zur Hälfte ist die PKV eine Versicherung für Beamte und ihre Angehörigen.[27] Beamte erhalten Beihilfen zu den Behandlungskosten, müssen sich also nur für den selbstzutragenden Anteil privat versichern. Die Kosten der Krankenversicherung werden aber nicht bezuschusst. Wollen Beamte sich gesetzlich versichern, müssen sie sowohl den Arbeitnehmer- als auch den Arbeitgeberbeitrag entrichten;[28] das rechnet sich nur in Ausnahmefällen. Die öffentlichen Dienstgeber halten das Beihilfesystem aus Sicht ihrer Haushaltsbelastung für günstiger. Ob das dauerhaft so ist, sei dahingestellt. Wenn es so ist, dann jedenfalls nicht, weil die Behandlung günstiger wäre, wenn der Patient privat versichert ist (sie ist insgesamt teurer), sondern weil die öffentlichen Dienstgeber es über das Beihilfesystem vermeiden, zum Solidarausgleich der gesetzlichen Krankenkasse beizutragen. Jedenfalls zementiert diese Praxis der öffentlichen Dienstgeber die historisch überkommene Spaltung in zwei Versichertengruppen.

Es ist nicht ausschließlich Folge fehlenden Mutes, dass GKV und PKV bisher nicht zusammengeführt wurden. Man kann die PKV nicht einfach verbieten. Man könnte umgekehrt die GKV für Versicherte der PKV öffnen. Für eine lange Übergangszeit gäbe es parallel zwei Systeme. Zuallererst würden allerdings diejenigen wechseln, die wenig verdienen, wie etwa Soloselbständige, oder die aufgrund von Vorerkrankungen bei der PKV hohe Beiträge zahlen müssen. Die GKV nähme also zuallererst die «schlechten Risiken» auf, was die PKV auf Kosten der GKV entlastete.

Zweiklassenmedizin?

Die historisch überkommene Spaltung zwischen beiden Versichertengruppen führt in der öffentlichen Debatte zum Vorwurf einer Zweiklassenmedizin. Niedergelassene Ärzte erhalten von der PKV höhere Vergütungen. Somit haben sie einen wirtschaftlichen Anreiz, sich in Regionen oder Stadtteilen niederzulassen, in denen viele privat Versicherte leben, diese als Patienten aufzunehmen, auch wenn sie sonst eigentlich ausgelastet sind, oder ihnen bevorzugt einen Termin zu geben. Das ist aus Sicht der gesetzlich Versicherten höchst ärgerlich; bezüglich der Terminvergabe versucht der Gesetzgeber seit kurzem gegenzusteuern. Er hat die Kassenärztlichen Vereinigungen ab 2016 verpflichtet, Terminservicestellen einzurichten, die einen Facharzttermin innerhalb von vier Wochen oder die ambulante Behandlung in einem Krankenhaus ermöglichen.[29]

Man sollte mit dem Vorwurf der Zweiklassenmedizin nicht leichtfertig umgehen. Die fast 90% der Bürger, die gesetzlich versichert sind, werden im deutschen Gesundheitssystem grundsätzlich gut versorgt. Es ist ein Zerrbild, dass die privat Versicherten in den Kliniken stets von den besten Experten behandelt würden, während die gesetzlich Versicherten bei schlechteren Ärzten landeten, so die zugespitzte Kritik des SPD-Gesundheitspolitikers Karl Lauterbach.[30] Der erfahrende Oberarzt muss dem Chefarzt in nichts nachstehen; die Chefarztbehandlung kann sogar nachteilig sein, wenn diesem inzwischen die Routine fehlt. Es ergibt, hier ist Lauterbach zuzustimmen, medizinisch gesehen keinen Sinn, wenn ein Spitzenchirurg bei privat Versicherten Routineeingriffe wie eine Leistenbruchoperation macht, weil dies für ihn wirtschaftlich attraktiver ist, als bei gesetzlich Versicherten sein Können wirklich einzusetzen.[31] Zumindest in Universitätskliniken, kommunalen und gemeinnützigen Krankenhäusern sollte es eigentlich gelingen, den Fehleinsatz von Spitzenkräften einzuschränken. Allerdings verschwände dieses Problem nicht einfach, wenn es nur ein Versicherungssystem gäbe. Schließlich können auch gesetzlich Versicherte eine private Zusatzversicherung abschließen und tun dies auch in großer Zahl.[32] Damit können sie ebenfalls eine bevorzugte Behandlung im Krankenhaus erhalten.

Es gibt in Deutschland – wie in allen anderen Ländern – einen engen Zusammenhang zwischen sozioökonomischer Lage und dem Gesundheitszustand. Das gilt in gleicher Weise für die Lebenserwartung. Männer im Armutsrisiko, das heißt mit einem

Einkommen von unter 60% des mittleren Einkommens, leben im Durchschnitt 10,8 Jahre kürzer als Männer, die über mehr als 150% des mittleren Einkommens verfügen. Bei Frauen beträgt diese Differenz 8,4 Jahre.[33] Auch wenn die Ursachen vielfältig sind und nicht vorschnell als ein Scheitern des Sozialstaats gewertet werden dürfen, fordert dieser Unterschied bei der Lebenserwartung unser Gerechtigkeitsempfinden heraus. Es ist keineswegs so, dass die Menschen im Armutsrisiko vom ständigen Anstieg der Lebenserwartung ausgeschlossen wären; ihre Lebenserwartung ist heute etwa so hoch wie die durchschnittliche Lebenserwartung Anfang der 1980er Jahre. Aber die Diskrepanz hat sich nicht reduziert, sondern ist eher noch größer geworden. Auch heute sterben Arme früher, aber sie sterben später als vor beispielsweise drei Dekaden. Die Diskrepanz der Lebenserwartungen ist allerdings kaum eine Folge der Zweiklassenmedizin und der überkommenen Spaltung in zwei Versichertengruppen. Fast 90% der Versicherten sind in der GKV, die sozioökonomisch unterscheidbare Gesundheitslage zeigt sich eindeutig auch innerhalb der großen Gruppe der gesetzlich Versicherten.

Wenn es um Gesundheit geht, darf Geld keine Rolle spielen?

Die Frage, ob es im deutschen Gesundheitssystem gerecht zugehe, speist sich aus dem Unbehagen gegenüber einer «Ökonomisierung» der Medizin. Wenn es um das hohe Gut Gesundheit geht, dürfe Geld keine Rolle spielen.[34] Aber das ist ein Ding der Unmöglichkeit. Auch ein grundsätzlich weit gefasster Leistungskatalog, wie ihn die gesetzliche Krankenversicherung in Deutschland auszeichnet, kann nicht unbegrenzt sein. Er muss beispielsweise Vorgaben machen, ab welchem Alter und in welcher Frist Vorsorgeuntersuchungen als Routineleistung von der Kasse finanziert werden (von denen abgewichen werden kann, wenn es besondere Indikatoren für einen Verdacht gibt). Gäbe es solche Vorgaben nicht, wären die Versicherungen dem dargelegten Problem der angebotsinduzierten Nachfrage schutzlos ausgeliefert. Der Leistungskatalog muss, soll das System nicht kollabieren, Leistungen ausschließen, die nach wissenschaftlichen Erkenntnissen sinn- oder wirkungslos sind. Natürlich wird das von einigen als Unrecht empfunden werden, bei denen die Schulmedizin mit ihrem Latein am Ende ist und die in ihrer Verzweiflung an «alternative» Heiler oder gar Quacksalber geraten, die ihnen mit haltlosen Versprechungen Hoffnungen machen.

Bei jeder Entscheidung über die medizinische Infrastruktur wird, ob bewusst oder unbewusst, abgewogen, wie viel Nutzen die Leistungen im Sinne von Gesundheit, bewahrter Lebensqualität und gerettetem Leben haben können. Die Abwägungen nicht anzustellen, wäre nur in einer Welt ethisch vertretbar, die keine wirtschaftlichen Grenzen kennt. Dank vielfältigster Maßnahmen ist heute die Zahl der Verkehrstoten in Deutschland auf einen Tiefstand gesunken;[35] aber das eine oder andere Leben wäre womöglich noch zu retten, wenn es an jeder dritten Autobahnausfahrt eine rund um die Uhr besetzte Notfallchirurgie gäbe. Die Wartezeit bis zur rettenden Operation wäre gegenüber dem Einsatz von Rettungshubschraubern zwar noch verkürzt, aber um einen horrenden Preis; die Mittel fehlten an anderer Stelle. Gesundheitspolitiker sprechen nicht offen über die Abwägung von Nutzen und Kosten beim Ausbau der medizinischen Infrastruktur, denn sie gingen das Risiko ein, in der Öffentlichkeit als rücksichtslos oder unsensibel dazustehen. Aber auch ihr Schweigen ist für sie riskant, da wichtige Hintergründe gesundheitspolitischer Entscheidungen im Dunkeln bleiben. Jede dieser Entscheidungen kann man kritisieren, aber man sollte es nicht mit dem Argument tun, dass bei der Gesundheit Geld überhaupt keine Rolle spielen darf.

In diesem Zusammenhang stellt sich noch ein anderes Problem. Menschen, die besonders besorgt oder gesundheitsbewusst sind und über die erforderlichen Mittel verfügen, können und werden sich medizinische Leistungen hinzukaufen. Das ist die Grundlage für den wachsenden Markt für sogenannte IGeL-Leistungen; die Bezeichnung hat sich für «Individuelle Gesundheitsleistungen» eingebürgert. Aus Gerechtigkeitsüberlegungen heraus ist der IGeL-Markt völlig unproblematisch, soweit es sich um medizinisch nicht indizierte Leistungen handelt wie Schönheitsoperationen, die Entfernung von Tattoos oder Tauglichkeitsuntersuchungen für Fallschirmspringen oder Tauchen. Warum sollte die Solidargemeinschaft diese tragen? Ein Teil der IGeL-Leistungen ist für den Patienten schlicht nutzlos und leert nur seinen Geldbeutel. IGeL-Leistungen können aber auch Schaden anrichten, massenhaft angewandte Früherkennungsmethoden etwa, die viele falsche Ergebnisse hervorbringen und zu unnötigen Behandlungen mit entsprechenden Risiken führen. Darauf verweisen auch die Bundesärztekammer und die Kassenärztliche Vereinigung.[36] Aber nicht alle sind nutzlos. So zahlt die gesetzliche Krankenversicherung eine Hautkrebsvorsorge alle zwei Jahre; Hautärzte bieten die jährliche Untersuchung als IGeL-Leistung an. Sie tun dies mit Verweis auf die «ausdrückliche Empfehlung» der Fachgesellschaften der Hausärzte; diese haben allerdings an einer Ausweitung der Kassenleistungen ein wirtschaftliches Interesse. Das Hauptproblem der IGeL-Leistungen ist, dass sie Misstrauen in der Arzt-Patientenbeziehung säen können und dass sie geeignet sind, das an sich gute System der gesetzlichen Krankenversicherung zu diskreditieren. Denn es ist ein Leichtes für diejenigen unter den Ärzten, die – eigentlich regelwidrig – ihre Patienten zur Akzeptanz von IGeL-Leistungen drängen, ihnen subtil den Eindruck zu vermitteln, eine Politik, die nur aufs Geld schaue, würde ihnen eine lebenswichtige Leistung vorenthalten.

Zusatzleistungen zu verbieten, um gesundheitliche Gleichheit herzustellen, kann in einer freiheitlichen Gesellschaft nicht gelingen. Medizintourismus ins Ausland ist nicht zu unterbinden. Menschen den Zukauf von Leistungen zu verbieten, die die Kasse nicht übernimmt, könnte sogar langfristig kontraproduktiv sein, wenn Bessersituierte dem öffentlich verantworteten Gesundheitssystem den Rücken kehren und ihr Heil in Privatkliniken suchen. Damit verlieren die Einrichtungen der Regelversorgung nicht nur

Patienten und Mittel; viel entscheidender ist, wohlhabende Menschen verlieren das Interesse an einer guten Versorgung aller. Die bei weitem wichtigste Voraussetzung für ein gerechtes Gesundheitswesen ist, dass die Leistungen des solidarischen Systems gut bleiben und die Hürden zu ihm niedrig. Das ist bisher in Deutschland gelungen. Und es gelingt besser, wenn Bürger unterschiedlicher Schichten in dieselben Krankenhäuser und zu denselben Fachärzten gehen.

Das deutsche Gesundheitswesen ist komplex, es ist entgegen verbreiteter Rhetorik nicht kaputtgespart worden, sondern die eingesetzten Mittel und das im Gesundheitswesen tätige Personal nehmen zu. Es ist ein zäher Kampf, im Geflecht der Ansprüche und Interessen einen möglichst wirksamen Einsatz der Mittel zu sichern. Kostenbegrenzung ist ein ständiges Thema, in erster Linie, weil die Möglichkeiten des medizinisch Sinnvollen ständig zunehmen, aber auch, weil Ärzte und Krankenhausbetreiber keine Heiligen sind. Daher sei, so Huster «die beliebte Gegenüberstellung von Ethik und Ökonomie grundfalsch: Gerade weil Gesundheit so wichtig ist und die Mittel knapp sind, ist ihre effiziente Verwendung ethisch geboten.»[37] Die Gesundheitspolitiker, die, wenn sie ihrem Auftrag nachkommen wollen, auf Leistung *und* Geld schauen müssen, sind nicht zu beneiden. Und wie steht es mit der neoliberalen Kündigung des Gesellschaftsvertrags? Sollte es unter uns im Verborgenen tätige Neoliberale geben, die in finsterer Absicht unser Gesundheitswesen zerschlagen wollen, sie sind bisher nicht weit gekommen.

10.
Rente – schmerzliche Anpassung
an den demographischen Wandel

Jahrhundertreform, sorglose Flexibilisierung, nicht mehr zu ignorierende Herausforderungen

Wenn es ein Feld der Sozialpolitik gibt, in dem die Rede vom Abbau eine gewisse Berechtigung hat, ist es die Rentenpolitik. Hier hat es gegenüber den Zusagen, die die gesetzliche Rentenversicherung bis Anfang der 1990er Jahre machte, erhebliche Einschnitte gegeben. Nur, war dieser Abbau Folge einer neoliberalen Gesinnung der Eliten? Oder waren die Zusagen letztlich unhaltbar?

Die bei weitem wichtigste Sozialreform der Adenauer-Ära war die Rentenreform von 1957. Mit der «dynamischen Rente» wurden die Renten an die steigenden Löhne gebunden, die die boomende Wirtschaftsentwicklung ermöglichte. Die Rentner partizipierten am steigenden Wohlstand. Der sprunghafte Anstieg des Beitragssatzes von 10 auf 14% ermöglichte eine Anhebung der Renten um mehr als 60%. War bis zur Einführung der «dynamischen Rente» materielle Not im Alter weit verbreitet, war die breite Mehrzahl der Rentner nun nicht mehr auf private Hilfe oder staatliche Fürsorgeleistungen angewiesen. Wie keine andere Maßnahme festigte die Rentenreform von 1957 das Vertrauen in den westdeutschen Sozialstaat. [1]

Die Bedingungen für ein umlagefinanziertes Rentensystem waren sehr günstig. Der Altersquotient lag bei 18; das heißt, auf

100 Menschen im erwerbsfähigen Alter zwischen 20 und 64 Jahren kamen 18 Menschen, die 65 Jahre und älter waren. Die erwerbstätige Bevölkerung konnte die Rentenausgaben gut schultern. Die Zahl der Arbeitslosen sank im freien Fall, die sozialversicherungspflichtige Beschäftigung stieg. Die Zukunft der gesetzlichen Rente schien zweifelsfrei gesichert.

Die Situation war so günstig, dass die Sozialpolitiker mit einem Phänomen konfrontiert waren, von dem sie heute nur träumen können: Die Prognosen zur finanziellen Lage der Rentenversicherung ließen zu Beginn der 1970er Jahre auf hohe, stark steigende Überschüsse schließen. Dabei rechnete man fest mit Vollbeschäftigung und kontinuierlich steigenden Löhnen. Nachdem es gelungen war, 1967 eine damals als schwere Wirtschaftskrise empfundene kurze konjunkturelle Delle mit keynesianischen Instrumenten auszubügeln, war das Vertrauen in die Möglichkeiten einer Globalsteuerung des Wirtschaftsprozesses ungebrochen. Massenarbeitslosigkeit schien ein Problem der Vergangenheit zu sein. Einzelne warnende Stimmen, die auf die Unsicherheit der getroffenen Annahmen verwiesen, konnten nicht durchdringen.[2]

In der Erwartung steigender Überschüsse wurde die Rentenreform von 1972 vorbereitet, die die erste Regierung von Willy Brandt verantwortete. Wichtigstes Ziel war eine Flexibilisierung und Senkung der Altersgrenze. In parteienübergreifendem Konsens eröffnete der Gesetzgeber 1972 mit der «flexiblen Rente» Männern die Möglichkeit, mit 63 Jahren in den Ruhestand zu gehen, ohne dass dafür Abschläge eingeführt wurden; Frauen konnten dies unter bestimmten Bedingungen schon mit 60 Jahren tun. Ein abschlagsfreier früherer Rentenbeginn bedeutet, dass die Finanzierung einer individuellen Lebensentscheidung zu Lasten der Versichertengemeinschaft erfolgt, da längere Rentenbezugszeiten zu schultern sind. Aber das schien damals kein Problem, da ja hohe Überschüsse erwartet wurden. Abschläge wurden erörtert, entsprechende Vorschläge aber nicht weiterverfolgt.[3] Die kostenfrei angebotene Flexibilität wurde massenhaft angenommen. Das faktische Renteneintrittsalter sank in den Folgejahren von 62 auf

59 Jahre. Eine so radikale politisch induzierte Senkung des Rentenalters hat es in keinem anderen europäischen Land gegeben.[4] Aber auch dies wurde damals nicht als problematisch angesehen; Mitte der 1960er Jahre hatte der Deutsche Gewerkschaftsbund als Maßnahme der «Humanisierung der Arbeitswelt» eine generelle Senkung der Altersgrenze auf 60 Jahre gefordert, statt einer Anhebung des Rentenniveaus, die angesichts der Erwartung steigender Überschüsse damals auch diskutiert wurde.[5]

Die sorglose Flexibilisierung des Rentensystems zu Lasten der Versicherungsgemeinschaft ist natürlich nicht die alleinige Ursache für die schmerzhaften Einschnitte, die später erforderlich wurden. Aber sie hat den Anpassungsbedarf deutlich erhöht. Die wirtschaftliche Entwicklung verlief völlig anders als Anfang der 1970er Jahre prognostiziert. Mit fortschreitender Zeit wurde es unvermeidlich, die demographische Alterung der Bevölkerung und ihre Folgen für die Rentenversicherung zur Kenntnis zu nehmen. Im Kontrast zu landläufigen Vorstellungen gibt es keine gut gefüllte Rentenkasse, die die Beiträge der Versicherten anspart und sie ihnen mit Zins und Zinsenzins im Alter wieder zurückgibt. Nahezu alles, was an Beiträgen der aktiven Erwerbstätigen eingenommen wird, wird in derselben Periode für die Renten verausgabt. Verschiebt sich das Verhältnis von Rentnern zu Erwerbstätigen drastisch, gerät das System in eine Schieflage, wenn keine Anpassung erfolgt. Der Altersquotient, der zur Zeit der großen Rentenreform von 1957 bei 18 gelegen hatte, stieg bis heute auf 35, und er wird, einer Prognose des statistischen Bundesamts zufolge, 2030 auf 49, 2050 auf 57 und 2060 auf 61 steigen. Dabei ist eine jährliche Zuwanderung von 200 000 Menschen bereits berücksichtigt.[6] Aber auch wenn die Zuwanderung dauerhaft deutlich höher wäre, würde sich das Bild nicht substantiell ändern. Ein Altersquotient von 61 bedeutet, dass – bleibt man in der Logik eines reinen Umlagesystems – 100 Menschen im erwerbsfähigen Alter 61 Menschen im Rentenalter mitversorgen. Daher werden umlagefinanzierte Systeme stärker durch kapitalgedeckte Elemente ergänzt. So sinnvoll dies ist, man kann damit die Konsequenzen der demographischen Alterung nicht wegreformieren.

Drei Gründe für den demographischen Wandel sind zu unterscheiden. Am ersten Grund, so der Rentenexperte Axel Börsch-Supan, können wir nichts mehr ändern, am zweiten wollen wir nichts ändern und am dritten versuchen wir etwas zu ändern, sind dabei aber nicht sehr erfolgreich.[7] Zum einen wird die Entwicklung stark von einer historischen Besonderheit geprägt, der schnellen Aufeinanderfolge von Babyboom und Pillenknick; Letzterer erfolgte in Deutschland sehr ausgeprägt und zeitlich gedrängt.[8] Diese Folge zeigt sich in der markanten Ausbuchtung der deutschen Bevölkerungspyramide. Der stärkste Jahrgang, 1964 geboren, wird nach heutigem Recht 2031 das Rentenalter erreicht haben, in den Jahren danach werden alle Babyboomer zu den Rentnern gehören. Hieran ist nichts zu ändern. Der zweite Grund ist höchst erfreulich; die Lebenserwartung steigt kontinuierlich, alle zehn Jahre um fast zwei Jahre. Somit steigt, wenn keine Erhöhung des Renteneintrittsalters erfolgt, entsprechend auch die Dauer des Rentenbezugs. Seit der großen Rentenreform von 1957 ist die durchschnittliche Rentenbezugzeit von neun auf mittlerweile 20 Jahre gestiegen.[9] Und sie wird trotz Erhöhung des Renteneintrittsalters weiter ansteigen. Der dritte Grund ist das anhaltende Geburtendefizit. Infolge des Pillenknicks lag seit Mitte der 1975er Jahre die durchschnittliche Zahl der Geburten pro Frau in Westdeutschland bei oder knapp unter 1,4; in der DDR war sie höher, brach aber kurz nach der Wiedervereinigung stark ein. In jüngster Zeit stieg der gesamtdeutsche Wert, der in den meisten Jahren seit der Wiedervereinigung etwas unter 1,4 lag, auf 1,5.[10] Ob dieser Anstieg dauerhaft sein wird, ist offen. Trotz diverser familienpolitischer Bemühungen wie dem 2007 eingeführten Elterngeld oder deutlich ausgebauter Betreuungsangebote ist der politische Einfluss auf die Zahl der Geburten eher bescheiden. Bleibt es dabei, ist jede Generation fast ein Drittel kleiner als die Vorgängergeneration.

Stellhebel der Rentenpolitik

Wie kann das Rentensystem im demographischen Wandel stabilisiert werden? Außerhalb der Rentenpolitik ist entscheidend, das Potential der Personen im erwerbsfähigen Alter besser auszuschöpfen. Dazu ist einiges geschehen. Die seit 2005 alles in allem erfolgreiche Arbeitsmarktpolitik, verbunden mit einer Halbierung der Zahl der Arbeitslosen und einem Anstieg der sozialversicherungspflichtigen Beschäftigung, stützt die Rentenversicherung. Bessere Betreuungsmöglichkeiten fördern eine höhere Frauenerwerbstätigkeit. Einer Sozialpolitik der Befähigung, die das Mögliche tut, damit alle ihre Potentiale entfalten und in produktive Beschäftigung umsetzen können, ist auch für die Stabilisierung des Rentensystems von großer Bedeutung.

Im Rentensystem selbst gibt es einige wichtige Stellhebel, die allerdings alle ihre Haken haben. Die Politik kann, wenn sich das Verhältnis zwischen Rentnern und Erwerbstätigen verschiebt, die Rentenbeiträge zu Lasten der heute Erwerbstätigen erhöhen. Die genaue Höhe eines noch verträglichen Beitragssatzes ist umstritten. Aber in Reaktion auf den demographischen Wandel allein oder vorrangig auf eine Erhöhung des Beitragssatzes zu setzen, ist schlechterdings nicht möglich. Hätte man, so eine Abschätzung des Rentenexperten Martin Werding, in den letzten knapp drei Dekaden auf alle Rentenreformen verzichtet, hätte man also die Leistungszusagen, die vor 1992 bestanden, wie etwa die abschlagsfreie Frühverrentung, unangetastet gelassen, hätte man bis 2025 den Rentenbeitrag von damals knapp 18% auf 33% (ohne Bundeszuschuss sogar auf 42%) der Bruttoerwerbseinkommen nahezu verdoppeln müssen. Auch danach hätte sich der Anstieg vermutlich steil fortgesetzt, bis auf etwa 45% (ohne Bundeszuschuss auf über 55%) 2050.[11] Zusammen mit ebenfalls steigenden Beitragssätzen zur gesetzlichen Krankenversicherung und zur Pflegeversicherung – die dort vorgenommenen Maßnahmen zur Stabilisierung des Beitragssatzes werden ja in ähnlicher Weise kritisiert wie die

Rentenreformen – wäre die Situation untragbar geworden. Angesichts der Höhe der Beitragssätze, die erforderlich wären, wenn jegliche Leistungseinschränkung vermieden wird, ist es unehrlich, wenn diejenigen Akteure in Parteien, Sozialverbänden oder Gewerkschaften, die so gut wie alle Einschränkungen in Bausch und Bogen verdammt haben und verdammen, in der politischen Auseinandersetzung den Eindruck erwecken, «etwas höhere Rentenbeiträge»[12] würden das Problem schon lösen.

Die Politik kann Rentenanstiege zu Lasten heutiger und künftiger Rentenbezieher verlangsamen. Das ist höchst unpopulär und angesichts der steigenden Bedeutung der Älteren als Wähler für Politiker riskant. Wirksam sind Leistungseingriffe nur, wenn sie in dem Sinne rückwirkend erfolgen, dass sie auch diejenigen treffen, die schon lange in das Rentensystem einbezahlt haben und ihre Erwartungen bezüglich der ihnen zustehenden Leistungen korrigieren müssen. Deswegen werden solche Eingriffe häufig mit längerem Vorlauf eingeführt.

Beitragsanstieg und Leistungseinschränkungen können zudem gebremst werden, wenn der Bund dem Rentensystem wachsende Bundesmittel bereitstellt. Der Bund tut dies in erheblichem Maße bereits heute. Die Steuermittel für die Rentenversicherung betragen 2017 etwa 90 Mrd. Euro; sie sind der bei weitem größte Posten im Bundeshaushalt. In Teilen ist dies ein Ausgleich für sogenannte versicherungsfremde Leistungen, Leistungen also, die in der Rentenversicherung als systemfremd gelten. So zahlt der Bund 13 Mrd. Euro als Beiträge für Kindererziehungszeiten.[13] Die «Mütterrente» wird dagegen aus Beitragsmitteln der Versicherten finanziert. Allerdings ist höchst umstritten, wie die versicherungsfremden Leistungen abzugrenzen sind. Man kann durchaus überzeugend argumentieren, dass Familienleistungen in der gesetzlichen Rente systemkonform seien, denn ohne Familien, die für die nachwachsende Generation Sorge tragen, würde ein umlagefinanziertes Solidarsystem und letztlich jedes Sozialsystem kollabieren. Familien leisten somit, so das Bundesverfassungsgericht, einen «generativen Beitrag», der für die Funktionsfähigkeit umlagefinanzierter Sozialsysteme in gleicher Weise konstitutiv ist wie Versicherungsbeiträge.[14]

Der Bundeszuschuss ist ein unverzichtbares Element zur Stabilisierung des Rentensystems und wird es auch bleiben. Da er steuerfinanziert ist, hat er einen verteilungspolitischen Vorteil; er belastet nicht allein die Arbeitseinkommen, sondern alle Einkommensarten. In dem Maße, wie unser Steuersystem progressiv ausgestaltet ist, werden höhere Einkommen zudem stärker belastet als niedrige. Schräg allerdings wird die Debatte, wenn der Eindruck erweckt wird, als fiele der Bundeszuschuss wie Manna vom Himmel, als wäre es möglich, die Lasten des demographischen Wandels zwischen Erwerbstätigen, Rentnern und «dem Staat» aufzuteilen. Ein Bundeszuschuss muss, wenn er nachhaltig sein soll, durch Steuern aufgebracht werden; und angesichts des schieren Umfangs der Mittel, die notwendig sind, ist es nicht möglich, dabei die steuerzahlenden Erwerbstätigen und Rentner zu verschonen. «Die Kosten der ausgeprägten demographischen Alterung einer ganzen Gesellschaft», schreibt Martin Werding, «lassen sich nicht durch gezielte Belastung kleiner Gruppen (z. B. ‹Spitzenverdiener›, Besitzer großer Vermögen, Steuerflüchtlinge) decken, sondern sie müssen zwangsläufig breite Bevölkerungskreise treffen».[15] Das heißt nun keineswegs, dass es belanglos wäre, Steuerhinterziehung zu bekämpfen oder eine faire Besteuerung von Erbschaften durchzusetzen, aber dies kann nur einen Beitrag dazu leisten, die Belastungen zu tragen. Rentenmodelle, die nur deswegen aufgehen, weil der rechnerische Bundeszuschuss steigt und steigt, sind nutzlos.

Selbständige und Beamte in die gesetzliche Rentenversicherung?

Als Ergänzung oder Alternative zur bisher verfolgten Rentenpolitik wird gefordert, zusätzliche Versichertengruppen, etwa aktive Beamte oder Selbständige, in das gesetzliche Rentensystem aufzunehmen und diese so zu einer «Bürgerversicherung» weiterzuentwickeln. Insbesondere die Absicherung der vielen Soloselbständigen ist ein dringendes sozialpolitisches Anliegen. Sie sind häufig von Altersarmut betroffen. Die zu Zeiten Bismarcks geltende Sicht, dass der Selbständige für sich selbst sorgen könne, während der abhängige Arbeiter schutzbedürftig sei, ist heute obsolet. Auch ist es plausibel anzunehmen, dass sich mit der Digitalisierung vieler Arbeitsprozesse die Grenzen zwischen selbständiger und abhängiger Beschäftigung weiter verwischen werden und Menschen häufiger die Form ihrer Erwerbstätigkeit wechseln. Sie brauchen dabei eine kontinuierliche Altersvorsorge.

So sinnvoll es ist, Selbständige gesetzlich zu versichern, so falsch sind die Hoffnungen, damit das Rentensystem nachhaltig zu sanieren. Auch in den neuen Versichertengruppen wirkt der demographische Wandel. Temporär könnte man die Rentenversicherung schönrechnen, wenn nur aktive und meist noch junge Selbständige neu versichert werden. [16] Auch bei Beamten wären die ohnehin hohen verfassungsrechtlichen Hürden und der massive politische Widerstand vermutlich nur überwindbar, wenn der Systemwechsel auf neu in das Beamtenverhältnis eintretende Personen beschränkt würde. Dann steigt erst einmal die Verfügungsmasse im Umlagesystem, das – dies muss hier nochmals betont werden – keine Rentenkasse ist, bei dem also nichts angespart wird, sondern alle Einnahmen in der laufenden Periode wieder verausgabt werden. Gewinner wären die heutigen Rentner, möglicherweise könnten die Renten sogar steigen oder die Beiträge sinken. Deswegen ist der Vorschlag, den Kreis der Versicherten zu erweitern, auch so beliebt. Wenn dann aber die neuen Versichertengruppen altern und ebenfalls Rente beziehen, müsste man entweder das Rentenniveau gegen Widerstände wieder absenken oder, falls dies vermieden werden soll, die Beiträge erhöhen. Sie wären dann aber höher, als es erforderlich gewesen wäre, wenn es die Erweiterung nicht gegeben hätte. «Kurz- bis mittelfristig», schreibt Martin Werding, «könnte durch die Einbeziehung von Selbstständigen und Beamten als zusätzlichen Mitgliedern des gesetzlichen Rentensystems also für eine sehr günstig erscheinende Entwicklung der Rentenfinanzen gesorgt werden. Die Lasten des demographischen Wandels würden damit aber letztlich vor allem weiter in die Zukunft gewälzt.»[17] Wenn es schlecht läuft, werden sie sogar vergrößert. Das spricht nicht gegen die Hereinnahme neuer Versichertengruppen, denn die Absicherung der Selbständigen ist ein dringendes Problem. Aber man könnte die Mittel der Neumitglieder in einer Demographiereserve für die erst später anfallenden Rentenzahlungen ansparen.[18] Das wäre sehr sinnvoll, hat aber den Effekt, dass die Erweiterung des Versichertenkreises nicht dazu taugt, den Blick auf die Herausforderungen der demographischen Alterung zu verstellen.

So wirksam wie unpopulär: Erhöhung des Renteneintrittsalters

Als weiterer Stellhebel kann die Politik das Renteneintrittsalter erhöhen. Auch das ist extrem unpopulär. Franz Müntefering hat in seiner Zeit als Bundesarbeitsminister dennoch den Kraftakt auf sich genommen, die Rente mit 67 Jahren auf den Weg zu bringen; die Anhebung des Eintrittsalters erfolgt in einem bis 2031 dauernden Übergangsprozess. Aus der Empörung, die ihm entgegenschallte, hätte man meinen können, er plündere die Rentenkasse, um sich im Sauerland ein Schloss zu bauen. Das sei nichts anderes als eine verkappte Rentenkürzung. Das stimmt aber nur, wenn die Reform das Ziel verfehlte, die faktische Dauer der Erwerbstätigkeit wieder zu verlängern; dann brächte die Erhöhung des Rentenalters nur höhere Abschläge. Es zeigt sich aber, dass das faktische Renteneintrittsalter deutlich steigt, allerdings zuletzt temporär gebremst durch den gegenläufigen Effekt der 2014 eingeführten abschlagsfreien Rente mit 63 nach 45 Versicherungsjahren.[19] Die Erwerbstätigen reagieren auf die Anreize, die die Rentenpolitik setzt. Wer, wie politisch intendiert, seine Lebensarbeitszeit verlängert, erhält mehr Rentenpunkte und jeder Rentenpunkt ist zugleich mehr wert, als wenn die Rente mit 67 nicht eingeführt worden wäre.[20]

Die Erhöhung des Renteneintrittsalters ist genau der Stellhebel der Rentenpolitik, der weder zu Einbußen bei der monatlichen Rentenhöhe führt noch höhere Beiträge der Erwerbstätigen erfordert oder daran gebunden ist, höhere Steuern durchzusetzen. Er täuscht auch keine temporäre Scheinentlastung vor. Die Reform trägt dazu bei, dass das Verhältnis von Erwerbszeit und Rentenbezugszeit einigermaßen gewahrt bleibt.[21] Sie ist ein sehr sinnvolles, geradezu unverzichtbares Element einer Gesamtstrategie zur Bewältigung des demographischen Wandels. Das zeigt sich auch beim Altersquotienten. Berechnet man ihn auf Basis der Altersgrenze von 67 Jahren, so steigt er auch dann deutlich, aber weniger stark als bei der Altersgrenze 65. 2040 liegt er bei 49 statt bei 55,[22] wenn Franz Müntefering und auch seine Nachfolger hier gekniffen hätten. Das ist ein substantieller Unterschied; die Entwicklung zeigt aber auch, dass sich Rentenpolitik nicht allein auf eine Erhöhung der Lebensarbeitszeit beschränken darf.

Die Übergangszeit muss weiter genutzt werden, die Diskriminierung älterer Arbeitnehmer auf dem Arbeitsmarkt abzubauen. Zumindest für diejenigen, die über gute Qualifikationen verfügen, stehen die Chancen dafür gut, da vielerorts Fachkräfte dringend gesucht werden. Wer sich, obwohl er einen Arbeitsplatz hat und gesundheitlich fit ist, dafür entscheidet, nicht bis zum gesetzlichen Renteneintrittsalter zu arbeiten, muss legitimerweise Abschläge in Kauf nehmen. Sonst würden andere für seine persönliche Entscheidung zahlen.

Sozial problematisch ist die Rente mit 67 für diejenigen, die in körperlich stark belastenden Jobs arbeiten, gesundheitlich angeschlagen sind und nicht bis 67 Jahre arbeiten können. Dies betrifft in besonderem Maße Menschen mit geringem Einkommen und geringen beruflichen Qualifikationen. Sie haben ohnehin niedrige Rentenansprüche, daher treffen sie Abschläge besonders hart. Somit muss die Rente mit 67 abgefedert werden mit einer Erwerbsminderungsrente, die jene sichert, die aus gesundheitlichen Gründen vorzeitig aus dem Erwerbsleben ausscheiden. Hier hat es 2014 mit der Erhöhung der sogenannten Zurechnungszeit, die bei der Berechnung der Erwerbsminderungsrente den Beitragsjahren hinzugezählt wird, auf 62 Jahre eine dringend notwendige Verbesserung gegeben. Eine weitere Erhöhung durch die jetzige Bundesregierung ist vorgesehen.[23]

Rentenreformen für Nachhaltigkeit

Alle Stellhebel haben die Rentenpolitiker bedienen müssen, um das System bisher und in Zukunft zu stabilisieren.[24] Eine Serie von Rentenreformen seit 1992 hat den Ausgabenanstieg gebremst: Abschläge bei vorzeitigem Rentenbeginn korrigieren die Fehlanreize, die mit der «flexiblen Rente» 1972 geschaffen wurden; bei aufgeschobenem Rentenbezug gibt es entsprechende Zuschläge. Die Rentenanpassung heute orientiert sich nicht mehr an den Bruttolöhnen, sondern berücksichtigt die gestiegene Abgabenbelastung der Erwerbstätigen. Das ergibt durchaus Sinn, denn sonst würden, wenn die Erwerbstätigen künftig höhere Rentenbeiträge stemmen müssen, die Renten stärker steigen können als die Nettolöhne.[25] In die Rentenanpassungsformel wurde 2004 ein Nachhaltigkeitsfaktor eingebaut, der die Rentenanpassungen rückkoppelt an das zahlenmäßige Verhältnis von Rentnern zu Beitragszahlern; dadurch werden die Belastungen des demographischen Wandels auf die jüngere und die ältere Generation verteilt und nicht einseitig über steigende Beiträge von den Erwerbstätigen getragen. Gesteuert durch den Nachhaltigkeitsfaktor wird das Rentenniveau langfristig abgesenkt; dies dämpft den Anstieg der Beitragssätze, die dennoch deutlich steigen. Um die dadurch entstehende Lücke teilweise zu kompensieren, wird die ergänzende private Altersvorsorge steuerlich gefördert (Riester-Rente).[26] In ihrer bisherigen Verbreitung wird sie diesem Anspruch nicht gerecht. Trotz staatlicher Förderung werden gerade Erwerbstätige mit niedrigen Einkommen und niedrigen Rentenansprüchen ungenügend erreicht.[27]

Die Anhebung des gesetzlichen Renteneintrittsalters wird bewirken, dass ein Teil der durch die steigende Lebenserwartung gewonnenen Jahre in Erwerbstätigkeit verbracht wird.

Neben den Eingriffen, die die Rentenhöhe begrenzen, gibt es auch einige gegenläufige Entwicklungen, insbesondere die Anrechnung von Kindererziehungszeiten, die «Mütterrente» und die Rente mit 63 für langjährige Versicherte. Trotz der Politik der Ausgabenbegrenzung sind die Bundesmittel, die insgesamt der Rentenversicherung zufließen, kontinuierlich gestiegen; 1970 betrugen sie umgerechnet 5 Mrd. Euro, 1991 26 Mrd. und 2016 87 Mrd. Euro.[28]

Im Gegensatz zur Gesundheitsversorgung oder der Pflegeversicherung gab es bei der Rente eindeutig harte Einschnitte. Sie waren und sind Gegenstand heftiger Kontroversen. Nur wäre Nichtstun, die Fortführung der Anfang der 1990er Jahre geltenden Ansprüche, keine Alternative gewesen. Es ist nicht plausibel, die Reformen, die sich die Rentenpolitiker insbesondere von Union und SPD abgerungen haben, als Folge einer grassierenden neoliberalen Einstellung zu sehen. In den 1950er, 1960er und noch Anfang der 1970er Jahre erfolgte der Ausbau des Rentensystems nicht deswegen, weil die Eliten vermeintlich viel sozialer gestimmt waren als heute, sondern weil man sich mit hohen Wachstumsraten, Vollbeschäftigung und einem niedrigeren Altersquotienten in einer völlig anderen Situation befand und noch 1972 zu befinden meinte. Hätten wir heute diese rosigen Perspektiven, so würde die große Mehrheit der vermeintlich neoliberalen Politiker den Rentnern stabile oder steigende Renten von Herzen gönnen. Und die wenigen, die es nicht täten, wären schrullige Außenseiter ohne jeden Einfluss. Die Rentenreformen, die wir erlebt haben, sind keine Folge irgendwelcher Stimmungsverschiebungen bei den Eliten, sondern Reaktionen auf harte Herausforderungen.

Renten im freien Fall?

Werden also die Renten kontinuierlich sinken? Das wird sehr davon abhängen, wie sich die Ökonomie in Deutschland entwickelt. Der Nachhaltigkeitsfaktor bewirkt, dass die Renten weniger stark steigen als die verfügbaren Einkommen der Erwerbstätigen, aber er bewirkt nicht zwangsläufig, dass die Kaufkraft der Renten sinkt.

Die Vorstellung real sinkender Renten liegt an einem problematischen und meist nicht wirklich verstandenen Indikator zur Rentenentwicklung, dem «Rentenniveau». Treffender wäre der Begriff «Rentenquote». Das ist eine fiktive Rechengröße, sie sank von 54% 1991 auf 48% 2016.[29] Ermittelt werden die Rentenansprüche (abzüglich Sozialabgaben) eines Rentners, der 45 Jahre lang Beiträge auf Basis des Durchschnittsverdienstes geleistet und somit 45 Entgeltpunkte erworben hat. Diese werden in Beziehung gesetzt zum Bruttoentgelt eines Durchschnittsverdieners, abzüglich der Sozialabgaben sowie des durchschnittlichen Aufwands zur zusätzlichen privaten Altersvorsorge. Die Steuerbelastung von Erwerbstätigen und Rentnern wird bei der Berechnung des Rentenniveaus nicht berücksichtigt.[30] Es werden also – dies ist für das Verständnis der Rentenquote wichtig – nicht die Nettoeinkommen von Erwerbstätigen und Rentnern verglichen. Ein wichtiger Grund hierfür ist, dass derzeit die Renten nicht einheitlich besteuert werden.[31] Im Jahr 2000 ist die sogenannte nachgelagerte Besteuerung der Renten eingeführt worden. Renten unterliegen seitdem wie Pensionen der Einkommensteuer,[32] dafür werden die Aufwendungen der Erwerbstätigen für den Erwerb ihrer Ansprüche bei der Einkommensteuer freigestellt. Die nachgelagerte Besteuerung wird schrittweise bis 2040 umgesetzt, wer 2018 in Rente geht, muss 76% seiner Rente besteuern, wer früher in Rente gegangen ist, versteuert einen geringeren Anteil. Da ein Teil der Rente steuerfrei bleibt und zudem Erwerbseinkommen aufgrund der Progression höher besteuert werden als die niedrigeren Renten, ergibt der Vergleich von Nettoeinkommen und Nettorenten günstigere Werte, als die Rentenquote dies erwarten lässt. Viele Renten sind aufgrund der Teilbesteuerung und der Freibeträge steuerfrei.

Auch aus anderen Gründen ist die Rentenquote keine wirklich verlässliche Größe, um den Lebensstandard von Rentnern und Erwerbstätigen vergleichen zu können. Rein rechnerisch sinkt die Rentenquote, wenn die Abgabenbelastung der Erwerbstätigen sinkt, denn dann steigt ihr verfügbares Einkommen, ohne dass den Rentnern etwas genommen würde. Ein Teil des sinkenden Rentenniveaus seit 2006 ist darauf zurückzuführen, dass seither der Arbeitnehmeranteil zur Arbeitslosenversicherung von 3,25 auf 1,5% gesunken ist. Wichtige Verbesserungen im Rentensystem haben keinerlei Auswirkungen auf die Rentenquote, denn es werden immer 45 Rentenpunkte zugrunde gelegt; die Ausweitung der Mütterrente ist also für das Rechenergebnis folgenlos. Zudem ist darauf hinzuweisen, dass die gesetzliche Rente zwar die bei weitem wichtigste Säule der Alterssicherung ist und auch bleiben wird, diese in vielen Fällen aber durch betriebliche Altersvorsorge und/oder die staatlich geförderte Riester-Rente ergänzt wird. Angesichts der Herausforderungen eines umlagefinanzierten Sicherungssystems im demographischen Wandel ist das Dreisäulenmodell eine durchaus notwendige Orientierung für die Rentenpolitik.

Wie sich die Zukunft der Renten gestaltet, hängt in hohem Maße davon ab, wie sich die Leistungsfähigkeit und die Produktivität unserer Ökonomie und mit ihr das Lohnniveau entwickeln werden. Auch aus diesem Grunde sollten die Älteren ein Interesse daran haben, die Jungen nicht zu überfordern. Betrachten wir ein optimistisches, aber nicht per se unrealistisches Szenario. Steigen die Löhne kaufkraftbereinigt um durchschnittlich 1,5% pro Jahr, so werden bei der heute gültigen Rentenformel die Renten nur um 1% steigen.[33] Die 1957 unter völlig anderen Bedingungen gegebene Zusage der dynamischen Rente, das heißt einer uneingeschränkten Koppelung der Renten an die Erwerbseinkommen, wird nicht mehr in voller Weise eingehalten. Aber die Kaufkraft der Renten würde weiter steigen, in diesem Beispiel über den Zeitraum einer Generation (30 Jahre) um immerhin 35%. Bei einem realen Lohnwachstum von 1,5% jährlich wären die Löhne im selben Zeitraum um 56% gestiegen. Eine Lücke bleibt, die ggf. mit Riester oder Betriebsrenten teilweise ausgeglichen werden kann. Man könnte sie nur mit stark steigenden Beiträgen oder stark steigenden Steuerzuschüssen ganz ausgleichen; beides würde die Erwerbstätigen weiter belasten. Der Altersquotient, das Verhältnis der Menschen im Rentenalter zu denen im erwerbsfähigen Alter, wird sich, daran sei erinnert, stark erhöhen. Ohnehin werden die Beiträge auch unter dem derzeit gültigen Recht künftig deutlich steigen.

Bleibt Deutschland ein produktives wirtschaftlich starkes Land, sehen die Zukunftsaussichten für die Rentner deutlich günstiger aus, als der Blick auf ein nicht verstandenes «Rentenniveau» suggerieren könnte. Bei nur sehr moderat steigenden Löhnen kann es dagegen zu einer Stagnation der Kaufkraft der Renten kommen. Stürzte Deutschland wirtschaftlich ab, so litten die Rentner wie die Erwerbstätigen, die die Rentenzahlungen erwirtschaften. Diesen Zusammenhang kann keine Rentenpolitik, wie immer sie gestaltet ist, auflösen. Entscheidend ist, dass Deutschland ein innovatives und produktives Land bleibt. Dann ist es möglich, die Kaufkraft der Renten zu sichern und moderat zu steigern, ohne die junge und mittlere Generation zu überfordern. Die Rente bleibt eine Reformbaustelle. Es ist zu hoffen, dass es der von der Bundesregierung 2018 eingerichteten Rentenkommission aus Vertretern von Politik, Gewerkschaften, Arbeitgebern und Wissenschaftlern gelingen wird, einen politischen Diskurs anzustoßen, der zu einem breiteren Verständnis der Zusammenhänge führt, und dass sie schwarzen Visionen ebenso entgegentritt wie unerfüllbaren Erwartungen.

Rechenbeispiele zu einem möglichen Anstieg der realen Renten sind allerdings immer nur eine Durchschnittsbetrachtung. Um das Problem der Altersarmut muss man sich gesondert kümmern. Aber im Gegensatz zu verfestigten Ansichten kann das Rentensystem, so wie es in Deutschland konstruiert ist, wenig dagegen ausrichten, weil selbst teure Besserstellungen der Rentner vorrangig in der Mitte und nicht unten wirken. Als Instrument der Armutsbekämpfung ist das Rentensystem nicht zielgenau genug. Die Prävention von Altersarmut ist ein gesondertes Politikfeld (vgl. Kap. 19). Wir kommen hierauf wieder zurück.

11.
Pflege, die neue Säule
der Sozialversicherung

Ausbau des Sozialstaats oder
Erbenschutzprogramm?

In der vermeintlichen Phase neoliberaler Dominanz ist 1995 mit der Pflegeversicherung[1] eine weitere Säule der Sozialversicherung aufgebaut worden. Dem ging eine etwa 20 Jahre andauernde Diskussion voraus, wie das Pflegerisiko abzusichern sei.[2] Diese Aufgabe wurde dringlicher, da mit der erhöhten Lebenserwartung auch die Zahl pflegebedürftiger Menschen stieg und die zunehmende Frauenerwerbstätigkeit sowie wachsende Anforderungen an die berufliche Mobilität Pflegestrukturen erforderten, die die pflegerischen Leistungen in den Familien wirksamer ergänzen. Bis zur Einführung der Pflegeversicherung lag die Unterstützung bedürftiger Personen ausschließlich in der Verantwortung der Kommunen; etwa 70% der in stationären Einrichtungen lebenden Pflegebedürftigen bezogen Sozialhilfe.[3]

Lange war umstritten, welcher Weg einzuschlagen sei. Die Arbeitgeberverbände setzten sich für eine Versicherungspflicht bei privaten Versicherungsunternehmen mit Kapitaldeckung ein. Auch die FDP, Koalitionspartner der Union, und die Mittelstandsvereinigung in der Union plädierten für eine private Absicherung. Letztlich überwogen die Kräfte in der Union, unterstützt von der oppositionellen SPD und den Gewerkschaften, die sich für eine Sozialversicherungslösung stark machten, die auch

der zuständige Bundesarbeitsminister Norbert Blüm mit Rücken-
deckung von Helmut Kohl favorisierte. Nach zähen Konflikten
innerhalb der Regierungskoalition aus Union und FDP und zwei
Vermittlungsverfahren im Bundesrat wurde eine fünfte Säule der
Sozialversicherung beschlossen.[4] Die Pflegeversicherung stand
eindeutig in der Tradition der deutschen Sozialversicherung und
konnte nur Wirklichkeit werden, weil diese Ausprägung des Sozialstaats weiterhin breite Zustimmung genoss.

Ein wesentliches Ziel der Reform war, die Kommunen von steigenden Sozialhilfeausgaben zu entlasten; Sozialhilfe für pflegebedürftige Personen sollte zur Ausnahme werden. Allerdings waren
die Ergebnisse weniger überzeugend als anfangs erwartet. Die
Pflegeversicherung ist eine «Teilkasko-Versicherung». Ihre Leistungen waren und sind abhängig von der Schwere der Pflegebedürftigkeit und decken nur einen Teil der Kosten. Der Grundsatz
«Der Pflegebedürftige muss in zumutbarem Umfange zu den Kosten beitragen»[5] war ein zentraler Teil des Konzepts von Norbert
Blüm. Allerdings bedeutet dies dann auch, dass es Menschen gibt,
die keinen oder nur einen so geringen Beitrag zu den Kosten der
Pflege leisten können, dass sie weiterhin auf Unterstützung von
einem Leistungsträger außerhalb der Pflegeversicherung angewiesen sind. Dies blieb die kommunal getragene Sozialhilfe. Einerseits wurde also der Aufbau der Pflegeversicherung damit begründet, Menschen vom Stigma der Sozialhilfe zu befreien, zugleich
aber ein System etabliert, dass die Sozialhilfe nach wie vor ihren
Anteil zur Absicherung leisten ließ. Die hierin zum Ausdruck
kommende Diskreditierung eines unverzichtbaren Instruments
sozialer Sicherung ist verfestigter Bestandteil der deutschen Sozialstaatsdebatte.

Entsprechend kontrovers fiel die Bewertung aus. Für die einen
eröffnete die Pflegeversicherung «neue Armutsfallen»[6], da für einen Teil der Pflegebedürftigen die Abhängigkeit von Sozialhilfe
erhalten blieb. Sie sahen in dem wesentlich in Kostenüberlegungen begründeten «Teilkasko»-Charakter einen Bruch mit den
Grundprinzipien der Sozialversicherung.[7] Kritik hagelte es auch,

weil die Politik die Zusatzbelastung der Unternehmen durch den Arbeitgeberanteil der Pflegeversicherung durch Streichung eines gesetzlichen Feiertags zu kompensieren suchte. Dies war angesichts hoher und zunehmender Arbeitslosenzahlen ein verständliches Anliegen. Ohnehin stiegen die Lohnnebenkosten in der ersten Hälfte der 1990er Jahre um etwa fünf Prozentpunkte, insbesondere weil die Sozialversicherungen herangezogen wurden, um die Lasten der Wiedervereinigung zu finanzieren. Der Verlust eines Feiertages bedeutete, so Butterwegge, dass die Arbeitnehmer die Beitragslast allein trügen; selbst Bismarck habe ihnen so etwas nicht zugemutet.[8] Nur wenn man die Pflegeversicherung mit Erwartungen an eine Vollübernahme aller pflegebedingten Kosten überfrachtet und bereits im Opfer eines Feiertages schreiendes Unrecht sieht, kann man die Pflegeversicherung – das größte sozialpolitische Vorhaben in Deutschland seit der Rentenreform von 1957[9] – in das Narrativ des neoliberalen Sozialabbaus pressen.[10]

Es gab und gibt noch eine andere Kritik. Die Pflege sei ein «Erbenschutzprogramm». Da ist etwas dran. Für die Bezieher kleiner Renten, die auf einen Pflegeplatz angewiesen waren, änderte sich materiell wenig; wurde vor der Einführung der Pflegeversicherung ihr Heimplatz von der Sozialhilfe bezahlt, teilten sich nach deren Einführung Pflegeversicherung und Sozialhilfe die Kosten. Eine Bedarfsprüfung mit Offenlegung und Anrechnung ihres Einkommens und, falls vorhanden, Vermögens fand weiterhin statt. In der Mitte der Gesellschaft und bei Bürgern mit höherem Einkommen und Vermögen dagegen wirkte die Pflegeversicherung materiell entlastend. Insbesondere gab es hohe Einführungsgewinne, denn entsprechend der Systematik einer Umlagefinanzierung eröffnete sie den Zugang zu Leistungen unmittelbar und damit auch für viele, die aufgrund der Kürze der Zeit nur sehr geringe Beiträge bezahlt hatten. Sie konnten das bisher für die Pflege eingesetzte Einkommen und Vermögen sparen oder für andere Zwecke verwenden. Die Pflegeversicherung ist ein Beispiel dafür, dass die Sozialpolitik in Deutschland in starkem Maße die Belange der Mittelschicht im Auge hat,[11] die die Belastungen der Finanzierung

unmittelbarer wahrnimmt als die Vorteile, die sie aus dem Sozialstaat zieht. Hätte man den Erwartungen nach einer Vollübernahme
aller Pflegekosten entsprochen, wäre der Effekt der Entlastung in
der Mitte und oben in der Gesellschaft noch größer gewesen.

Pflegemarkt statt Wartelisten

Die Wirkung der Pflegeversicherung erschöpft sich nicht in diesen Umverteilungseffekten. Sie ermöglichte einen starken Ausbau
der Pflegeinfrastruktur. Durch die ausgeweitete Finanzierung und
die stärkere Öffnung des Pflegemarkts für neue Leistungserbringer erhielten pflegebedürftige Menschen mehr Wahloptionen. Bis
zur Einführung der Pflegeversicherung waren lange Wartelisten
bei Pflegeheimen ein ständiges Problem. Sie brachten Menschen,
die dringend auf einen Pflegeplatz angewiesen waren, in hohe Abhängigkeit von Anbietern und zwangen sie dazu, bezüglich Ort
und Qualität Abstriche in Kauf zu nehmen, um überhaupt einen
Platz zu bekommen. Der Ausbau einer umfangreichen ambulanten Pflegelandschaft ermöglichte es, weit länger als bisher im
häuslichen Umfeld zu bleiben. Die zeitweise verbreitete Sorge, die
Pflegeversicherung könne einen Sog in die Heime auslösen und
dadurch unnötig hohe Kosten verursachen, bewahrheitete sich
nicht. Im Gegenteil, heute sind Pflegebedürftige zum Zeitpunkt
des Einzugs in eine stationäre Einrichtung deutlich älter als früher, da sie länger die ausgebauten ambulanten Angebote nutzen.
Zur späteren Heimaufnahme trägt auch bei, dass viele Senioren
sich heute länger einer guten Gesundheit erfreuen als früher.

Gleichzeitig nahm der Wettbewerb unter den Leistungserbringern zu, weil Wartelisten ihre Position nicht mehr schützten und
vermehrt privat-gewerbliche Anbieter in der bis dahin von frei-
gemeinnützigen Trägern dominierten Pflege tätig wurden. Ein-
richtungsträger waren nun – wie bei anderen sozialen Diensten
auch – gezwungen, sich als im Markt stehende Unternehmen zu
behaupten und vermehrt betriebswirtschaftliche Steuerungsinst-

rumente einzusetzen. Dies wird von Kritikern als Beleg einer zunehmenden «Ökonomisierung» des Sozialen gedeutet,[12] teilweise verbunden mit Vorwürfen an die Wohlfahrtsverbände, sich diesem Trend zu bereitwillig angepasst zu haben.[13]

Aber diese vorrangig negative Sicht der Entwicklung ist unangemessen. Insbesondere unter den Wohlfahrtsverbänden war damals das Gefühl verbreitet, im Bereich des Sozialen habe «der Markt» nichts verloren. Wettbewerb ist aber eine zwingende Folge der Wahlrechte der Bürger, die auf Pflegeleistungen angewiesen sind. Sie entscheiden, ob sie sich von einer Einrichtung der Caritas, der Diakonie, der Arbeiterwohlfahrt oder eines privat-gewerblichen Trägers helfen lassen wollen. Da die Finanzierung der Leistungserbringer davon abhängig ist, dass sich Menschen für ihr Angebot entscheiden, stehen diese im Wettbewerb. Einen ambulanten Pflegedienst können Pflegebedürftige oder die für sie handelnden Angehörigen leicht wechseln, wenn sie mit der Qualität unzufrieden sind. Vor der Entscheidung, in welches Pflegeheim sie ziehen, erkundigen sich viele genau, welchen Leumund die Einrichtung hat. Vor dem Ausbau der Pflegeinfrastruktur war man froh, überhaupt einen Platz zu finden; bei stark steigender Nachfrage ist dies in einigen Regionen auch heute (wieder) ein Problem. In der Regel aber müssen Anbieter sich nun bemühen, ihre Belegung durch gute Qualität zu sichern. Wahlrechte und Wettbewerb sind also nicht per se schlecht. Entscheidend ist, ob die gesetzlichen Vorgaben für die Leistungserbringer, die Qualitätsstandards und die Rahmenbedingungen der Finanzierung gute Qualität zulassen und fördern.

Ein massives Problem, das es so vorher nicht gab, entstand jetzt allerdings. Mit neuen privat-gewerblichen Anbietern kamen auch Anbieter auf den Markt, die nicht tariflich gebunden sind; sie konnten Altenhilfeleistungen billiger anbieten als ihre tarifgebundenen Wettbewerber. Es kam zu einem Personalkostenwettbewerb zwischen gemeinnützigen und privatgewerblichen Anbietern und in der Folge auch innerhalb der Wohlfahrtspflege selbst. Das konnte und kann Anbieter mit einer vergleichsweise guten tariflichen Vergütung – zu ihnen gehören die meisten kirchlichen Träger – in eine wirtschaftliche Schieflage bringen. Für Pflegehilfskräfte bewirkt der 2007 geschaffene Pflegemindestlohn einen gewissen Schutz. Die Bemühungen, auch für Pflegekräfte einen verbindlichen branchenweiten Tarifschutz zu erreichen, waren bisher erfolglos. Durch den Fachkräftemangel in der Pflege werden die Entlohnungsdifferenzen derzeit aber tendenziell kleiner.

Die Altenpflege hat als Ganzes den Ruf, schlecht zu bezahlen, das erschwert die Gewinnung von Auszubildenden. Aber das Bild ist deutlich differenzierter. Erfahrene Fachkräfte der Altenpflege verdienen, wenn sie tariflich entlohnt werden, etwa wie ausgebildete Fachkräfte in der Chemieindustrie, dem Baugewerbe und der Energiewirtschaft. Gehaltsnachteile haben sie vorrangig in den ersten Jahren nach dem Berufseinstieg zu tragen. Allerdings sollte der Gehaltsvergleich auch die deutlich unattraktiveren Arbeitszeiten berücksichtigen, die in der Pflege mit Nacht-, Schicht- und Wochenenddienst nicht vermieden werden können. Das Friseurhandwerk ist weiterhin ein beliebter Ausbildungsberuf bei Frauen. Das ist eine folgenschwere Fehlentscheidung; in der Altenhilfe könnten sie bis zum Doppelten verdienen. Tariflich vergütete Leitungskräfte im Sozialbereich verdienen im Schnitt weniger als in der gewerblichen Wirtschaft. Aber die Pflegedienstleitungen verdienen etwa so viel wie Meister im Kfz-Gewerbe oder der Chemieindustrie.[14]

Die Sicherung guter Arbeitsbedingungen ist zweifellos eine dringende Aufgabe in der Altenpflege. Dazu gehört neben der Vermeidung von Überlastung der Pflegekräfte auch eine gute Bezahlung. Aber realitätswidrig ist das Bild, überall in der Pflege werde schlecht bezahlt. Tarifentlohnung sollte in allen Einrichtungen durchgesetzt werden, und es gehört verhindert, dass Light-Tarife, die es auch gibt, sich ausweiten. Ob das gelingt, hängt vor allem von der Politik der öffentlichen Leistungs- und Kostenträger ab. Sie können die Tarifbindung festigen, wenn sie akzeptieren, dass Anbieter, die tariflich gut entlohnen, zwangsläufig die Leistungen zu höheren Kosten erbringen, auch wenn sie sich bezüglich des verantwortlichen Einsatzes der Ressourcen nichts vorzuwerfen haben. Die flächendeckende Anwendung von Tarifverträgen in der Altenhilfe ist als Ziel im Koalitionsvertrag von 2018 festgehalten; die Koalition will die dafür notwendigen gesetzlichen Voraussetzungen schaffen.[15]

Reformbaustelle Pflege

In der Pflegeversicherung gab es von Anfang an ein Problem, das erst spät entschärft werden konnte: Der Leistungskatalog war begrenzt auf solche der Grundpflege und der hauswirtschaftlichen Versorgung. Das entsprach dem Bedarf bei körperlich bedingten Beeinträchtigungen, war aber ungenügend für die Versorgung von Personen, die ständiger Beaufsichtigung bedürfen wie etwa viele demenziell Erkrankte.[16] Forderungen zur Neufassung des Pflegebedürftigkeitsbegriffes wurden seit langem erhoben, eine Neuordnung erfolgte durch das Zweite Pflegestärkungsgesetz mit Wirkung zum Jahresbeginn 2017. Die Einstufung der Pflegebedürftigkeit ist so verändert worden, dass die Aufsicht und Begleitung sowie Hilfen zur Sicherung der Teilhabe besser berücksichtigt werden können.[17] Seit 2008 hat es eine Serie von Novellierungen des Gesetzes zur Pflegeversicherung mit substantiellen Verbesserungen gegeben. Die Absicherung demenziell Erkrankter war der bei weitem wichtigste Reformschritt. Während die Leistungen der Pflegeversicherung bis 2008 konstant blieben, was de facto einem schleichenden Realwertverlust gleichkommt, werden die Leistungssätze nun dynamisiert. Stationäre Einrichtungen können Vergütungszuschläge für die Pflege von Personen mit erheblich erhöhtem Betreuungsaufwand verlangen; für 20 Pflegebedürftige, die diesen erhöhten Bedarf haben, wird eine zusätzliche Vollzeitkraft ermöglicht.[18] Angehörige können von ihrem Arbeitgeber eine Freistellung bis zu sechs Monate einfordern.[19] Seit 2017 leistet die Pflegeversicherung für nicht entgeltlich pflegende Angehörige, die nicht oder weniger als 30 Stunden arbeiten, erhöhte Beiträge zur Rentenversicherung.[20] Der Schutz von pflegenden Angehörigen in

der Arbeitslosenversicherung ist verbessert worden.[21] Die Pflege-
beratung ist ausgebaut worden.[22] Erweitert wurden die Möglichkeiten zur Kurzzeitpflege, vorwiegend um pflegende Angehörige
zu entlasten.[23] Die 2018 gebildete Koalition hat vereinbart, dass das
Sozialamt, das die Hilfe zur Pflege finanziert, erst ab einem Einkommen in Höhe von 100 000 Euro pro Jahr auf das Einkommen
der Kinder pflegebedürftiger Eltern zurückgreifen darf.[24]

Haupthindernis für diese Reformschritte waren nicht fachliche
Differenzen, sondern das lange Ringen um die Finanzierung.
Während der Beitragssatz zur Pflegeversicherung bis 2007 bei
1,7% konstant blieb (ab 2005 zahlen Kinderlose einen Zuschlag
von 0,25%), liegt er nach mehreren Erhöhungen 2018 bei 2,55%
(und für Kinderlose bei 2,8%). Jeder einzelne dieser Anstiege,
2008 um 0,25%, 2013 um 0,1%, 2015 um 0,3% und 2017 um 0,2%,
erscheint gering. In der öffentlichen Debatte entsteht der Eindruck, er sei eigentlich nicht der Rede wert. Es könne doch nicht
sein, so eine häufig zu hörende Rhetorik, dass eine fachlich von allen unterstützte Lösung daran scheitern soll, dass der Beitragssatz
um beispielsweise 0,2% erhöht werden muss.

Wer aber politische Verantwortung trägt, muss die unterschiedlichen Systeme in ihrem komplexen Zusammenhang betrachten.
Schließlich gibt es ja auch in den anderen umlagefinanzierten Sicherungssystemen eine Vielzahl durchaus begründbarer Wünsche
nach Ausbau, die mit einer schrittweisen Anhebung des Beitragssatzes erfüllbar wären und in der Summe zu Belastungen führen, die
nicht verkraftbar wären. Daher ist es unvermeidlich, dass bei jeder
Reform mit erheblichen finanziellen Auswirkungen das politische
Ringen zäh ist. Wer hierfür die Sozialpolitiker geißelt, hält es offen-
bar für ihr persönliches Problem, dass wir in einer Welt mit end-
lichen Ressourcen leben. Es ist irritierend, wenn weitere unterstüt-
zenswerte Verbesserungen in einem Ton und mit einer Rhetorik
gefordert werden, als seien die Pflegepolitiker bisher weitgehend
untätig gewesen. Das diskreditiert die Arbeit höchst engagierter
Politiker, die sich für die genannten und eine Reihe nicht genannter Verbesserungen hartnäckig eingesetzt haben und einsetzen.

Trotz der in der Summe substantiellen Verbesserungen wird die Pflegeversicherung eine Reformbaustelle bleiben. Es ist eine gigantische Herausforderung, gute Pflege für eine älter werdende Bevölkerung zu sichern. Ob es, selbst wenn dies zu finanzieren wäre, möglich ist, so viele qualifizierte Kräfte zu gewinnen, dass die stark steigende Zahl pflegebedürftiger Menschen in den heutigen Strukturen gut versorgt werden kann, ist unklar.[25] Das kann die Pflegeversicherung allein nicht schultern. Es wird erhebliche weitere Anstrengungen erfordern, in den Kommunen Quartiere so zu entwickeln und neue Wohnkonzepte für Ältere so zu fördern, dass Menschen möglichst lange, auch bei vorhandenem Pflegebedarf, im häuslichen Umfeld verbleiben können. Die ambulante Versorgung in dünn besiedelten ländlichen Räumen aufrechtzuerhalten wird herausfordernd sein, möglicherweise sogar nicht überall gelingen. Teilhabe kann nur gesichert werden, wenn informelle Netzwerke aus Familien, Nachbarschaften, Freundeskreisen und bürgerschaftlich Engagierten die hochbetagten Menschen unterstützen.[26] Solche Netzwerke können in der Verzahnung mit einer guten professionellen Pflege ihren Beitrag leisten, ohne die dort engagierten Menschen zu überfordern. Gerade weil die Herausforderungen so groß sind, müssen die Mittel, die aufzubringen sind, möglichst effizient eingesetzt werden. Wer dies als Ökonomisierung brandmarkt, drückt sich vor der Verantwortung. Außerdem kann nicht alles realisiert werden, was wünschenswert wäre. Daher sollte man davon ablassen, die Pflegeversicherung zu einem «Vollkasko-System» zu entwickeln. Es würde vorrangig diejenigen entlasten, die jetzt durch eine Zusatzversicherung privat vorsorgen oder, wenn die Pflegebedürftigkeit eintritt, ihr Vermögen einsetzen. Bei den Vermögenden wirkte dies als Erbenschutzprogramm. Priorität sollte die Verbesserung der Pflegequalität und die Sicherung guter Arbeitsbedingungen für Pflegekräfte haben. Das ist besonders dringlich in jenen Heimen, in denen sie sich abhetzen müssen und wenig verdienen. Trotz aller bisherigen Reformschritte bleibt viel zu tun.

12.
Kinder- und Jugendhilfe –
eine Geschichte der Expansion

Kitas – Rechtsanspruch auf Betreuung

Die Geschichte der Kinder- und Jugendhilfe in Deutschland ist eine Geschichte ungebrochener Expansion. «Noch nie hat die Kinder- und Jugendhilfe so viele Menschen erreicht wie heute.»[1] Waren in der alten Bundesrepublik 1974, also zum Ende des «Goldenen Zeitalters» in allen Feldern der Kinder- und Jugendhilfe etwas über 220 000 Menschen tätig, so waren es in Westdeutschland Anfang 2015 fast 700 000 Menschen. In den neuen Bundesländern ging unmittelbar nach der Wiedervereinigung die Zahl der Beschäftigten zurück, auch weil die Zahl der Geburten für einige Jahre radikal einbrach; seit Mitte der 2000er Jahre wächst aber auch dort die Zahl der in der Kinder- und Jugendhilfe Beschäftigten. Anfang 2015 betrug sie im Osten Deutschlands über 180 000. In allen Feldern der Kinder- und Jugendhilfe arbeiten somit in Deutschland heute nahezu 900 000 Menschen, mit steigender Tendenz.[2]

Der stärkste Wachstumsmotor ist der Ausbau der Kindertagesbetreuung. In den 1970er und 1980er Jahren war es im Westen noch weitgehend üblich, dass viele Kindergärten zur Mittagszeit schlossen oder eine längere Mittagspause einlegten und somit Müttern noch nicht einmal verlässliche Rahmenbedingungen für eine Halbtagsstelle boten. Die Betreuungsinfrastruktur passte zu dem noch normativ vorherrschenden Alleinverdienermodell, auch wenn es der Realität vieler Familien nicht entsprach. Das zementierte die überkommenen Geschlechterverhältnisse. In den 1980er Jahren wurde die Vereinbarkeit von Familie und Beruf in der alten Bundesrepublik zu einem Thema mit wachsender Bedeutung; die Wiedervereinigung konfrontierte den Westen des Landes mit einem sehr umfangreichen Angebot auch im Krippenalter in den neuen Bundesländern.[3] Starke Dynamik erhielt der Ausbau durch das 2005 in Kraft getretene Tagesbetreuungsausbaugesetz, das Anforderungen an die Betreuung von Kindern unter drei Jahren festlegte. Aber erst das Kinderförderungsgesetz von 2008 normierte einen bis 2013 voll umzusetzenden Rechtsanspruch auf einen Betreuungsplatz für alle Kinder ab ihrem ersten Geburtstag.[4] Der Bund beteiligte sich an den Kosten des Ausbaus. Es besteht nun, wie auch das Bundesverfassungsgericht hervorhob, «ein einklagbarer Leistungsanspruch, der nicht unter Kapazitätsvorbehalt gestellt ist.»[5] Der in den letzten zehn Jahren erfolgte starke Ausbau des Angebots war ein großer Kraftakt der Kommunen und der freien Träger der Kindertageseinrichtungen. Er ist noch nicht abgeschlossen; in manchen Regionen ist die Suche nach einem Betreuungsplatz in erreichbarer Entfernung zur Wohnung oder zum Arbeitsplatz weiterhin mit großen Mühen verbunden.

Auch hinter dem Ausbau der Kinderbetreuung sahen einige die Machenschaften des Neoliberalismus. So etwa Stephan Hebel in seiner Kritik an der «unbelehrbar» neoliberalen Bundeskanzlerin: Zwar stelle der Ausbau der Kinderbetreuung eine begrüßenswerte Modernisierung dar, er sei aber nur eines ihrer «Zugeständnisse an einen allgemeinen Bewusstseinswandel» in der Gesellschaft und gehöre wie der Mindestlohn zu den «punktuellen Ausnahmen» von einem «im Kern neoliberalen Kurs». Außerdem diene er doch nur der Rekrutierung von Arbeitskräften und damit den Interessen «der Wirtschaft», tue dieser also gar nicht weh.[6] Wenn Sozialpolitik, so muss man schließen, den «Interessen der Wirtschaft» dient, scheint sie nicht als Sozialpolitik gelten zu können. Dahinter steckt die verfestigte Idee eines unüberwindbaren Grabens zwischen «dem Sozialen» und «der Wirtschaft», was insofern ahistorisch ist, als es erst mit den massiven Produktivitätsfortschritten der Wirtschaft möglich war, den Sozialstaat in dem heutigen Umfang auszubauen. Das ist ein Beispiel eines politischen Diskurses, der in der Gefahr ist zu vergessen, dass die Wirtschaft die materielle Grundlage unseres Wohlstands sichert.[7]

Mit der Umsetzung des Rechtsanspruchs stand der rasche quantitative Ausbau der Kinderbetreuung im Vordergrund. Die Zahl der in Tageseinrichtungen betreuten Kinder unter drei Jahren stieg von 254 000 2006 auf 645 000 2017.[8] Das in Tageseinrichtungen für alle Altersgruppen tätige pädagogische Personal stieg im selben Zeitraum von 339 000 auf 571 000. Trotz der Personalausweitung um etwa 230 000 Personen ist es nicht zu der anfangs befürchteten Entprofessionalisierung gekommen; die Qualifikationsstruktur der Beschäftigten konnte sogar verbessert werden.[9]

Jetzt muss es um Qualitätssicherung gehen!

So sehr diese Ausbauleistung zu würdigen ist, neben dem Abbau noch bestehender Versorgungsdefizite gilt es, die Qualität der Kinderbetreuung weiter zu verbessern. Man sollte nicht schlechtreden, was pädagogische Fachkräfte bereits heute leisten. Aber die sehr frühe Betreuung und die langen, zum Teil extrem langen Betreuungszeiten sind Kindern nur zuträglich, wenn sie verlässliche Bindungsbeziehungen zu den Fachkräften aufbauen.[10] Eine sichere Bindung an Bezugspersonen sei, so eine Arbeitsgruppe der Nationalen Akademie der Wissenschaften Leopoldina, «Voraussetzung für die Ausbildung eines positiven und realistischen Selbstkonzeptes sowie die Entwicklung hoher Selbstregulationskompetenzen und der Fähigkeit, effektiv mit Belastungen umgehen zu können».[11] Hohe Risiken, dies nicht zu erreichen, «bestehen für Kinder ohne feste Bezugsperson, für Kinder überlasteter Eltern, für Kinder aus Armutsfamilien mit geringer Bildung, für Kinder, die häusliche Gewalt oder mangelnde elterliche Unterstützung und Wärme erleben oder die in sozial ungünstigen Nachbarschaften aufwachsen».[12] Stabile Bindungen, auch zu dem Personal in den Kindertagesstätten, sind für alle Kinder wichtig, aber solche aus Risikofamilien haben ohne sie nur äußerst eingeschränkte Chancen auf eine gedeihliche Entwicklung.

Zudem sind die Herausforderungen an Kindertageseinrichtungen gewachsen. Sie entwickeln sich zu Familienzentren und engagieren sich im Sozialraum. Von ihnen wird erwartet, in intensiven Kontakt mit den Eltern zu treten. Sie haben einen Bildungsauftrag, den sie in einer für die Entwicklung kognitiver und sozialer Kompetenzen äußerst sensiblen Phase zu erfüllen haben. Sie sollen kompensatorische Leistungen erbringen, etwa die Sprachentwicklung fördern, wenn dies das Elternhaus, zumindest in der deutschen Sprache, nicht ausreichend zu leisten vermag. Sie sollen in einem inklusiven pädagogischen Alltag den Kindern mit einer Behinderung gerecht werden.

Das erfordert ausreichende personelle Ressourcen. Die Bedingungen sind von Bundesland zu Bundesland, von Region zu Region, unterschiedlich. In Baden-Württemberg und Bremen steht in den Krippen im Durchschnitt für drei Kinder unter drei Jahren etwa eine Person zur Verfügung; dort werden die fachlichen Empfehlungen zum Personalschlüssel erfüllt. In Mecklenburg-Vorpommern, Brandenburg und Sachsen kommen dagegen etwa sechs Kinder auf eine Betreuungsperson. Es gibt ein deutliches Ost-West-Gefälle, aber auch große Schwankungen innerhalb der Bundesländer. Die Betreuungsschlüssel in den Kindergartengruppen weisen nicht ganz so starke Divergenzen auf; die fachliche Empfehlung eines Personalschlüssels von 7,5 wird aber ebenfalls nur in Baden-Württemberg und Bremen erfüllt. Würde überall den genannten Empfehlungen entsprochen, ergäbe sich nach einer Abschätzung der Bertelsmann Stiftung, die regelmäßig einen Ländermonitor Frühkindliche Bildungssysteme durchführt, ein Personalmehrbedarf von etwas über 100 000 Vollzeitkräften; die Personalmehrkosten werden im Westen Deutschlands auf 2,0 Mrd. Euro und im Osten auf 2,8 Mrd. Euro geschätzt.[13]

Das sind enorme Herausforderungen, die nur bewältigt werden können, wenn Bund und Länder kooperieren und der Bund auf der Grundlage eines Qualitätsentwicklungsgesetzes[14] sich finanziell beteiligt. Seit der Föderalismusreform gelten solche Mischfinanzierungen als etwas anrüchig, weil sie Zuständigkeiten der politischen Ebenen im föderalen System der Bundesrepublik verunklaren können. Aber hier sollte man pragmatisch sein. Beim Hochschulbau hat man eine Ausnahme gemacht. Niemand kann behaupten, eine gute Betreuung und Bildung von Kleinkindern sei weniger wichtig. Die aktuelle Große Koalition hat in ihr Programm aufgenommen, die verfassungsrechtlichen Grundlagen für eine stärkere finanzielle Beteiligung des Bundes beim Ausbau der Bildungsinfrastruktur zu schaffen.[15]

Zusätzliche 5 Mrd. Euro für die Qualitätsverbesserung der Betreuung in Kindertageseinrichtungen sind sehr viel Geld. Der Betrag entspricht etwa dem geschätzten Potential einer Reform der Erbschaftsteuer bei einem Steuersatz von 10%. Müssen wir wirklich so viel Geld ausgeben? Ja, wir müssen. Die frühe Kindheit ist eine sehr sensible Phase. Kinder entfalten ihre Potentiale nicht von alleine, sie brauchen Anregungen und eine förderliche Umwelt. Was hier versäumt wird, ist später nur schwer wieder gutzumachen oder eben gar nicht. Das heutige Familienmodell baut auf die Vereinbarung von Familie und Beruf, und es ist gut, wenn die Familie der Berufswelt nicht untergeordnet wird. Aber ohne eine Kinderbetreuung, die den fachlich gebotenen Standards entspricht, wäre die sehr frühe Betreuung von Kindern außerhalb der Familie ein gesellschaftliches Großexperiment mit zweifelhaftem Ausgang.

Auch hier wird man nicht umhinkommen, Prioritäten zu setzen. Die Forderung, dass Kindertagesstätten überall und für alle gebührenfrei sein sollen, ist höchst populär. Sie ist auch nachvollziehbar, denn es fehlt eine plausible Begründung dafür, dass zwar Hochschulen gebührenfrei sind, auch Studiengänge, die sehr gute Verdienstmöglichkeiten erwarten lassen, nicht aber Kindertagesstätten. Allerdings wird die Umsetzung der Gebührenfreiheit Fa-

milien mit mittleren und höheren Einkommen weit stärker entlasten als arme Familien, die in aller Regel bereits heute keine
Elternbeiträge bezahlen müssen. Weitere Entlastungen sollten bei
Familien im unteren Einkommensbereich ansetzen. Es wäre jedenfalls kein Gewinn an Gerechtigkeit, wenn mit der Umsetzung
der Gebührenfreiheit für alle Familien Qualitätsverbesserungen
auf lange Zeit blockiert wären.[16] Denn die Familien der Mitte haben in aller Regel weit bessere Möglichkeiten als arme Familien,
das zu kompensieren, was aufgrund ungenügender Personalaus-
stattung in den Einrichtungen der frühkindlichen Bildung nicht
geleistet werden kann.

Hilfen für gefährdete junge Menschen und ihre Familien

Der andere große und kostenintensive Zweig der Kinder- und
Jugendhilfe sind die Hilfen für gefährdete junge Menschen. Um
ein Missverständnis zu vermeiden: Der Anspruch der Kinder-
und Jugendhilfe, Familien im Erziehungsprozess beizustehen und
Kinder und Jugendliche in ihrer Sozialisation zu unterstützen,
richtet sich an alle Familien; es gibt ein breites Netz an Erzie-
hungsberatungsstellen und Angeboten zur Familienbildung. Die
Herausforderungen in diesem Zweig der Kinder- und Jugendhilfe
liegen jedoch bei den Familien in prekären Lebenslagen. Hier ist
außerdem das in der Verfassung verankerte staatliche Wächteramt auszuüben: «Pflege und Erziehung der Kinder sind das na-
türliche Recht der Eltern und die zuvörderst ihnen obliegende
Pflicht. Über ihre Betätigung wacht die staatliche Gemeinschaft».[17]

Auch hier ist nichts von einem Abbau des Sozialstaats festzu-
stellen. Im Gegenteil. Jugendliche aus prekären Verhältnissen hatten im «Goldenen Zeitalter» des Sozialstaats nichts zu lachen. Es
konnte ihnen leicht passieren, dass sie sich als «Fürsorgezöglinge»
in geschlossenen Heimen in abgelegenen Gegenden wiederfan-

den. Aus heutiger Sicht geringfügige Anlässe abweichenden Verhaltens konnten zum Stigma der Verwahrlosung führen und einen repressiven Eingriff rechtfertigen, insbesondere wenn der Jugendliche nicht nur aus der Unterschicht kam, sondern auch noch unehelich geboren war.[18] Es war ein langer Weg, bis sich die zuständigen Jugendämter zu Institutionen wandelten, die vorrangig darauf ausgerichtet sind, Eltern dabei zu unterstützen, ihren Erziehungsauftrag wahrnehmen zu können.

Dies steht in einem unauflösbaren Spannungsverhältnis zu ihrer Verpflichtung, bei Gefährdung des Kindeswohls auch gegen den Willen der Eltern einzugreifen bis hin zum Entzug des Sorgerechts und der Fremdunterbringung in einer Pflegefamilie oder einem Heim. Auch dann soll der Kontakt zu den Eltern gehalten werden, auch mit der Absicht, die Erziehungsbedingungen dort zu verbessern und eine Rückkehr des Kindes zu ermöglichen. Vorrang vor einer Fremdunterbringung haben, wenn immer möglich, teilstationäre und ambulante Hilfen zur Erziehung wie die sozialpädagogische Familienhilfe, eine intensive sozialpädagogische Einzelbetreuung, die Unterstützung durch Betreuungshelfer oder die Erziehung in Tagesgruppen.[19]

Die Hilfen zur Erziehung haben sich nach der Kindertagesbetreuung zum zweitgrößten Arbeitsfeld der Kinder- und Jugendhilfe entwickelt. Mit ihnen (ohne die Erziehungsberatung) werden derzeit mehr als 600 000 Kinder, Jugendliche und junge Volljährige erreicht; hierfür wurden 2016 knapp 10 Mrd. Euro ausgegeben, mit steigender Tendenz. Die Ausgaben für die ambulanten Leistungen der Hilfen zur Erziehung haben sich zwischen 2000 und 2016 real mehr als verdoppelt, die Ausgaben für die stationären Hilfen stiegen im gleichen Zeitraum real um 65 %.[20]

Die Ausweitung der Hilfen ist auch Folge einer höheren Sensibilität der Öffentlichkeit gegenüber eklatanten Verletzungen des Kindeswohls. Hierzu haben seit Mitte der 2000er Jahre einige bundesweit stark beachtete Fälle krasser Kindesmisshandlung, teilweise mit Todesfolge, beigetragen. Das Wächteramt der Ju-

gendhilfe rückte dadurch wieder stärker in den öffentlichen Fokus; die Fremdunterbringungen von Kindern nahmen wieder
zu,[21] parallel zum rasanten Anstieg der ambulanten Hilfen.

So unverzichtbar das differenzierte Angebot individueller Hilfen ist, die Stärkung präventiver Hilfen ist eine dringliche Aufgabe
der Kinder- und Jugendhilfe.[22] Trotz ihres Umfangs gibt es weiterhin ein Präventionsdilemma; Angebote sind ungenügend ver-
netzt, sie sind denen, denen sie helfen könnten, nicht bekannt,
oder es bestehen hohe Hürden, sie wahrzunehmen. Erforderlich
sind Angebote, die ohne Genehmigung durch das Jugendamt
oder ein förmliches Hilfeplanverfahren genutzt werden können,
um die Schwelle zur Hilfe möglichst niedrig zu halten. Diese niederschwelligen Hilfen sind häufig aus Sicht der Kommunen «freiwillige Leistungen». Sie investieren ganz überwiegend in die Angebote, zu denen sie rechtlich zwingend verpflichtet sind, in die
Kindertagesstätten und die Hilfen zur Erziehung. Hier müssen sie
einen individuell einklagbaren Rechtsanspruch erfüllen. Niederschwellige Angebote, etwa Mutter-Kind-Kurse, Nachbarschafts-
cafés, Gruppenangebote für Kinder und Jugendliche, aufsuchende
Kontaktaufnahmen mit Familien, Angebote früher Hilfen bereits
in den Geburtskliniken, können helfen, das Präventionsdilemma
abzubauen.

Dies sind Ansätze, den an sich gut ausgebauten Sozialstaat in
Deutschland stärker auf die Vermeidung sozialer Notlagen auszurichten. Vieles findet heute bereits statt, aber oft in befristeten
Projektfinanzierungen, die Trägern und Beschäftigten weniger Sicherheit bieten als die fest etablierten Felder der Kinder- und Jugendhilfe. Die rechtliche Stellung dieser niederschwelligen und
präventiven Angebote ist dringend zu stärken. Mittel- und langfristig können sie helfen, den Umfang der erforderlichen teuren
Einzelfallbetreuungen zu vermeiden. Aber solche Präventionsge-
winne sollte man nicht unbedingt kurzfristig erwarten. So wie
durch den Ausbau der ambulanten Hilfen in den 1980er und
1990er Jahren Problemlagen überhaupt erst sichtbar wurden,[23]
können auch niederschwellige Angebote diesen Effekt haben. Das

System der Hilfe reagierte insgesamt sensibler und würde vermutlich auch wirksamer.

Auch angesichts der dargelegten Entwicklung der Kinder- und Jugendhilfe ist das Narrativ des neoliberalen Sozialabbaus nicht haltbar. Und doch bleibt ein Unbehagen. Die Erziehungswissenschaftlerin und Jugendhilfeexpertin Karin Böllert schreibt in der Einleitung zu dem von ihr herausgegebenen Kompendium der Jugendhilfe, in dem auf 1700 Seiten die Dynamik und die Leistungen dieses Hilfefeldes dargestellt werden: «Dennoch gilt in dieser Situation, dass das Aufwachsen junger Menschen noch nie so ungerecht war wie heute. Die Schere zwischen einem Aufwachsen in Sicherheit, Wohlbefinden und vielen Zukunftschancen und einem Aufwachsen in schwierigen, ungleichen Lebensbedingungen mit eingeschränkten Perspektiven klafft immer weiter auseinander.»[24] Die Lebenschancen hängen weiterhin in starkem Maße vom Zufall der Geburt ab, was zurecht unser Verständnis von Gerechtigkeit herausfordert.

Mit dem Wandel Deutschlands zu einem faktischen Einwanderungsland haben auch die Herausforderungen zugenommen, durch kompensatorische Leistungen der Kinder- und Jugendhilfe und der Schule Startchancen anzunähern.[25] Aber was genau klafft hier nun immer weiter auseinander? Sind es wirklich die realen Verhältnisse in den Familien? Die Zukunftschancen eines Kindes, das in den 1960er Jahren, also mitten im «Goldenen Zeitalter», in der Familie eines Hilfsarbeiters aufwuchs oder als «uneheliches» Kind einer vom Jugendamt beäugten alleinerziehenden Verkäuferin, waren sicherlich weit geringer als die eines Kindes aus einer Familie der Mitte oder gar der gehobenen Mitte. Gegenüber früheren Epochen haben die Achtung und der Respekt zugenommen, die Kindern und Jugendlichen entgegengebracht werden. Der Großteil wächst heute unter guten Bedingungen auf. Er bewältigt, so die Expertengruppe für den 14. Kinder- und Jugendbericht, «die für ihr Alter charakteristischen Entwicklungsaufgaben weitgehend problemlos, unauffällig und häufig erfolgreich. … In diesem Sinne belegen empirische Indikatoren für die Mehrheit der Jugendlichen ein vergleichsweise hohes Maß an Zufriedenheit, pragmatischer Zuversicht und eine gute soziale Einbettung … Der Großteil der Jugendlichen ist physisch und psychisch gesund und fühlt sich weitgehend wohl.»[26] Zugenommen hat unsere Sensibilität dafür, dass dies beileibe nicht für alle Kinder gilt. Gewachsen ist die Kluft zwischen unseren normativen Ansprüchen und der Wirklichkeit. Das ist gut so, wenn Potentiale mobilisiert werden, welche die prägende Kraft des Zufalls der Geburt mildern. Keine Gesellschaft, schon gar keine freie Gesellschaft, die den Autonomieraum der Familien und das primäre Recht der Eltern zur Erziehung ihrer Kinder wahrt, kann diese Kluft in Gänze schließen. Aber sie muss sich an dem messen lassen, was möglich wäre, die Kluft zu verkleinern.

13.
Menschen mit Behinderung – der lange Weg zur Teilhabe

Von der Fürsorge zum Recht auf Selbstbestimmung

Auch aus Sicht der Menschen mit Behinderung ist das «Goldene Zeitalter» nicht zu verklären. Die Behindertenhilfe der Nachkriegsdekaden war strikt am Prinzip der Fürsorge ausgerichtet; dominant war die Versorgung in stationären Einrichtungen, die häufig zudem weitab des normalen Lebens lagen, wie vor dem Zweiten Weltkrieg. Es waren Sonderwelten, die – durchaus mit guter Absicht – für behinderte Menschen geschaffen wurden. Zwar gab es in Fachkreisen schon früh Debatten über Alternativen, die sich an unterschiedlichen Begriffen wie Normalisierung, Integration, später Inklusion festmachten. Und dennoch blieben Menschen mit Behinderung lange Zeit eine Ausnahme im Straßenbild der Städte. In den ersten 40 Jahren nach dem Zweiten Weltkrieg wurden weiterhin Sonderdienste geschaffen: stationäre Einrichtungen, Einrichtungen der Frühförderung, Sonderkindergärten, Sonderschulen, Berufsbildungswerke, Wohnheime und Werkstätten für behinderte Menschen.[1] Auch diese Epoche hatte ihre Leistungen: Die Behindertenhilfe wurde professionalisiert, finanziell besser ausgestattet – wie andere Hilfefelder auch –, und es wurde besser ausgebildetes Personal beschäftigt. Aber die Frage, wie behinderte Menschen leben wollen, um daran das Hilfesystem auszurichten, spielte unter der Prägung des Fürsorgegedankens eine geringe Rolle.

Aber die gesellschaftliche Sensibilisierung wuchs. 1994 wurde das Verbot der Diskriminierung behinderter Menschen im Grundgesetz verankert. Ähnlich wie heute anlässlich der beabsichtigten ausdrücklichen Erwähnung von Kinderrechten in der Verfassung[2] gab es auch damals Debatten, ob das Diskriminierungsverbot nicht aufgrund der Garantie der Menschenwürde und des Sozialstaatsgebots bereits in der Verfassung enthalten sei.[3] Und wie heute argumentierten die Befürworter einer Grundgesetzänderung vorrangig mit dem damit zu befördernden Bewusstseinswandel.[4] Die Aufnahme eines ausdrücklichen Diskriminierungsverbots in die Verfassung war Ausdruck dieses Bewusstseinswandels, förderte ihn wohl auch.

Entscheidend war, dass sich langsam der Begriff und die gesellschaftlichen Vorstellungen von Behinderung zu wandeln begannen. Galt Behinderung lange Zeit als Folge persönlicher Funktions- und Aktivitätsstörungen, wurde nun vermehrt die Wechselwirkung mit dem gesellschaftlichen Umfeld wahrgenommen. Erst in dieser Wechselwirkung entscheidet sich, ob und in welchem Umfang aus einer Beeinträchtigung eines Menschen eine Behinderung wird, die seine gesellschaftliche Teilhabe einschränkt. Dann rückt in den Blick, dass es nicht allein darum gehen kann, durch Unterstützung behinderter Menschen ihre Einschränkungen so weit wie möglich zu kompensieren, sondern dass auch die Umwelt sich ändern muss, in der sie sich bewegen. Der teilhabeorientierte Behindertenbegriff ist heute fachlicher Standard und entspricht den Vorgaben der UN-Behindertenrechtskonvention, auch wenn er sich im Denken der Öffentlichkeit und der Behörden keineswegs allgemein durchgesetzt hat.

In der neueren Gesetzgebung werden Selbstbestimmung und gleichberechtigte Teilhabe als Ziel und Auftrag benannt, so im § 1 des Sozialgesetzbuches IX von 2001, dem Gesetzbuch für die Rehabilitation und Teilhabe behinderter Menschen. In Anpassung an die UN-Behindertenkonvention wird seit 2018 die «volle, wirksame und gleichberechtigte Teilhabe» als Norm gesetzt.[5] Das legt die Latte noch einmal höher. 2002 wurde das Behindertengleichstellungsgesetz verabschiedet, das den Bund und seine nachgeordneten Verwaltungsbereiche mit konkreteren Verpflichtungen belegte, nämlich Gleichstellung und Barrierefreiheit sicherzustellen, sowohl in der baulichen Infrastruktur als auch in der Kommunikation mit behinderten Bürgern. Menschen mit Behinderungen angemessene Vorkehrungen zu versagen, wird als Benachteiligung im Sinne des Behindertengleichstellungsgesetzes klassifiziert; dies ist mit einem individuellen Klagerecht bewehrt, das unter Voraussetzungen auch von anerkannten Verbänden wahrgenommen werden kann, die die Interessen behinderter Menschen vertreten. Institutionell geförderte private Akteure sollen in die Zielsetzung des Gesetzes einbezogen werden, indem Zuwendungen entsprechende Auflagen erhalten.[6]

1992 wurde das Vormundschaftsrecht durch das Betreuungsrecht abgelöst. Die Vormundschaft war «mit einer umfassenden Entmündigung verbunden und stellte die bevormundeten Personen grundsätzlich Kindern gleich».[7] Heute muss der Betreuungsumfang eindeutig bestimmt und begrenzt werden. Der Betreuer hat dem Wohl des Betreuten gerecht zu werden, dazu gehört auch, es ihm zu ermöglichen, «im Rahmen seiner Fähigkeiten sein Leben nach den eigenen Wünschen und Vorstellungen zu gestalten».[8] Der betreuten Person soll die Regelung seiner Angelegenheiten soweit als möglich überlassen werden.[9]

Bei alledem geht es, wie der Behindertenrechtsexperte Felix Welti schreibt, nicht nur um die rechtliche Stellung behinderter Menschen, sondern wesentlich um die tatsächlichen Voraussetzungen zur Freiheitsausübung und damit um die Gewährleistung faktischer Selbstbestimmung. Wenn, so Welti, «für behinderte Menschen eine von zehn Gaststätten barrierefrei zu besuchen ist, wenn nur wenige, faktisch realisierbare Möglichkeiten der Berufswahl bestehen oder wenn eine Heimunterbringung nur von vermögenden behinderten Menschen vermieden werden kann, so wird Selbstbestimmung als real eingeschränkt erfahren».[10] Somit geht es bei einer Behindertenpolitik, die Selbstbestimmung als Ziel benennt, neben der materiellen Existenzsicherung und der persönlichen Unterstützung durch Rehabilitation und Assistenz immer auch um die Gestaltung der Umwelt, nur dann folgt der Entscheidungsfreiheit behinderter Menschen auch eine faktische Handlungsfreiheit. Die Voraussetzungen für sie, Freiheitsrechte wahrnehmen und am gesellschaftlichen Leben teilhaben zu können, sind bedingt durch ihre Einschränkungen weit anspruchsvoller. Auf die Unterstützung, die erforderlich ist, um zumindest ein «Mindestmaß an Selbstbestimmung» auch faktisch realisieren zu können, haben behinderte Menschen einen verfassungsrechtlich verbürgten Anspruch.[11] Die genauen Grenzen kann die Verfassung nicht vorgeben; sie sind Ergebnis politischen Aushandelns und damit umstritten.

Neues Denken – neue Praxis?

Ein neues Denken bezüglich Selbstbestimmung und Teilhabe führt nicht zwingend zu einer neuen Praxis, selbst wenn es Eingang in gesetzliche Normierungen gefunden hat. Der Weg zu mehr Selbstbestimmung und Teilhabe war und ist jedenfalls steinig. Die Träger der großen Einrichtungen, nicht selten mit Hunderten behinderter Bewohner, haben nach und nach dezentrale Angebote mit kleineren Wohneinheiten aufgebaut. Auch das ambulant betreute Wohnen in Privathaushalten, das ein höheres Maß an selbstbestimmter Lebensführung ermöglicht, wird als Alternative zu stationären Wohnformen vermehrt angeboten. Noch überwiegen die stationären Angebote.[12] Das hat unter anderem auch mit Beharrungstendenzen im Hilfesystem zu tun, auch mit Prioritäten von Angehörigen, die ihr behindertes Familienmitglied in einem Heim gut aufgehoben wissen, während sie die Freiheit außerhalb des Heims als zu riskant einschätzen oder befürchten, der von ihnen erwarteten Unterstützung nicht gewachsen zu sein. Es gibt Risiken der Normalität, wenn die geschützte Welt eines Heimes verlassen wird, mangelnde Eigensorge für die Gesundheit, Einsamkeit oder Überforderung, psychische Krisen, die eine Hilfe außerhalb des Heims verlässlich auffangen muss.[13]

In der Kritik an Heimen als Sonderwelten sollte man nicht das Kind mit dem Bade ausschütten. Behindertenverbände, die die Interessen behinderter Menschen mit einem hohen Potential zur selbstbestimmten Lebensführung vertreten, sehen in der schieren Existenz der Heime nur den Ausfluss eigennütziger Interessen der Heimträger. [14] Allerdings gibt es auch Konstellationen, wo ein stationäres Angebot aus Sicht des behinderten Menschen eine gute Wahl ist. Und zudem muss auch in dieser Frage das Wunsch- und Wahlrecht beachtet werden; es gibt Menschen mit Behinderung, denen ihr Heim zur Heimat geworden ist und die höchst unglücklich wären, wenn sie gezwungen würden, es zu verlassen. Dieser Hinweis darf gleichwohl nicht missbraucht werden, um den Abbau der Sonderwelten zu verzögern.

Das Ziel, Selbständigkeit und Selbstbestimmung der Hilfebedürftigen zu fördern, war die entscheidende Begründung dafür, 2008 einen Rechtsanspruch auf ein Persönliches Budget gesetzlich zu verankern.[15] Statt Sachleistungen können behinderte Menschen ein Budget wählen, mit dem sie eigenständig die von ihnen benötigten Hilfen bei Anbietern einkaufen, aber auch eigenes Personal beschäftigen können. Das Budget ermöglicht flexiblere Hilfearrangements. Auch ist mit ihm die Hoffnung verbunden, zur Stärkung ambulanter und niederschwelliger Angebote beizutragen. Die Umsetzung war schleppend, heute nutzen es knapp 10 000 Menschen.[16] Die Verwaltung des Budgets setzt hohe Anforderungen an die Selbständigkeit des Nutzers oder an die Unterstützungsbereitschaft seines Betreuers; es war immer als Wahloption gedacht. Aber es wirkten auch Beharrungskräfte im Hilfesystem. Leistungsanbieter hatten Angst vor Umsatzeinbußen und berieten eher verhalten. Und die Behörden, die das Budget zu bewilligen haben, waren anfangs oft auch nicht erfreut, von altbewährten Verfahren abzurücken; sie konnten die Intention des Gesetzgebers, Selbstbestimmung zu fördern, durch enge Auflagen konterkarieren.[17] Auch bei Gesetzen mit guten Absichten ist der Fortschritt oft langsam.

Die vorerst letzte große Reform erfolgte mit dem Bundesteilhabegesetz von 2016, das bis 2020 ein neues Leistungsrecht der Eingliederungshilfe einführen wird und bis 2023 in Gänze umgesetzt sein soll. Ziel ist, die Hilfe für behinderte Menschen aus dem Fürsorgesystem herauszulösen. Das bedeutet einen Systemwechsel mit erheblichem Anpassungsbedarf bei den Leistungserbringern, daher auch die längere Umsetzungsdauer. Die Beratungsrechte behinderter Menschen werden gestärkt, dazu gehört eine unabhängige Teilhabeberatung von Betroffenen für Betroffene. Durch ein Budget für Arbeit und die Zulassung weiterer Leistungsanbieter sollen Alternativen zur Beschäftigung in den Werkstätten für behinderte Menschen und somit mehr berufliche Optionen eröffnet werden. Aus dem Budget erhalten Arbeitgeber einen Ausgleich für die dauerhafte Minderleistung behinderter Beschäftigter. Mehr berufliche Wahloptionen werden insbesondere Menschen mit psychischen Behinderungen zugutekommen, die bisher mangels Alternative in einer Werkstätte arbeiten. Auch die Assistenzleistungen sollen gestärkt werden, die behinderte Menschen bei einer eigenständigen Lebensführung unterstützen. Die Förderung bei Ausbildung, Studium und Weiterbildung wird verbessert. Bis zur Reform durch das Bundesteilhabegesetz gehörte es, wie das federführende Bundesarbeitsministerium feststellt, «nicht zu den Aufgaben der Eingliederungshilfe, Menschen mit einer Behinderung eine bestmögliche berufliche Ausbildung zu ermöglichen.»[18]

Ein zentraler Punkt sind die Regelungen zur Anrechnung von Einkommen und Vermögen, sei es der behinderten Person selbst, seines Partners oder der Eltern. Viele behinderte Menschen arbeiten, teilweise in höchst anspruchsvollen Berufen, und sind bei ihrer Lebensführung auf eine persönliche Assistenz angewiesen. Bis zur jüngsten Reform mussten sie einen Großteil ihres Einkommens und Vermögens dafür aufwenden. Da auch das Einkommen und Vermögen des Ehepartners nach den gleichen Regeln herangezogen wurde, stand dies einer Eheschließung massiv im Wege, um nicht von einem faktischen Eheverbot zu sprechen.

Die Anrechnungsregeln entsprachen der Logik der Sozialhilfe, in der das Nachrangprinzip gilt, Hilfe also nur der erhält, der sich nicht durch den Einsatz seines Einkommens und Vermögens selbst helfen kann. Sie bedeuteten aber, dass behinderte Menschen, die trotz der Erschwernisse, die mit ihrer Behinderung verbunden sind, nach einer qualifizierten Ausbildung mit der erforderlichen Assistenz arbeiteten, dennoch nur über ein sehr beschränktes Einkommen verfügen konnten. Zwar entfällt die Anrechnung nicht gänzlich, es greifen aber deutlich höhere Freibeträge sowohl beim Einkommen als auch beim Vermögen. Das sind substantielle Verbesserungen, aber vollständig aus dem Fürsorgesystem gelöst hat sich die Eingliederungshilfe damit noch nicht.[19] Ab 2020 entfällt die Anrechnung des Einkommens und Vermögens des Partners in Gänze, ein großer Fortschritt. In der Kritik steht weiterhin, dass Eltern je nach Einkommen für die Teilhabeleistungen für ihre minderjährigen behinderten Kinder herangezogen werden können. Sie werden zwar ebenfalls durch die neuen Regelungen zur Einkommens- und Vermögensanrechnung entlastet, aber angesichts der hohen Leistungen und Verzichte, die sie für die Sorge um ihre behinderten Kinder aufbringen, sollten Teilhabeleistungen in voller Höhe solidarisch getragen werden.[20]

Grenzen der Ökonomie

Auch die Behindertenhilfe ist ein Feld, in dem Geld eine Rolle spielt und gleichzeitig die Erwartung präsent ist, das dürfe nicht sein. Dies teilt sie mit dem Gesundheitsbereich. Welche Leistungen einem behinderten Menschen angesichts seiner individuellen Situation zur Deckung seines Bedarfs zustehen, entscheiden letztlich Mitarbeiter einer Behörde in Anwendung gesetzlicher Grundlagen, die die Verausgabung öffentlicher Mittel legitimieren. Der hilfebedürftige Bürger muss in die Entscheidung einbezogen werden. Er hat individuell einklagbare Rechte, sein Anspruch kann nicht unter Verweis auf erschöpfte Haushaltsmittel abgewehrt werden. «Rechtsansprüche sind immer budgetsprengend.»[21] Das Recht enthält unbestimmte Rechtsbegriffe wie «Bedarf» oder «Zumutbarkeit», die durch Auslegung konkretisiert werden müssen, weil das Recht sonst der individuellen Situation behinderter Menschen nicht gerecht würde. Wie viel Stunden persönlicher Assistenz pro Woche braucht ein junger Erwachsener mit Down-Syndrom bei seiner Verselbständigung, nachdem er von zu Hause ausgezogen ist und nun in einer betreuten Wohngemeinschaft lebt? Der öffentliche Leistungsträger hat hierbei Ermessensspielräume, auch wenn seine Auslegung der rechtlichen Vorgaben vollständig gerichtlich überprüfbar ist. Auch wenn alles strikt nach Recht und Gesetz und im Geist des Teilhabegedankens entschieden wird, bleiben in einer Welt begrenzter Mittel Konflikte bezüglich des Umfangs der Hilfe.

Ein ständiger Streitpunkt ist der gesetzlich verankerte Mehrkostenvorbehalt, insbesondere wenn es um die Wahl der Wohnform geht. Die Behörde, die die Kosten trägt, kann eine gewünschte ambulante Wohnform ablehnen, wenn dies mit unverhältnismäßig hohen Mehrkosten verbunden ist und die mit geringeren Kosten realisierbare Alternative zumutbar ist. «Bei Unzumutbarkeit einer abweichenden Leistungsgestaltung ist ein Kostenvergleich nicht vorzunehmen», so die nun ausdrücklich im Bundesteilhabegesetz getroffene Festlegung.[22] Aber wo liegt genau die Grenze der Zumutbarkeit? Behindertenverbände lehnen diesen Mehrkostenvorbehalt strikt ab, als Verstoß gegen das Recht auf die freie Wahl der Wohnform und damit gegen die UN-Behindertenkonvention.[23] Der Mehrkostenvorbehalt muss konform mit den Normen der UN-Behindertenkonvention ausgelegt werden. Insofern werden auch hohe Mehrkosten zu tragen sein, um den Wünschen behinderter Menschen zu entsprechen. Die Teilnahme eines behinderten Kindes am Regelunterricht darf nicht daran scheitern, dass hierzu ein Integrationshelfer zu finanzieren ist, während bei Teilnahme am Unterricht in einer Förderschule der Sozialhilfeträger möglicherweise geringere Kosten zu tragen hätte. Allerdings ist die Vorstellung, dass Kostenüberlegungen überhaupt keine Rolle spielen dürften, jegliche Abwägung des erreichbaren Teilhabegewinns zu den Mehrkosten per se illegitim sei, auch nicht zu rechtfertigen. Was wäre mit einem behinderten Menschen, der in der eigenen Wohnung rund um die Uhr und damit – berücksichtigt man tarifliche Arbeitszeiten, Urlaub und Krankheit – von fünf Vollzeitkräften betreut werden müsste, die in einer gemeinschaftlichen Wohnform drei Menschen mit vergleichbarem Bedarf betreuen könnten? Auch im Bereich der Altenhilfe gibt es kein öffentlich getragenes Hilfesystem, das in der Lage wäre, in ausnahmslos jeder Konstellation eine gewünschte Versorgung im häuslichen Umfeld sicherzustellen.

Der Gesetzgeber entscheidet nicht nur über den Umfang staatlicher Leistungen, er entscheidet auch, ob und wie weit private Unternehmen und Institutionen verpflichtet sind, teilhabegerecht zu handeln. Solche Verpflichtungen müssen sein, da sich die Behinderung aus dem Zusammenspiel persönlicher Beeinträchtigungen mit der Umwelt ergibt, in der behinderte Menschen leben. Diese wird in starkem Maße durch private Akteure geprägt. Teilhabe gelingt nicht, wenn zwar die Gebäude staatlicher Stellen barrierefrei sind, aber die überwiegende Zahl der Gaststätten oder Kultureinrichtungen für viele behinderte Menschen verschlossen bleibt. Gleiches gilt für die barrierefreie oder zumindest barrierearme Gestaltung der Kommunikation. Diskriminierung kann darin begründet sein, dass angemessene Vorkehrungen unterbleiben, um einen Zugang zu sichern. Aber auch hier können Aspekte der Verhältnismäßigkeit und Kostenüberlegungen nicht ausgeblendet werden. Die gesetzliche Verpflichtung, vorbehaltlos alle gewerblichen Räume, die für Kunden zugänglich sind, barrierefrei umzubauen, unabhängig von den Bedingungen im Einzelfall, unabhängig davon, ob Umbaumaßnahmen anstehen oder nicht, könnte insbesondere kleineren Betrieben das Genick brechen. Behindertenverbände kritisieren, dass der Mobilitätsservice der Bahn behinderten Reisenden nur von 6.00 bis 22.00 Uhr zur Verfügung steht; dies sei «eine nicht hinnehmbare Diskriminierung gegenüber anderen Reisenden».[24] Nichtbehinderte Reisende können in der Tat ihre Reise ohne diese zeitliche Restriktion planen, aber auch mit ihr gibt es vielfältige Optionen zur Mobilität. «Nicht hinnehmbar» wäre diese Einschränkung nur, wenn Fragen der Verhältnismäßigkeit keinerlei Handlungsgrenzen für Staat und Private setzen könnten.[25] Unbestritten müssen die Mobilitätshilfen es ermöglichen, am kulturellen und gesellschaftlichen Leben teilzunehmen.

«Auch eigenständige Teilhaberechte», schreibt Felix Welti, «können sich nicht von einem Vorbehalt des Möglichen befreien. Angesichts ihrer hohen Wertigkeit werden aber dem Gesetzgeber und der Gesellschaft größere Anstrengungen abverlangt, um sie zu gewährleisten.»[26] Der Vorbehalt des Möglichen darf also keine billige Ausrede sein. Es bleibt weiterhin viel zu tun, im Hilfesystem selbst, das zwar konzeptionell und rechtlich den Wechsel von der Fürsorge zur Teilhabesicherung vollzogen hat, in dem aber viele alte Routinen nachwirken, wie bei allen Akteuren, die die Umwelt gestalten und folglich mitentscheiden, ob Teilhabe gelingen kann.

14.
Der neoliberale Sozialabbau
fand nicht statt

Warum hält sich ein falsches Narrativ
so hartnäckig?

Das Narrativ, neoliberal eingestellte Eliten hätten mutwillig den Abbau des Sozialstaats betrieben, taugt nicht. Der Sozialstaat wuchs mit dem Wohlstand, und manchmal auch etwas schneller. Auch nach dem Ende der historisch außergewöhnlichen Wachstumsphase der Nachkriegsdekaden ist er weiter ausgebaut worden, wenn auch gleichzeitig die Begrenzung des Anstiegs seiner Kosten stets auf der politischen Agenda stand. Die vielfach beschworene «große Regression»[1], die eine goldene Phase ständiger Progression abgelöst habe, hat es in der deutschen Sozialpolitik nicht gegeben. Es gab keinen flächendeckenden Sozialabbau. Die Leistungsfähigkeit des Gesundheitssystems ist weiter ausgebaut worden. Die erfolgten Eingriffe waren nicht Teil einer Strategie der «Entstaatlichung», sondern dienten dazu, den Kostenanstieg in einem weiter wachsenden System zu begrenzen. In der vermeintlichen Phase neoliberaler Dominanz ist 1995 mit der Pflegeversicherung eine weitere Säule der Sozialversicherung aufgebaut worden. Erhebliche Eingriffe hat es in das umlagefinanzierte Rentensystem gegeben, um es trotz des demographischen Wandels für die Zukunft zu sichern. Es war unvermeidlich, Zusagen zurückzunehmen, die – wie die «flexible Rente» von 1972 – auf Zukunftserwartungen fußten, die sich kurze Zeit später als völlig illusorisch herausgestellt haben. Das Angebot an Kindertagesstätten ist heute auf einem Niveau, von dem Eltern in den Nachkriegsdekaden nur träumen konnten. Die Jugendhilfe interveniert deutlich früher und professioneller, um die Lebenslage von Kindern und Jugendlichen aus prekären Milieus zu verbessern und hat ihr Angebot für alle Familien stark ausgebaut. In der Behindertenhilfe wird sich niemand die Verhältnisse der Nachkriegsdekaden zurückwünschen. Auch das Netz der Beratungsdienste auf kommunaler Ebene ist heute enger geknüpft als früher, auch wenn es hier, bedingt durch die unterschiedliche Finanzausstattung der Kommunen, große regionale Unterschiede gibt. Selbst die Einführung der Grundsicherung für Arbeitsuchende lässt sich nicht ohne Schwierigkeiten in das Narrativ einer «neoliberalen Revolution» einpassen (vgl. Kap. 6 und 17).

Natürlich war und ist die Entwicklung der sozialstaatlichen Sicherung widersprüchlich, und neben den Beispielen des weiteren Aufbaus und des Umbaus sozialstaatlicher Sicherung gibt es auch Beispiele für Abbau. So war der Wegfall des Erziehungsgeldes Teil der Finanzierung des 2007 eingeführten Elterngeldes. Die materielle Förderung von Familien mit niedrigen Einkommen in den ersten beiden Lebensjahren ihrer Kinder hat sich dadurch verschlechtert zugunsten besser situierter Familien.[2] Leistungseinschränkungen im Gesundheitssystem, durchaus zumutbar für die Mitte, um das System zu stabilisieren, waren und sind für arme Haushalte nicht genügend abgefedert. Die Rentenpolitik hat lange Zeit das Problem sinkender Erwerbsminderungsrenten vernachlässigt. Trotz berechtigter Kritik an diesen und anderen Entwicklungen: Einen kontinuierlichen Sozialabbau zu beschwören, ist ein Zerrbild. Wenn es in den letzten Dekaden immer schlechter wurde, müsste es ja, bewegen wir uns rückwärts auf der Zeitachse, immer besser gewesen sein, je weiter wir zurückgehen. Wie ideal sollen denn die Verhältnisse in den 1980er oder 1990er Jahren oder davor gewesen sein? Zwilling der These des kontinuierlichen Sozialabbaus ist eine nostalgische Verklärung der Vergangenheit.

Aber warum hält sich dieses unstimmige Narrativ so hartnäckig, warum kann es die sozialpolitische Debatte bestimmen? Ein Teil der Erklärung ist vermutlich, dass trotz des zeitlichen Abstands die lange Phase des Wachstums der Nachkriegsdekaden die Erwartungen an das, was eigentlich normal sein sollte, nachhaltig geprägt hat. Nach Mitte der 1970er Jahre war in der öffentlichen Wahrnehmung die Krise der Normalfall: niedrige Wachstumsraten, steigende Arbeitslosigkeit, die zunehmende öffentliche Verschuldung, die Herausforderungen der Globalisierung, schließlich die Belastungen der Wiedervereinigung und jüngst die Finanzmarktkrise. Dies hebt sich in der öffentlichen Wahrnehmung düster ab gegenüber einer verklärten Phase ständigen Wachstums und fortschreitender sozialer Sicherung. War auch das Lebensniveau in den «Goldenen Jahren» nicht höher, sondern niedriger als heute, so kommt ein psychologisches Moment hinzu. Bei der Wahrnehmung der eigenen wirtschaftlichen Lage ist nicht nur die absolute Höhe des Einkommens entscheidend, genauso wichtig ist ihre relative Veränderung zu anderen, mit denen man sich vergleicht, als auch zum Einkommen, das man selbst früher oder die eigenen Eltern hatten. Die hohe Zufriedenheit in der Zeit des Wirtschaftswunders resultierte daraus, dass alle Einkommen wuchsen.[3]

In langfristiger Betrachtung war die Zeit des Wiederaufbaus nach dem Krieg und der hohen Wachstumsraten bis Mitte der 1970er Jahre eine Ausnahmeperiode, und die niedrigeren Wachstumsraten danach waren eine Normalisierung.[4] Eine einfache Rechnung zur Verdeutlichung: Ein jährliches reales Wachstum von 4% über einhundert Jahre ergäbe eine Verfünfzigfachung der Wertschöpfung. 4% pro Jahr ist nur die Hälfte dessen, was in den 1950er Jahren erreicht wurde, und entspricht etwa der Wachstumsrate, die danach bis 1973 gegeben war.[5] Welche Bedürfnisse sollten mit einer Verfünfzigfachung der Wertschöpfung befriedigt werden? Und wie sollte das von der Umwelt zu verkraften sein? Die Normalisierung hin zu deutlich niedrigeren Wachstumsraten war unvermeidlich, und es ist realitätsfern, sie als Dauerkrise zu sehen.

Der Psychoanalytiker Martin Dornes, lange Jahre im Leitungs-
team des Frankfurter Instituts für Sozialforschung, formuliert
scharfe Kritik an der großen Erzählung von den «30 wunderbaren
Jahren» des Nachkriegskapitalismus, der viele Linke gefangen
hält; das sei «Gegenwartskritik durch Vergangenheitsverklärung».
Damals waren die Arbeitszeiten länger, die Arbeit war häufig mo-
noton und keineswegs gesünder. Der Gesundheitszustand der Bevölkerung war schlechter, die Lebenserwartung kürzer und damit
auch die Zeit, die nach dem Rentenbeginn verblieb. Scheidungen
waren deutlich seltener, aber heil waren die Ehen nicht, häusliche
Gewalt war verbreitet. Die Erziehung war überwiegend repressiv,
bei mangelndem Gehorsam drohten Prügel. In der Schule wurde
nachgesessen und wurden Ohrfeigen verteilt. Es musste, so Dornes, «sich früh krümmen, was ein Häkchen werden wollte».[6]
Diese Zeit verkläre man, «indem man sie nur selektiv zur Kenntnis nimmt, die politisch-kulturell restaurativen Elemente dieser
Zeit ausblendet und die sozioökonomischen Bedingungen idealisiert».[7] Die «Goldenen Jahre» sind eine Sehnsuchtsformel –
«Wann wird es endlich wieder so, wie es nie war?»[8]. Es ist jedenfalls erstaunlich, welchen Wandel die Bewertung der Regierungszeit
von Adenauer, Erhard und Kiesinger in der alten Bundesrepublik
in Teilen der Linken durchgemacht hat. In der selbstgerechten
Sicht der Generation der Achtundsechziger war sie nichts anderes
als restaurativer Mief, heute erscheint sie in nostalgischer Abgrenzung zur kalten Welt des Neoliberalismus als ein Ort sozialer
Wärme.[9]

Mentalitätswandel der Eliten?

Kern des Narrativs ist die Aussage, der Verlust an Sicherheit und
Zusammenhalt sei deswegen eingetreten, weil etwa seit Mitte der
1970er Jahre neoliberales Denken mehr und mehr die Entscheidung der politischen Eliten beeinflusst habe. Der gesellschaftliche
Konsens, der die Nachkriegsdekaden geprägt habe, sei gekündigt

worden. Plausibel ist das kaum. Noch 1972 wurden, wie dargestellt, in parteienübergreifendem Konsens mit der «flexiblen Rente» Zusagen zur Alterssicherung gegeben, die nicht einzuhalten waren. Und es war der schiere finanzielle Druck, der zu schmerzhaften Korrekturen zwang. Mutwillig hätte keine politische Kraft dieses höchst riskante Unterfangen auf sich genommen. Trotz der Wiedervereinigung mit ihren Belastungen, die eine kommode Begründung für Sozialabbau gewesen wäre, sind selbst in den Jahren, als die Zusammenführung zweier Systeme alle Kräfte der Politik herausforderte, bedeutende sozialpolitische Regelwerke auf den Weg gebracht worden. Erinnert sei an die Einführung der Pflegeversicherung und die Reform des Behindertenrechts.

Die Erklärung einer Zeitenwende durch einen Mentalitätswandel impliziert, dass es möglich gewesen wäre, die Verhältnisse des «Goldenen Zeitalters» in die Zukunft zu verlängern, wären die Eliten den alten Einstellungen treu geblieben. Festgemacht wird dies insbesondere an einem Wechsel des leitenden dominierenden wirtschaftspolitischen Paradigmas vom Keynesianismus zum «Neoliberalismus». Allerdings verkennt diese Sicht die vielfältigen Herausforderungen, die die Politik zu bewältigen hatte und die eine bruchlose Kontinuität zu den Nachkriegsdekaden nicht zuließen. Die Schwerindustrie und der Kohlebergbau kamen in Deutschland in eine anhaltende Krise und schrumpften. Neue asiatische Industriestaaten brachten günstige Massenprodukte in zunehmend besserer Qualität auf den Markt und setzten die Industrieproduktion in Deutschland und den anderen westlichen Industrieländern unter massiven Druck. Der Abbau von Zollschranken intensivierte den internationalen Handel. Die Schaffung des europäischen Binnenmarktes nahm den in Deutschland ansässigen Unternehmen den Vorteil, den sie lange aus dem großen heimischen Markt zogen und der ihnen Kostenvorteile bescherte. Der Zusammenbruch des Kommunismus und die mit ihm verbundene Öffnung der osteuropäischen Volkswirtschaften zum Welthandel brachten neue Niedriglohnkonkurrenten in unmittelbarer Nachbarschaft. Zudem waren die Herausforderungen der Wiedervereinigung zu bewältigen.[10]

Das Vertrauen in die Möglichkeiten der staatlichen Steuerung der Wirtschaft schwand und der Einfluss des Keynesianismus ging stark zurück, zuerst in den Wirtschaftswissenschaften, dann auch in der praktischen Wirtschaftspolitik. Die kurze Wirtschaftskrise in Deutschland 1966/67 konnte noch mit keynesianischen Instrumenten rasch überwunden werden. Karl Schiller, der Wirtschaftsminister der ersten Großen Koalition (1966–1969) und in den ersten Jahren der Regierungszeit von Willy Brandt, wurde zum Superstar der Globalsteuerung. Die Erwartung, auch künftig so handeln zu können, fand ihren Niederschlag unter anderem im Stabilitäts- und Wachstumsgesetz von 1967. In einer kurzen Phase und keineswegs in der gesamten Zeit der Nachkriegsdekaden war der Keynesianismus die wirtschaftspolitische Leitvorstellung.[11] Er wäre es sicherlich auch geblieben, wäre er weiterhin erfolgreich gewesen. Warum hätten die politischen Eliten diese Instrumente aus der Hand legen sollen, wenn sie ihnen weiterhin ermöglicht hätten, Wirtschaftskrisen erfolgreich und dauerhaft zu vermeiden? Aber die «keynesianischen Instrumente griffen nicht mehr. Stattdessen sah sich die Politik mit einer unbeherrschbaren Kombination von niedrigem Wachstum sowie steigender Inflation, Arbeitslosigkeit und Staatsverschuldung konfrontiert. Die Wiederkehr zyklischer Krisen erschütterte den Glauben an die Steuerbarkeit der Wirtschaft.»[12] Erst dadurch gewannen Leitvorstellungen an Boden, die auf verbesserte Angebotsbedingungen für Unternehmen, auf Haushaltskonsolidierung und das Primat der Geldpolitik setzten.[13] Ein massives politökonomisches Problem des Keynesianismus war Teil seines Scheiterns. Entgegen der Leitidee von Keynes gelang eine wirklich antizyklische staatliche Ausgabenpolitik, bei der in wirtschaftlich guten Zeiten staatliche Verschuldung auch wieder abgebaut wird, in aller Regel nicht. Die Verschuldung stieg kontinuierlich.

Mit dem neuen Paradigma nahm allerdings auch der Einfluss der Kräfte zu, die von der Stabilität sich selbst regulierender

Märkte überzeugt waren und mit der Stärkung der Marktkräfte auf eine größtmögliche Enthaltsamkeit des Staates drängten. In diesem Sinne wird heute der Begriff des Neoliberalismus verstanden, wenn er denn nicht schlicht ein Kampfbegriff ist, mit dem jeder belegt wird, der ökonomische Argumente vorbringt, die einem nicht in den Kram passen. In einem Vulgärverständnis gilt es bereits als neoliberal, auf die Wirkung von ökonomischen Anreizen oder die nicht beabsichtigten negativen Folgewirkungen gut gemeinter staatlicher Interventionen hinzuweisen. Der Begriff des Neoliberalismus hat damit einen Bedeutungswandel erfahren; als Neo- oder neue Liberale galten ursprünglich Ökonomen wie Walter Eucken, die einen wirkmächtigen Staat forderten, «der die Wirtschaft klaren und allgemeinen Ordnungsregeln unterwirft, um so vor allem die soziale Funktion des Wettbewerbs als Prozess dezentraler Koordination unter gleichberechtigten privatautonomen Akteuren zu sichern».[14] Deswegen setzten sie sich zum Beispiel für ein striktes Kartellverbot ein. Ordoliberale dieses Schlages werden heute mit in den großen Sack gestopft, auf dem «neoliberal» steht.

Ein großes Problem des Narrativs, aufgrund eines Mentalitätswandels der Eliten sei ein «neoliberaler Sozialstaatsabbau» erfolgt, ist es, zu erklären, warum in demokratischen Gesellschaften eine solche Politik nicht am Widerstand der Wähler gescheitert ist. Wer dies mit «Gehirnwäsche» erklärt, unterstellt, dass breite Mehrheiten bezüglich ihrer existenziellen Interessen dauerhaft hinters Licht geführt werden können. Das Erklärungsproblem löst sich auf, weil es den behaupteten Sozialabbau und den Rückzug des Staates aus der sozialen Verantwortung nicht gegeben hat. Parteienkonstellationen, die ihn hätten betreiben wollen, wären allenfalls kurze Zeit mehrheitsfähig gewesen. Die großen sozialen Risiken, die die breite Mehrheit betreffen, werden weiterhin auf der Grundlage von Rechtsansprüchen abgesichert. Soweit der Sozialstaat Gruppen am Rande der Gesellschaft nur ungenügend erreicht, zum Beispiel Obdachlose oder Menschen in der aufenthaltsrechtlichen Illegalität, so hat es auch hier keinen Rückzug gegeben, sondern der Sozialstaat war an diese Ränder nie oder nur ungenügend vorgedrungen. Schließlich werden Wahlen in der Mitte gewonnen.

Ein Denken, das in ideologischem Eifer an die Stabilität sich selbst regulierender Märkte glaubt und staatliches Handeln radikal beschränken will, konnte auf dem Feld der Sozialpolitik nicht Fuß fassen, jedenfalls nicht in Deutschland mit seiner langen sozialstaatlichen Tradition. Aber es gewann großen Einfluss auf einem ganz anderen Feld staatlicher Politik: Ermöglicht durch eine rasche Serie von Deregulierungen der Finanzmärkte wurden ökonomische Kräfte freigesetzt, die niemand mehr kontrollieren konnte und die sich selbst nicht kontrollierten. So schreibt Andreas Rödder in seiner «Kurzen Geschichte der Gegenwart»: «Immer speziellere Finanzinstrumente, immer längere Verschuldungsketten und immer komplexere Vernetzungen nahmen schließlich ein Ausmaß an, das die Akteure bzw. ihr Scheitern ‹systemrelevant› machte. Dies verführte … [dazu], auf eine Rettung durch den Staat zu vertrauen und immer höhere Risiken ohne Blick auf Langzeitfolgen einzugehen. Es gehörte zu den historischen Paradoxien, dass die Freisetzung der Märkte in der Haftung des Staates endete.»[15] Der für das Funktionieren von Märkten zentrale Zusammenhang von Entscheidungsfreiheit und Haftung wurde aufgelöst. So weit konnte es nur kommen, weil wohl trotz aller Beratung zu wenig Akteure in der Politik durchschaut haben, was sie tun. Dies hat die Legitimität auch einer sozial stark eingehegten Marktwirtschaft massiv in Frage gestellt, zu der keine überzeugende Alternativen in Sicht sind. Man sollte die Kritik dort belassen, wo sie hingehört, und nicht aufgrund der Erfahrungen der Finanzmarktkrise das Zerrbild verfestigen, auch der Sozialstaat sei in die Klauen des Neoliberalismus geraten.

Teil des Narrativs ist die Sichtweise, aufgrund des Vordringens neoliberalen Denkens seien die nationalstaatlichen Demokratien «fiskalisch ausgehungert»[16] und somit beschädigt worden. Mit dem Ende des Keynesianismus als wirtschaftspolitischem Leitparadigma hat sich die Bewertung einer hohen Nettoneuverschuldung zweifelsohne verändert, aber dies hat lange Zeit nicht zu ausgeglichenen Haushalten geführt.[17] Der Staat wurde nicht ausgehungert, sondern die Verschuldung stieg trotz steigender Staatseinnahmen. In Deutschland ging dieser Prozess nie so weit, dass der Verschuldungsstaat zum Konsolidierungsstaat werden musste. Es ist also immerhin gelungen, eine Abhängigkeit von den Finanzmärkten zu vermeiden, die den Handlungsspielraum von Parlament und Regierung in einer Weise eingeschränkt hätte, die für die Demokratie schädlich ist. Andere Länder waren nicht so glücklich. Wird eine gewisse Grenze der Verschuldung überschritten, besteht zum «‹Konsolidierungsstaat›, also einem politischen System, das seine Handlungsmöglichkeiten realistisch kalkuliert und dann auch seinen Finanzbedarf senkt, … keine Alternative, denn nur ein entsprechend anspruchsloserer Staat kann sich von seinen ‹dealern›, den Akteuren der Finanzmärkte, wirklich frei machen.»[18] Die Notwendigkeit, Grenzen der staatlichen Handlungsfähigkeit zu akzeptieren und die Ausgaben einigermaßen mit den staatlichen Einnahmen in Einklang zu bringen, macht aus einer Demokratie keine «Postdemokratie»[19] oder «Fassadendemokratie».[20] Erst mit einer krisenhaften Verschuldung können die Finanzmärkte zum «zweiten Souverän» werden, der sogar mächtiger werden kann als der eigentliche Souverän, die wählenden Bürger.[21] Ist der Zustand des Konsolidierungsstaates erst einmal erreicht, sind die Konsequenzen für die Armen und die breite Mitte äußerst bitter und die Zustimmung zur Demokratie leidet. Wahlen können zwar einen Regierungswechsel bringen, müssen aber nicht zwingend zu einem Politikwechsel führen, wie das Beispiel Griechenland zeigt. Auch die Regierung, die derjenigen folgt, die im wütenden Protest der Wähler hinweggefegt wurde, hat keine realistische Option, sich der verhassten Sparpolitik zu entziehen. Das heißt, eine Haushaltspolitik zu betreiben, die Überschuldung vermeidet, ist auch aus sozialpolitischer Sicht eine eminent wichtige Aufgabe.

Fehlalarm von rechts

Vermutlich wäre das Narrativ eines neoliberalen Sozialstaatsabbaus nicht so verfestigt, wenn es nicht gleichzeitig eine Sozialstaatskritik gegeben hätte, die das System sozialstaatlicher Sicherung radikal in Frage stellte. Sie zielte nicht auf die Korrektur von Fehlentwicklungen und der Sicherung der Nachhaltigkeit des Sozialstaats, sondern letztlich auf seine Überwindung. Gegen sie konnten sich Sozialverbände in Stellung bringen, die öffentlich kundtaten, es liege vorwiegend an ihrem konsequenten Widerstand, dass der vermeintlich beabsichtigte Sozialabbau noch nicht voll durchgesetzt werden konnte, es also «noch» einen Sozialstaat gebe. Allein schon angesichts der hohen Risiken, die Eingriffe in sozialstaatlich garantierte Leistungen für alle politischen Akteure mit sich bringen, hat die Fundamentalkritik am Sozialstaat keine nachhaltige Wirkung erzeugen können. Aber sie hat – insbesondere in der Zeit hoher und wachsender Arbeitslosigkeit – die Debatten mitgeprägt.

Die Fundamentalkritik am Sozialstaat hat in den letzten Jahren nachgelassen. Hierfür dürften zwei Entwicklungen ausschlaggebend sein. Einerseits hat die heute sehr gute Beschäftigungssituation die Position erschüttert, Reformen könnten nicht gelingen, ohne den Sozialstaat radikal zurückzuschneiden. Und zum anderen hat es in Folge der Finanzmarktkrise auch eine Neubewertung der Rolle des Staates gegeben, denn schließlich wurden die Märkte durch seine massiven Interventionen stabilisiert, und zum Glück war er dafür ausreichend handlungsstark. Das hat solchen Positionen wie: der schlankeste Staat sei auch der beste Staat, den Boden entzogen.

Eine extrem grobe Sozialstaatskritik von rechts hat dazu beigetragen, dass die Debatte zur Zukunft der sozialen Sicherung häufig in unproduktiven Extremen geführt wurde. Sie war sozusagen der Gegenpol zur ständigen Klage über den neoliberalen Sozialabbau. Grundsätzliche Angriffe auf den Sozialstaat werden mit dem

Vorwurf erhoben, er, der sich radikal dem Ziel der Gleichheit verschrieben habe, ersticke die Freiheit. «Bismarcks Wende», seine Entscheidung für den Aufbau von Sozialversicherungen, sei ein Schlag gegen die Freiheit und eine Abkehr vom Pfad hin zu einer liberalen Ordnung gewesen. [22] Die hohe Zustimmung, die der Sozialstaat in Deutschland erfährt, sei der Beleg einer verbreiteten antifreiheitlichen Haltung. Der Philosoph Peter Sloterdijk sieht uns, wie er 2009 schrieb, in einem steuerstaatlich zugreifenden Semisozialismus, der schamhaft als Soziale Marktwirtschaft bezeichnet werde, in dem die Unproduktiven mittelbar auf Kosten der Produktiven leben. Um dieser Plünderung Widerstand zu leisten, plädiert er für die Abschaffung der Zwangssteuern und deren Umwandlung in Geschenke an die Allgemeinheit und fabuliert, dass deswegen der öffentliche Bereich nicht verarmen müsse.[23] Gelegentlich wird die Kritik am Sozialstaat ins Maßlose gesteigert; so wenn der Medienwissenschaftler Norbert Bolz wortgewaltig beklagt, er habe die Bürger zu «fröhlichen Sklaven» gemacht und durch wohltätigen Terror entmündigt: «Der Wohlfahrtsstaat hat den Bürgern die Freiheit abgekauft, nämlich für das Versprechen der Sicherheit und Gleichheit. In der Tat bringt die fröhliche Sklaverei unter kapitalistischen Bedingungen fast allen einen akzeptablen Lebensstandard und hohe Lebenssicherheit. Der vorsorgende Sozialstaat ist deswegen die Hoheitsverwaltung der Hilflosen. Die moderne Gesellschaft zerfällt nicht mehr in Arbeiter und Kapitalisten, sondern in Betreute und Betreuer.»[24] Meist wird die Kritik nicht konkretisiert. Wir erfahren nicht, wer denn die «fröhlichen Sklaven» ihres Sozialstaatsbildes sein sollen, ob Teilhabeleistungen beziehende Menschen mit Behinderung gemeint sind oder chronisch Kranke in Abhängigkeit von teuren medizinischen Leistungen oder Menschen, die auf die Grundsicherung im Alter angewiesen sind. Letztere würden sicherlich dem Bild widersprechen, der deutsche Sozialstaat sei radikal am Ziel der Gleichheit orientiert. Drei Monate auf Grundsicherungsniveau zu leben könnte für so manche ein lohnender Selbstversuch sein, um ihre Thesen einem Realitätstest zu unterziehen.

Sicherlich, die Finanzierung des Sozialstaats erfolgt über Steuern und Abgaben, somit über Zwang. Zu diesem Zwang haben sich die Bürgerinnen und Bürger immer wieder in freien Wahlen bekannt, auch wenn die meisten ungern Steuern und Abgaben zahlen. Es ist erstaunlich, wie wenig komplex das Verhältnis von sozialer Sicherung und Freiheit diskutiert wird. Dazu ein Hinweis: Die in Deutschland obligatorische Krankenversicherung entzieht einen Teil des Einkommens der freien Verfügung, schränkt also in diesem Sinne Freiheit ein. Wer allerdings in einem Land lebt, in dem es keinen für alle Bürger offenen Zugang zu einer Krankenversicherung gibt, muss andere Einschränkungen seiner Freiheit in Kauf nehmen. Dies sei am Beispiel der USA erläutert, wo um die Radikalrevision der 2010 eingeführten Obama Care eine erbitterte Auseinandersetzung geführt wird. Ein großer Teil der Beschäftigten ist über eine private Krankenversicherung bei ihrem Arbeitgeber versichert. Wer an einer chronischen, in der Behandlung teuren Erkrankung leidet, kann, wenn es keine staatlich gesicherte Alternative gibt, nur mit hohen Risiken seinen Arbeitgeber wechseln. Wenn er gezwungen ist, eine neue Krankenversicherung abzuschließen, wird diese seine Vorerkrankung ausschließen oder ihm einen Versicherungsschutz zu höheren, möglicherweise prohibitiven Gebühren anbieten.[25] Unter solchen Bedingungen kann ein schwer erkrankter Mensch nur noch sehr eingeschränkt zwei zentrale bürgerliche Rechte wahrnehmen, das Recht, den Arbeitgeber zu wechseln, und, in unmittelbarer Konsequenz, das Recht der Freizügigkeit.

Teil der Sozialstaatsdebatte sollte auch die Frage sein, wie die Wahlrechte der Bürger gestärkt werden können. Man kann durchaus kritisch fragen, ob der Ausbau einer Umverteilung, die vorrangig in der Mitte der Gesellschaft stattfindet, nicht Belastungen und damit auch Widerstände gegen diese Belastungen erzeugt, ohne ein klar benennbares Gerechtigkeitsdefizit zu mildern und ohne die Verteilungswirkungen offen zu legen. Damit ein produktiver politischer Streit möglich ist, müssen sich diejenigen, die vor allem den Wert der Freiheit vertreten, in die Niederungen der sozialen Problemlagen und sozialrechtlichen Regelungen begeben – zumindest wenn sie den Anspruch erheben, zu Lösungen beitragen zu wollen und nicht nur Unterhaltsames für das Feuilleton zu formulieren.

Verschlimmern sich die Verhältnisse oder werden wir sensibler?

Wie soziale Verhältnisse bewertet werden, hängt wesentlich davon ab, wie sensibel Menschen gegenüber sozialen Problemlagen sind. Da die Sensibilität sich mit der Zeit stark verändert, können sich in der Wahrnehmung gesellschaftliche Verhältnisse verschlimmern, obwohl sie sich verbessert haben; das ist überprüfbar, wenn konstante Indikatoren der Problemfeststellung angewendet werden. Heute greifen die Hilfen der Erziehung früher, und auch bei Problemlagen, bei denen früher keine Intervention erfolgte. Die Statistik dieser Hilfen kann jedoch den Eindruck erzeugen, dass die Probleme massiv zugenommen haben. Heute werden in weit höherem Maße als früher Aufmerksamkeitsstörungen diagnostiziert, aber es gibt überzeugende Anhaltspunkte für die These, dass «nicht die Aufmerksamkeitsstörungen zugenommen [haben], sondern die Aufmerksamkeit für sie».[26] Die Häufigkeit, mit der Problemlagen festgestellt werden, hängt davon ab, wie dicht das Hilfenetz geknüpft ist; wenn das Dunkelfeld bisher nicht erkannter Probleme ausgeleuchtet wird, steigt die Zahl der erfassten Fälle. Verändern können sich auch die diagnostischen Verfahren und Kriterien.

Die diagnostische Beurteilung kann sich aus Gründen verschieben, die nichts mit fachlichen Standards zu tun haben. Es gibt ernstzunehmende Hinweise aus der Praxis, dass die Diagnose «Autismus» heute häufiger gestellt wird, weil dann nahezu unweigerlich ein einklagbarer Rechtsanspruch auf eine individuelle Teilhabeassistenz besteht, während es bei weniger gravierenden Diagnosen schwieriger ist, eine solche durchzusetzen. Eltern, die glauben, ihr Kind komme ohne eine stark individualisierte Hilfe zu kurz und so gut informiert sind, dass sie die Zusammenhänge durchschauen, können im Zusammenspiel mit einem niedergelassenen Arzt auf die Diagnose einwirken. Wenn die Teilhabeassistenz für ihr Kind notwendig und gut ist, sei es so. Wenn aber dadurch eine Hilfeintensität durchgesetzt wird, die entbehrlich ist, werden knappe Ressourcen falsch eingesetzt; Kinder weniger durchsetzungsstarker Eltern haben das Nachsehen. Geschieht dieses Umetikettieren von Problemlagen in erheblichem Maße, werden wir in einigen Jahren mit einer Datenlage konfrontiert sein, die einen sprunghaften Anstieg von Autismus zu belegen scheint.

Eine sich verändernde Sensibilität kann auch angenommen werden, wenn es um die Frage geht, ob psychische Erkrankungen zugenommen haben. In der öffentlichen Wahrnehmung scheint das zweifelsfrei so zu sein. Die Verschärfung von Konkurrenz und Leistungsdruck, die Beschleunigung des Lebenstempos und die Zunahme sozialer Ungleichheit hätten zu einem massiven Anstieg psychischer Krankheiten geführt. Marin Dornes, Soziologe und Psychoanalytiker, widerspricht dieser Sichtweise. Er stützt sich auf zahlreiche Studien zur Verbreitung psychischer Erkrankungen sowie Daten zu Suizid, Alkoholkonsum und Lebenszufriedenheit. Diese stützen nicht die populäre These, uns ginge es heute psychisch schlechter als in den Nachkriegsdekaden. Was allerdings – erfreulicherweise – zugenommen hat, ist die Sensibilität für psychische Erkrankungen, ebenso die Zahl der Fachkräfte, die sie erkennen und behandeln können. Auch die Stigmatisierung psychisch kranker Menschen wurde abgebaut. Früher blieben psychische Krankheiten häufig unentdeckt und wurden nicht richtig behandelt.[27]

Der Verweis auf eine gestiegene Sensibilität könnte in den Verdacht des reinen Abwiegelns geraten. Aber darum geht es nicht, wie das Beispiel der Eltern-Säuglings-Ambulanzen zeigt, die es heute vermehrt gibt; sie unterstützen Eltern, die mit Schlaf-, Schrei- oder Fütterungsproblemen konfrontiert sind. Früher gab es solche Probleme auch, aber keine Hilfen. Dornes plädiert für den Auf- und Ausbau der Eltern-Säuglings-Ambulanzen, «allerdings nicht in Form einer Gesellschaftsanklage, die behauptet, die Säuglinge würden immer öfter schreien, das Problem werde immer drückender, der Ausbau erfolge wegen Durchökonomisierung der Gesellschaft nicht schnell genug oder die in der Ambulanz behandelten Probleme seien auf das gnadenlose Leistungsprinzip heutiger Gesellschaften zurückzuführen».[28] «Je genauer wir hinsehen», so Dornes weiter, «– auf Kinder, Beziehungen, psychosoziale Versorgung, Arbeitswelt, Gleichstellung von Minderheiten – und je empfindsamer wir die noch verbliebenen Mängel registrieren, desto größer wird die Gefahr, aufgrund immer bestehender Unvollkommenheiten und in Fokussierung auf sie, die Fortschritte zu übersehen, die erzielt wurden.»[29] Wenn wir die Frage nicht mitbedenken, wie sich unsere Sensibilität verändert, werden wir auch an einer Welt verzweifeln, die besser wird. Und wir werden dem nicht gerecht, was der Sozialstaat und die in seinen Institutionen tätigen Menschen leisten. Zweifelsohne müssen wir wachsam bleiben, dass die Sensibilität nicht wieder verloren geht. Auch das kann passieren.

15.
Die Banalisierung der Finanzierungsfrage

Auch ein reiches Land kennt Grenzen

Die Kritik an einem Sozialstaat, der unter «Spardiktat» stehe, bezieht sich nicht immer auf den Vergleich mit einer glorifizierten Vergangenheit. Sie kann sich auch aus dem Vergleich mit dem speisen, was als möglich und notwendig angesehen wird. Allerdings muss dann das zum weiteren Ausbau des Sozialstaats Gewollte mit den Ressourcen, die für seine nachhaltige Finanzierung mobilisiert werden können, in Einklang gebracht werden. Auf abstrakter Ebene wird das kaum bestritten. Aber in der sozialpolitischen Auseinandersetzung findet häufig eine Banalisierung der Finanzierungsfrage statt; sie liefert dann die Grundlage für empörte Angriffe auf «die Politik», die sich diesem naheliegenden und leicht bewältigbaren Ausbau verweigert, somit also offensichtlich nicht handeln will.

Viele Menschen haben keinerlei Vorstellungen von der Größenordnung des Sozialstaats. Weil das so ist, wird der Verweis auf die Erbschaft- oder Vermögensteuer trotz ihres begrenzten Beitrags zur Steigerung staatlicher Handlungsfähigkeit als Beleg dafür herangezogen, alles sei möglich. Der Berliner Politikwissenschaftler Klaus Schroeder befragte mehrfach in seinen Seminaren Studierende zu ihrer Einschätzung zum Sozialstaat und dann zu seinen Größenordnungen. Sie zeigten sich meinungsstark und kenntnisarm. Dass der Sozialstaat sich im Abbau befinde, war feste Überzeugung. Aber die meisten seiner Studierenden wähnten die Höhe des Sozialbudgets im einstelligen Milliardenbereich, weit entfernt von den ca. 900 Mrd. Euro, die es faktisch beträgt. Ein Drittel nannte sogar nur einen zwei- oder dreistelligen Millionenbetrag.[1] Wenn dem so wäre, könnte der Umfang des Sozialschutzes mit Leichtigkeit verdoppelt oder verdreifacht werden.

Die Finanzierungsfrage lässt sich am einfachsten banalisieren, indem darauf hingewiesen wird, dass wir ein reiches Land seien. Das sind wir zweifelsohne. Und die Sozialpolitik eines reichen Landes muss sich an den Möglichkeiten, über die ein reiches Land verfügt, messen lassen. Allerdings gibt es auch in einem reichen Land Grenzen der staatlichen Handlungsfähigkeit. Sie werden von der Höhe der Abgabenquote, dem Anteil der Sozialabgaben und Steuern an der Wertschöpfung bestimmt. Die Abgabenquote ist einerseits Ergebnis demokratischer Willensbildung, aber sie ist auch davon abhängig, ob die Besteuerung durchgesetzt werden kann oder ob sich Unternehmen und Privatpersonen ihr in relevantem Umfang entziehen. Sozialpolitische Wünsche, die große Gruppen oder gar die Mehrheit der Bürger begünstigen sollen, kosten auch in einem reichen Land Summen in einer Größenordnung, die für die Frage der Abgabenbelastung relevant ist. Wer also beispielsweise die Rentenreformen mit Verweis darauf verdammt, dass wir ein reiches Land sind, drückt sich vor der Finanzierungsfrage.

Eine weitere Argumentationsfigur der Banalisierung ist der Verweis auf «den Staat», der die Kosten übernehmen solle. Gemeint ist damit die Steuerfinanzierung, die immer dann gefordert wird, wenn man glaubt, dass die Erhöhung der Sozialversicherungsbeiträge nicht opportun sei. Die Frage Beitragsfinanzierung oder Steuerfinanzierung ist höchst relevant. Denn die Wahl der Finanzierungsform hat Auswirkungen auf die Verteilung der Belastung, da durch Sozialversicherungsbeiträge Erwerbseinkommen nur bis zur Beitragsbemessungsgrenze herangezogen werden. Aber selbstredend gibt es keinen «Staat», mit dem sich Bürger die Lasten teilen könnten; auch die Steuern müssen von ihnen aufgebracht werden.

Eine Besonderheit der Sozialversicherungen ist die paritätische Finanzierung. Sie scheint die Kosten zu halbieren; die Hälfte tragen die versicherten Bürger, die andere Hälfte tragen die Unternehmen. Die Beitragsparität ist eine intensiv verehrte heilige Kuh der deutschen Sozialstaatsdebatte. Sie suggeriert eine Lastenteilung, die mehr Schein als Sein ist. Denn in wirtschaftlicher Betrachtung sind die Arbeitgeberbeiträge zur Sozialversicherung Teil der Entlohnung der Arbeitnehmer. Für Arbeitgeber ist es letztlich ohne Belang, ob die Lohnkosten als Bruttolohn oder als Arbeitgeberanteil anfallen. Steigt die Belastung der Arbeitgeber bei den Sozialabgaben, sinken mittel- und langfristig die Chancen der Gewerkschaften, Lohnsteigerungen durchzusetzen; das zeigte sich überdeutlich in den Jahren nach der Wiedervereinigung. Die formal paritätische Finanzierung steigender Sozialleistungen heißt also keineswegs, dass im Endeffekt die Lasten wirklich geteilt würden.

Altersversicherung – das Wunder von Bern?

Ein vermeintlich großes Potential, die Ressourcen des Sozialstaats zu vergrößern, soll sich aus der Aufhebung der Beitragsbemessungsgrenze ergeben. Wird dafür geworben, fehlt so gut wie nie der Hinweis auf die Alters- und Hinterlassenenversicherung (AHV) in der Schweiz. Die genaue Höhe der Beitragsbemessungsgrenze in Deutschland ist letztlich willkürlich. Bei der Rentenversicherung gibt es aufgrund des Äquivalenzprinzips eine enge Kopplung zwischen Beiträgen und den damit erworbenen Leistungsansprüchen. Hier führt eine Erhöhung der Beitragsbemessungsgrenze somit nur zu einer temporären Entlastung. Aber in der gesetzlichen Kranken- und in der Pflegeversicherung sind die zugesagten Leistungen unabhängig von der Beitragshöhe, dort gibt es somit einen Solidarausgleich von Beziehern hoher zu den Beziehern niedriger Einkommen (der allerdings auf Einkommen bis zur Höhe der Beitragsbemessungsgrenze beschränkt ist). Eine

Anhebung der Beitragsbemessungsgrenze erweitert also den Um-
verteilungsspielraum.

Reichlich absurd ist jedoch die Erwartung, durch eine Aufhebung der Beitragsbemessungsgrenze eine immerwährend spru-
delnde neue Quelle zu erschließen. Eine solche Aufhebung fordert zum Beispiel Ulrich Schneider, der Hauptgeschäftsführer der
Parität: «Selbst bei Konzernvorständen mit Millionengehältern,
die ja auch zu den abhängig Beschäftigten zählen und in die Rentenversicherung einzahlen müssen, wird so getan, als verdienten
sie ‹nur› 74 400 Euro im Jahr.»[2] Soweit ist die Bedeutung der Beitragsbemessungsgrenze richtig beschrieben. Die Berechnung der
Rente erfolgt nach heutigem Recht auch auf Grundlage dieser
Einzahlungen. Schneider fordert aber zugleich die Abkehr vom
Äquivalenzprinzip, denn die Rentenversicherung soll später keine
Renten in Millionenhöhe auszahlen. Auch im Internet ist diese
Forderung beliebt. Dann würden die Sozialbeiträge für hohe
Einkommen zu einer schlichten Steuer. Wenn für die Vorstands-
gehälter in Millionenhöhe Arbeitgeber- und Arbeitnehmerbei-
träge fällig würden, stiege der faktische Steuersatz (bezogen auf
die bisherige Gesamtvergütung) auf über 80%. Ob eine solche als
Sozialbeitrag kaschierte De-facto-Besteuerung in dieser Höhe verfassungsrechtlich haltbar ist, sei dahingestellt. Spitzensteuersätze
in diesen Dimensionen hatten viele Länder während des Zweiten
Weltkrieges; in der Nachkriegszeit wurden sie anfangs nur moderat zurückgeführt. Mitte der 1950er Jahre hatte Deutschland noch
einen Spitzensteuersatz von 70%, der allerdings durch vielfältige
Steuervergünstigungen gemildert werden konnte; 1958 wurde er
auf 53% gesenkt.[3] Angesichts des Steuerwettbewerbs zwischen den
Nationalstaaten, hoher internationaler Verflechtungen offener
Volkswirtschaften und des Gestaltungsspielraums von Höchstver-
dienern sind jedenfalls Spitzensteuersätze von 80% heute nicht
durchsetzbar.

Wie macht es die Schweiz? Dort gibt es mit der AHV eine allgemeine und obligatorische Volksversicherung im Umlageverfah-
fahren. Alle Einkommen werden hierfür ohne Grenze mit 9,8%

belastet, sie werden bei abhängig Beschäftigten paritätisch aufgebracht.[4] Die monatliche Mindestrente der AHV beträgt bei lü-
ckenloser Beitragszahlung über 44 Jahre 1175 Sfr;[5] das klingt für
deutsche Ohren hoch, aber man muss diesen Wert zu den Löhnen
und den hohen Lebenshaltungskosten in der Schweiz in Bezug
setzen. Wenigen in Deutschland ist bekannt, dass die Mindestrente nur etwa die Hälfte des soziokulturellen Existenzminimums
deckt.[6] AHV-Bezieher haben Anspruch auf bedarfsgeprüfte Ergänzungsleistungen, die aus Steuermitteln finanziert werden. Auch
der Bezug einer AHV-Höchstrente, die dem Doppelten der Mindestrente entspricht und somit 2350 Sfr beträgt, kann, wenn keine
oder nur geringe Einkünfte aus betrieblicher und privater Vor-
sorge gegeben sind, mit Ergänzungsleistungen verbunden sein.
Die AHV ist als eine Säule der Altersversicherung konzipiert, sie
ist keine vollständige Altersversorgung.[7] Auch die Schweizer können nicht zaubern und mit einem Beitragssatz von 9,8% ein
Problem lösen, für dessen Bewältigung in Deutschland ein Beitragssatz von 18,6% erhoben wird, selbst wenn alle Einkommen
herangezogen werden. Auch in der Schweiz wird intensiv diskutiert, wie im demographischen Wandel die Finanzierung der AHV
durch eine Mischung aus einer Anhebung des Renteneintrittsalters, höheren Beiträgen, Leistungseinschränkungen und vermehr-
ter Steuerfinanzierung gesichert werden kann.[8]

Für mittlere und in noch stärkerem Maße für hohe Einkommen haben die AHV-Beiträge den Charakter einer De-facto-
Steuer. Das ist in der Schweiz durchsetzbar, weil dort die Abgabenbelastung insgesamt deutlich niedriger ist als in Deutschland.[9]
Die AHV ist ein gutes Beispiel für die Rolle bruchstückhafter Vergleiche in der Debatte zum Sozialstaat. Man entnimmt ein isolier-
tes Element aus einem anderen System und fügt es in das System
in Deutschland ein, um damit vermeintlich große Spielräume für
höhere Leistungen zu begründen. Wie immer die Mittel des Sozialstaats erhoben und zwischen Steuern und Beiträgen aufgeteilt
werden, im Endeffekt ist die Gesamtbelastung entscheidend. Sie
muss gegenüber den Bürgern begründet und durchgesetzt wer-

den. Es müssen demokratische Mehrheiten gefunden werden; Steuerpolitik muss die Ausweichreaktionen beachten, die Bürger in freien Gesellschaften nun einmal haben.

Aufspaltung in kleine Häppchen

Eine andere Art, die Finanzierungsfrage zu banalisieren, ist die Aufspaltung in kleine Finanzierungshäppchen, die für sich genommen durchaus zu bewältigen wären. «Eine Minipizza für die Pflege», titelte die «Tageszeitung» aus Berlin, um zu belegen, wie gering eigentlich die Belastung wäre, um über eine Erhöhung des Beitragssatzes die Qualität der Pflege zu sichern. Die Rechnung ist einfach. Um zusätzliche 38 000 Stellen in der Pflege zu finanzieren, sei eine Erhöhung des Beitrags zur Pflegeversicherung um 0,1 Prozentpunkte erforderlich. Da wären für einen Beschäftigten, der 3000 Euro brutto verdient, gerade mal 3 Euro mehr abzuführen. Da die Hälfte davon sein Arbeitgeber zahlt, bleiben für ihn 1,50 Euro, der Gegenwert einer Minipizza.

Allerdings arbeiten, in Vollzeit umgerechnet, mehr als 500 000 Pflegefachkräfte, Pflegehelfer und Tätige sonstiger Berufe in den Pflegeheimen.[10] 38 000 zusätzliche Kräfte[11] – die man angesichts akuten Fachkräftemangels erst einmal finden bzw. ausbilden müsste – wären eine willkommene Entlastung und ein wichtiges Signal für die dort Beschäftigten, würden aber die Pflegewelt nicht umkrempeln. Eine Erhöhung des Beitragssatzes um 0,1 Prozentpunkte erhöhte die Summe der Beitragseinnahmen um etwa 4%. Es ist übrigens nicht so, dass sich der Gesetzgeber dem wachsenden Ressourcenbedarf des Pflegesektors verweigert hätte; es hat seit 2005 insgesamt fünf kleinere Beitragsanhebungen gegeben, die in der Summe etwa einen Prozentpunkt ergeben.[12] Eine weitere Erhöhung um bis zu 0,5 Prozentpunkte hat Bundesgesundheitsminister Jens Spahn im Sommer 2018 angekündigt. Um nicht missverstanden zu werden: Ein verbindliches Personalbemessungsinstrument für die Pflege ist dringend erforderlich; seine Entwicklung ist im Koalitionsvertrag von 2018 aufgeführt.[13] Seine Umsetzung wird Geld kosten und Beitragszahler, Sozialhilfeträger und auch die Leistungsempfänger belasten. Es hilft nichts, dies kleinzurechnen.

Wenn Grenzen staatlicher Handlungsfähigkeit zu beachten sind, ist eine Priorisierung verlangt. Das beinhaltet Zumutungen, weil dann auch Belange und Maßnahmen zurückstehen müssen, die gut begründet sind. Für Regierungspolitiker ist das tägliches Brot.

Es gibt eine beliebte Floskel, sich dieser Zumutung zu entziehen: Das eine Anliegen, die eine Gruppe, dürfe gegen das andere Anliegen, die andere Gruppe, nicht «ausgespielt» werden. Es gibt Kräfte, die genau das tun wollen, etwa wenn behauptet wird, unsere verfassungs- und völkerrechtlichen Verpflichtungen gegenüber Flüchtlingen ließen sich nur zu Lasten der Armen bei uns erfüllen. Das ist falsch, die Belastungen können getragen werden, wenn Mittel innerhalb des staatlichen Sektors umgeschichtet oder Steuern erhöht werden. Sie stehen dann – dies zu leugnen, wäre haltlos – für andere Verwendungen nicht zur Verfügung. Es mag gut gemeint sein, aber es ist nicht überzeugend, den Angriffen populistischer Kräfte auf die Hilfe für Flüchtlinge mit dem Argument entgegenzutreten, sie würde eigentlich nichts kosten. Es ist überzeugender, dafür einzutreten, die Hilfe für Flüchtlinge als Teil unserer vielfältigen staatlichen Aufgaben abzusichern und die Prioritäten entsprechend zu setzen.

Der Vorwurf des Ausspielens wird benutzt, um sich der Diskussion um Entscheidungen zu entziehen, denen sich Politiker in Regierungsverantwortung nicht entziehen können. Schädlich ist es, wenn der Eindruck erweckt wird, die Herausforderungen seien nicht der Rede wert. Das erzeugt den vergiftenden Eindruck, alles scheitere nur an Politikern, die so mutlos seien, dass sie sogar davor zurückschrecken, den Bürgern den Verzicht auf eine Minipizza zuzumuten.

WIE WEITER?

16.
Einfach mal aus dem System aussteigen?

Die Freikugel[1] gegen alle Leiden unserer Zeit?

Das bedingungslose Grundeinkommen verkörpert den Traum einer wachsenden Zahl von Menschen. Es ist präsent, wenn über die Herausforderungen sozialer Sicherung gestritten wird. Es soll von einer Bürokratie befreien, die als übermächtig empfunden wird. Es scheint der Weg aus der Komplexität bisheriger Sicherungssysteme zu sein, aus dem Drehen an den verschiedensten Stellschrauben, aus dem zähen Ringen um das Klein-Klein in der reformerischen Arbeit. Die Unterstützer sind namhaft, Mitte der 2000er Jahre etwa der Thüringer Ministerpräsident Dieter Althaus,[2] in jüngerer Zeit Siemenschef Joe Kaeser.[3]

Im breiten Konsens seiner Befürworter soll das Grundeinkommen aus öffentlichen Mitteln das soziokulturelle Existenzminimum sichern und gesellschaftliche Teilhabe ermöglichen. Es soll nicht an die Bereitschaft zur Arbeit oder irgendeine andere Gegenleistung gebunden sein, sondern als ein individueller Rechtsanspruch, auch ohne Vermögensprüfung, bestehen, da niemand vom Ehepartner oder anderen unterhaltspflichtigen Personen abhängig sein solle.[4]

Die damit verfolgten Ziele sind äußerst vielfältig. Es geht um nichts weniger als einen neuen Gesellschaftsvertrag. Das Grundeinkommen sorge, schreibt der Hamburger Ökonom Thomas Straubhaar, «für Halt, Sicherheit und schafft Freiräume. Wenn die

Existenz materiell in jedem Falle zu jeder Zeit garantiert ist, wird die Bevölkerung von der Sorge des wirtschaftlichen Überlebens entlastet.»[5] Es schaffe im Voraus die Voraussetzungen dafür, «dass Menschen aus eigenem Antrieb, eigenverantwortlich und selbstbestimmt tun, was Sie machen wollen». Es garantiere «allen ein Leben in Würde, ohne ein bestimmtes Verhalten als Gegenleistung einzufordern». «Es verzichtet auf Kontrolle und Gegenleistung und gibt damit jedem Bürger einen Vertrauensvorschuss.» Gleichzeitig löse das Grundeinkommen die vielfältigen Probleme der Sozialpolitik, denn es führe «weg von einem Sozialstaat, der im Nachhinein durch aktivierende Maßnahmen korrigieren will, was vorher falsch gelaufen ist». Das Grundeinkommen richte sich «nicht an Personen, die Probleme haben. Es ist darauf konzentriert, Probleme gar nicht erst entstehen zu lassen. Deshalb ermächtigt es alle, ihre Zukunft selbst in die Hand zu nehmen, bevor sie in Not sind. Mehr kann eine gerechte, effektive und liberale Sozialpolitik nicht leisten.» Auch biete es Hoffnung, «mit einem gemeinsam getragenen neuen Zukunftsmodell das Zusammengehörigkeitsgefühl wieder zu beleben», und weise «einen zwar radikalen, aber eben auch gangbaren Weg, um die eigendynamische Spirale des gesellschaftlichen Auseinanderlebens zu durchbrechen».

Für Daniel Häni, einflussreicher Mitinitiator der Schweizer Volksinitiative «Für ein bedingungsloses Grundeinkommen», und seinen Mitautor Kovce geht es um die Befreiung der Arbeit. Arbeit, die aufzunehmen Menschen gezwungen sind, um ihre Existenz zu sichern, sei Zwangsarbeit.[6] Erst ein bedingungslos gewährtes Grundeinkommen, so der belgische Philosoph und Sozialethiker Philippe Van Parijs, schaffe «reale Freiheit», die Freiheit «so zu handeln, wie es unseren Lebenswünschen entspricht».[7] Es realisiere im Kapitalismus die Ziele des gescheiterten Sozialismus;[8] nur so könne der Kapitalismus gerecht werden.[9]

Für Götz Werner, den Gründer der Drogeriekette dm, und die frühere Berliner Wissenschaftssenatorin Adrienne Goehler ermöglicht das Grundeinkommen den gelasseneren Umgang mit dem

Verlust von Arbeit, ja, es öffne «einen freien Blick auf den anderen, der nicht mehr in erster Linie als Konkurrent um das knappe
Gut dauerhafter Arbeitsplatz gesehen wird, sondern mit dem man
teilen könnte».[10] «Aus einer Gesellschaft von Siegern und Verlie-
rern könnte so eine Gesellschaft möglicher Gewinner werden.»
Das Grundeinkommen schaffe Freiräume, um schöpferisch tätig
zu werden, es entstehe eine Kulturgesellschaft, die sich nicht mehr
in erster Linie über Lohnarbeit definiere. Zudem sichere das
Grundeinkommen die Befreiung von Frauen ab, denn aufgrund
des individuellen Anspruchs beende es Zwangsgemeinschaften,
die Existenz ist nicht gebunden an «romantische Versprechungen»
einer Ehe. Weil es Freiheit sichere, fördere das Grundeinkommen
die Eigenverantwortung, es «schafft Freiheit, die es so noch nie
gab, die Freiheit, die eigenen Geschicke selbst in die Hand zu nehmen». Erst das Grundeinkommen vollende die Ideale der Franzö-
sischen Revolution.

Entkoppelung von Einkommen und Arbeit

Zentrales Element des Grundeinkommens ist die begrenzte Entkopplung von Einkommen und Arbeit. Wer mehr haben will
als das Grundeinkommen, kann und wird weiterhin arbeiten.
Natürlich wissen auch die Befürworter, dass das Grundeinkommen nur einen Wert hat, wenn Menschen in ausreichender Zahl
weiterarbeiten, um die zur Bedarfsdeckung notwendigen Waren
und Dienstleistungen herzustellen. Dass es hier Probleme geben
könne, sei aber nicht zu befürchten. Auch das noch so luxuriöse
Faulenzerleben werde nach einer gewissen Zeit öde, erklärt Götz
Werner.[11] Für Häni ist der Faulheitsvorwurf eine «anthropologi-
sche Verschwörungstheorie. Menschen wollen selbständig tätig
sein. Sie wollen arbeiten, sich engagieren, jemandem helfen. Niemand will ohne guten Grund in der Hängematte liegen.»[12] Sofern
Menschen faul seien, ist das nach Häni allein eine Reaktion auf
entwürdigende oder sinnlose Arbeit, vor der das bedingungslos

gewährte Grundeinkommen schützen solle.[13] Götz Werner rückt Nichtarbeit in die Nähe der Krankheit. «Wer nicht arbeiten will, ist krank», und Kranke müsse man unterstützen. Menschen arbeiteten nicht des Geldes wegen, sondern um etwas Sinnvolles zu tun.[14]

Sinnstiftende Arbeit hat einen unbestreitbaren Wert. Arbeit ist nicht nur Leid, das durch Entlohnung kompensiert werden muss, damit Menschen auf ihre Freizeit verzichten, wie eine simple ökomische Theorie des Arbeitsangebots unterstellt. Aber eine lebenstaugliche Position muss anerkennen, dass die Arbeit zwei Gesichter hat. Hierzu schrieb der Pionier der Sozialpsychologie Kurt Lewin bereits 1920: Arbeit sei einerseits «Mühe, Last und Kraftaufwand» und gleichzeitig dem Menschen unentbehrlich, «weil das Leben ohne Arbeit hohl und halb ist. Auch vom Zwange der Notdurft befreit, sucht jeder Mensch, der nicht krank oder alt ist, eine Arbeit, irgendein Wirkungsfeld.»[15] Die Fähigkeit der Arbeit, dem individuellen Leben Sinn und Gewicht zu geben, komme den verschiedenen Arbeiten allerdings in sehr verschiedenem Maße zu.

Auch in einer Welt des bedingungslosen Grundeinkommens behält Arbeit zwei Gesichter. Eine Nachtschicht in der Pflege in einem Altenheim beispielsweise ist sinnstiftend. Aber selbst unter guten Arbeitsbedingungen und bei höherer sozialer Anerkennung, als dieser Arbeit heute entgegengebracht wird, ist sie Mühe, Last und Kraftaufwand. Sie wird auch künftig zwar nicht allein, aber doch auch und wesentlich für eine materielle Gegenleistung erbracht werden.

Wie stark dagegen in der Gedankenwelt von Götz Werner Arbeit von materieller Entlohnung getrennt werden kann, zeigt eine seiner Interviewäußerungen, in der er darlegt, wie sich ein Grundeinkommen von 1500 Euro auf das Gehalt einer Kassiererin seiner Drogeriekette auswirken wird, die heute 1580 Euro netto verdient. Sie wird sich fragen, «ob sie für 80 Euro mehr wirklich noch arbeiten soll. Wenn nicht, bleibt sie zu Hause – und der Platz ist frei für jemanden, der Spaß daran hat.»[16] Die Gehälter können, so die Logik, in Höhe des Grundeinkommens gesenkt werden. Es griffe zu kurz, darin nur die Tagträume eines Unternehmers zu sehen, die Löhne seiner Mitarbeitenden könnten vom Staat bezahlt werden. Dahinter steckt die Vorstellung eines Gemeinwesens, in der Menschen offensichtlich ganz oder weitgehend unabhängig von ihren materiellen Interessen kooperieren und in Verantwortung für das Ganze die gesellschaftlich notwendige Arbeit leisten. Werner verbindet dies mit dem Appell an den Einzelnen sich einzubringen: «Die neue Ethik des Grundeinkommens lautet kurz und bündig: Du bekommst ein Grundeinkommen und hast damit die Möglichkeit, ja die Bringschuld, deine Talente in der Gesellschaft wirksam werden zu lassen. Zeig, was du kannst!»[17]

In der Welt vieler Befürworter des Grundeinkommens kann sich die Arbeitsteilung weitgehend vom Marktmechanismus materieller Belohnung lösen. «Mit dem Grundeinkommen», schreibt Häni, «schärfen wir den Blick für die wirklichen Bedürfnisse anderer».[18] Da wir nicht mehr vorrangig des Geldes wegen arbeiten, rücke in den Blick, was «wirklich gebraucht wird», und nicht, ob etwas verkauft werden könne. Das Grundeinkommen befreie zugleich die Akteure von der unsichtbaren Hand des Marktes, von der Pflicht, sich dienstbar zu machen und dem Markt Gefolgschaft zu leisten.

Offensichtlich schwebt diesen Befürwortern des Grundeinkommens eine Ökonomie vor, in der die Menschen einsichtig und achtsam füreinander Sorge tragen und das Notwendige arbeitsteilig produzieren, dabei aber nicht durch den Markt und Preise gesteuert werden. Woher sie wissen, was «wirklich gebraucht» wird und was die Informationsfunktion des Preissystems ersetzen soll, bleibt offen. Die Wirtschaft müsste funktionieren wie eine große landesweite, eigentlich weltweite Kooperative.

Nicht alle Befürworter des Grundeinkommens teilen das ungetrübt optimistische Menschenbild, das in den bisherigen Zitaten zum Ausdruck kam. Sie wollen das Grundeinkommen mit lenkenden Elementen verbinden, obschon damit das Kriterium der Bedingungslosigkeit verletzt wird. Wolfgang Engler will das Bezugsrecht an glaubwürdige Bildungsanstrengungen binden, die jede Schule «ohne bürokratischen Aufwand» bescheinigen könne. Arbeit und Grundeinkommen ließen sich nur als «gebildete Freiheit» vereinbaren. Fehlten diese, gebe es nur ein geringes staatliches Taschengeld.[19] Aber wie soll im individuellen Fall rechtssicher entschieden werden, welcher Bildungsabschluss den Potentialen eines Menschen entspricht? Bekommt der Abiturient aus bildungsbürgerlichem Haus, der nichts aus seinen Potentialen macht, das Grundeinkommen? Was ist mit dem, der aufgrund kognitiver Einschränkungen trotz aller Bemühung keinen vollwertigen Berufsabschluss erlangen kann? Hans Ruh, emeritierter Professor für Sozialethik an der Universität Zürich, will einen verpflichtenden Sozialdienst; durch seine «Erziehungs-, Disziplinierungs- und Bildungsleistungen» mindere er die Kosten der Gesellschaft und senke zudem ihre «Fixkosten», in seiner Sicht ein wesentliches Element zur Finanzierung des Grundeinkommens.[20] Und der Philosoph Hans Lenk äußert in einem von Götz Werner herausgegebenen Sammelband die Überlegung, ob man das Grundeinkommen «auf die Teilmenge der wirksam zu motivierenden und zu begeisternden Menschen beschränken sollte».[21] Wer allerdings diese Unterscheidung ziehen soll, zumal in der bei einer staatlichen Leistung gebotenen rechtskonformen Weise, bleibt offen.

Auch halten die Befürworter die von ihnen vertretene Entkopplung von Arbeit und Einkommen nicht konsequent durch. Konfrontiert mit der naheliegenden Frage, wer bei einem bedingungslosen Grundeinkommen monotone oder stark belastende Arbeiten übernehmen werde, verweisen sie auf die dann eben notwendige bessere Bezahlung. Die erzwungene Besserstellung dieser Arbeiten ist zugleich ein wichtiges Element in der Argumentation für das Grundeinkommen. Dabei wird der Mechanismus materieller Anreize genutzt, dessen Bedeutung sonst verneint oder zumindest stark relativiert wird.

Die von Befürwortern des Grundeinkommens gedanklich vollzogene weitgehende Entkopplung von Arbeit und Einkommen hat eine einfache Konsequenz: Wenn die allermeisten Menschen nichts sehnlicher wünschen, als weiterhin die gesellschaftlich notwendige Arbeit zu leisten, auch ohne oder für ein geringes Mehreinkommen, gibt es eigentlich kein Finanzierungsproblem. Nur vor dieser Grundannahme kann man Äußerungen von Befürwortern zur Finanzierungsfrage überhaupt verstehen. «Tatsächlich aufgebracht werden», schreibt Götz Werner, «muss das Geld zur Finanzierung eines Bedingungslosen Grundeinkommens – nach Abzug zumindest von Teilen der heute gezahlten Sozialtransfers – nur für jene, deren Einkommen unterhalb des fraglichen Betrags liegt.» Das Grundeinkommen sei also «im Kern kein Rechenproblem, sondern ein Denkproblem».[22] Deswegen solle man sich auch nicht «ständig den Kopf über die sinnlose Frage zerbrechen, wer das alles bezahlen soll».[23]

Grundeinkommen statt Sozialstaat?

Nicht alle Befürworter des Grundeinkommens entledigen sich der Finanzierungsfrage auf diese Weise. Jede Abschätzung der Kosten setzt die Klärung voraus, wie sich das Grundeinkommen zum bisherigen Sozialstaat verhalten soll. Unter den Befürwortern des Grundeinkommens gibt es hier zwei Lager. Viele wollen weite Teile des Sozialstaats erhalten. In ihrer Vorstellung werden allein die existenzsichernden Leistungen durch das Grundeinkommen abgelöst. Bei Thomas Straubhaar dagegen ersetzt das Grundeinkommen «alle heute bestehenden sozialpolitischen Transfers, also Rentenzahlungen, Arbeitslosengeld oder Sozialhilfe u. a.» Im Gegenzug entfallen die Sozialabgaben. «Es gibt neben dem über Steuern finanzierten Grundeinkommen keine durch Lohnabgaben gespeiste sozialstaatliche Parallelstruktur mehr.»[24] Es ersetzt den Sozialstaat heutigen Typs. Damit entfallen im Konzept von Straubhaar auch die Arbeitslosenversicherung, die gesetzliche Krankenversicherung und die Pflegeversicherung. Straubhaar gesteht immerhin zu, dass es schwierig sein wird, «abzuschätzen, wie hoch die zusätzlichen Kosten in bestimmten Lebenslagen sind, beispielsweise bei Invalidität und Gebrechlichkeit.» Auch räumt er ein, dass «der Übergang vom aktuellen zum neuen Sozialstaatsmodell eine gewaltige Herausforderung [ist]. Denn viele Menschen haben heute feste staatliche Leistungszusagen, die es ohne Abstriche einzuhalten gilt.»[25]

Wie radikal Straubhaar denkt, zeigt sich darin, dass er in einer Überschlagsrechnung das gesamte Sozialbudget (2015 888 Mrd. Euro) zur Gegenfinanzierung des Grundeinkommens einsetzt. Bei 1000 Euro pro Monat und unterstellt 80 Mio. Anspruchsberechtigten sind 960 Mrd. Euro pro Jahr für das Grundeinkommen aufzuwenden. Abzüglich des Sozialbudgets bliebe nur noch ein Finanzierungsbedarf von 72 Mrd. Euro. Um dies ohne Verschuldung zu bewältigen, müsste die Abgabenquote in Deutschland um etwa 2,5% steigen. Das scheint machbar zu sein.

Wegfall der Sozialleistungen?

Was bedeutete es aber, wenn, wie in der Modellrechnung von Straubhaar unterstellt, alle bisherigen Sozialleistungen wegfielen, da das gesamte bisherige Sozialbudget zur Finanzierung der Grundsicherung verwandt würde?

Es entfiele das bisherige Rentensystem. Dafür plädieren auch Götz Werner und Adrienne Goehler: «Die Sicherung von Wohlstand gehört schließlich nicht zu den Kernaufgaben der Gemeinschaft.»[26] Diejenigen, die höhere Rentenansprüche als 1000 Euro erworben haben, müssten Verluste hinnehmen. Doch ihre Ansprüche sind eigentumsrechtlich geschützt, können also durch eine Systemumstellung nicht enteignet werden. Straubhaar verweist selbst auf «feste staatliche Leistungszusagen, die es ohne Abstriche einzuhalten gilt». In seiner Überschlagsrechnung jedoch kommt davon nichts vor, überhaupt verliert er in seinem Buch von 2017 kein Wort zur Gestaltung des Übergangs im Rentensystem. In einer Publikation von 2008 schlägt er vor, die Umstellungskosten «über ein Staatsdefizit zu finanzieren, das langfristig mit dem allmählichen Auslaufen der Restansprüche gegen null tendiert».[27] Angemerkt sei dazu, dass über die Zeit nur die zur Finanzierung des Übergangs notwendige Nettoneuverschuldung gegen Null tendieren würde. Die so über einen langen Zeitraum akkumulierte zusätzliche Verschuldung müsste dennoch getilgt werden. Aufgrund des Vertrauensschutzes für langjährige Beitragszahler und der heute langen Lebenserwartung dauerte diese Übergangsphase etwa fünf Dekaden.

Es gibt dann auch keine gesetzliche Krankenversicherung mehr. Aus dem Grundeinkommen von 1000 Euro müsste eine private Krankenversicherung bezahlt werden. Orientiert man sich an den heutigen Kosten der gesetzlichen Krankenversicherung, wären von jedem Erwachsenen und jedem Kind für eine private Krankenversicherung monatlich etwa 260 Euro aufzuwenden.[28] Dann liegt für Alleinstehende, die bloß auf ihr Grundeinkommen zurückgreifen können, wie arbeitslose oder alte Menschen, das verfügbare Einkommen im Bundesdurchschnitt etwas unter dem Arbeitslosengeld II (inklusive der Kosten für Unterkunft und Heizung) – in München mit seinen hohen Mieten würden ihnen gegenüber heute etwa 190 Euro fehlen.[29] Im Gegensatz zu den heutigen bedarfsgeprüften Hilfen berücksichtigte das Grundeinkommen keine Unterschiede von Miethöhe und Heizkosten – ein Beispiel dafür, dass radikal einfache Lösungen eben auch radikal ungerecht sein können. Will man den – auch verfassungsrechtlich gebotenen[30] – Anspruch wahren, das sozioökonomische Existenzminimum individuell zu decken, wird man um ergänzende Hilfen über Härte- und Öffnungsklauseln, etwa ein bedarfsgeprüftes Wohngeld, nicht herumkommen. Wenn zudem, wie Straubhaar vorschlägt, das Versicherungselement der Sozialversicherung vollständig privatisiert wird und Beiträge allein nach versicherungsmathematischen Regeln berechnet werden, wird es Menschen geben, die aufgrund ihrer individuellen Situation den für sie festgesetzten Versicherungsbetrag nicht aus dem Grundeinkommen tragen können und daher einen staatlichen Zuschuss benötigen. Das räumt Straubhaar ein.[31] Dann braucht man aber trotz Grund-

einkommen noch ein Sozialbudget und damit Teile der vielge-
scholtenen «Sozialbürokratie».

Die Arbeitslosenversicherung würde aufgelöst. Unmittelbar
mit Eintritt der Arbeitslosigkeit sänke das verfügbare Einkommen
auf die Grundsicherung ab. Dies wäre, im Gegensatz zu heute,
nicht mehr mit einer Vermögensprüfung verbunden. Dennoch ist
zweifelhaft, ob der Wegfall der Arbeitslosenversicherung mit den
Gerechtigkeitsvorstellungen langjährig Beschäftigter vereinbar ist,
die mit ihrer Steuerbelastung die Finanzierung des bedingungslosen Grundeinkommens für andere ermöglichen.[32]

Aus Sicht namhafter Befürworter brauchte es nach Einführung
der Grundsicherung auch keine Arbeitsmarktpolitik mehr. «Staatliche Arbeitspolitik würde überflüssig», so Straubhaar.[33] Unternehmen könnten, so Häni, «flexibler sein, weil sie niemanden
mehr in die Einkommenslosigkeit entlassen».[34] Auch der Mindestlohn könne entfallen, da das Grundeinkommen aus der Abhängigkeit von Arbeit befreie.[35]

Ob allerdings ein Grundeinkommen auf Hartz-IV-Niveau die
Stellung der Beschäftigten so stärken würde, dass auf alle Schutz-
regularien verzichtet werden kann, darf bezweifelt werden. Teil
der staatlichen Arbeitspolitik sind vielfältige Angebote für Menschen, einen Schulabschluss oder eine Ausbildung nachzuholen,
sich umzuschulen oder eine gesundheitliche Krise so zu überwinden, dass sie wieder eine Arbeit aufnehmen können. Auch in der
Welt des Grundeinkommens wird es gescheiterte Ausbildungs-
wege und psychische Erkrankungen geben.

Es entfiele die öffentliche Finanzierung der Kindertagesstätten,
auch sie ist Teil des Sozialbudgets. Die Kosten für den Kitaplatz,
die bei 700 Euro, bei einem Krippenplatz auch bei 1000 Euro pro
Monat liegen können, wären also, neben der Krankenversicherung, ebenfalls privat zu tragen. Da der Schulbesuch kostenfrei
ist, würde sich die wirtschaftliche Lage von Familien deutlich danach unterscheiden, ob ihre Kinder schon eingeschult sind oder
nicht. Natürlich kann man diesen Unterschied für antiquiert halten und fordern, dass auch der Kitabesuch kostenfrei ist, aber

dann kann man nicht das gesamte Sozialbudget zur Finanzierung der Grundsicherung ansetzen.

Pflegebedürftige könnten aus ihrem Grundeinkommen kein Pflegeheim und auch keine aufwendigere ambulante Pflege finanzieren. Was wäre mit Menschen, die nicht privat vorsorgen konnten? Sollen sie, wie heute, Hilfe zur Pflege erhalten? Mit dem Sozialbudget entfielen auch die Leistungen zur Sicherung der Teilhabe behinderter Menschen. Es gibt vielfältige Konstellationen, in denen diese auf eine Unterstützung in Höhe des Mehrfachen des Grundeinkommens angewiesen sind, um am gesellschaftlichen Leben teilhaben zu können. Es entfielen die vielfältigen Hilfen des Sozialstaats in prekären Lebenslagen wie die Hilfen zur Erziehung, das Netz der Beratungsstellen auf kommunaler Ebene, die Hilfen zur Integration von Menschen mit Migrationshintergrund einschließlich der Flüchtlinge und und und.

Man kann nicht einfach den bisherigen Sozialstaat streichen. «Es geht nicht um einen Sozialabbau»,[36] schreibt Straubhaar. Aber der Wegfall all der genannten (und vieler hier nicht genannter) Hilfen wäre genau das: Sozialabbau. Die meisten Befürworter des Grundeinkommens werden an dieser Stelle einwenden, dass sie das nicht wollen. Nun, dann darf man eben nicht das Sozialbudget in Gänze in die Gegenfinanzierung des Grundeinkommens einbringen, wie dies immer wieder etwa Götz Werner tut, auch wenn er sich beim Umfang eines künftigen Sozialstaats nicht festlegt.[37] Ebenso kann man dann nicht die gesamte «Sozialbürokratie» auf den Müllhaufen der Geschichte wünschen. Hilfen aus öffentlicher Hand müssen in einem rechtskonformen Verfahren geprüft und entschieden werden.

Wie hoch werden die Steuern sein?

Was bedeutet dies aber nun für die leidige Frage der Finanzierung? Nehmen wir zur Illustration an, dass die Hälfte des Sozialbudgets für Hilfen und Sicherungssysteme aufzubringen ist, die weiter Bestand haben. Dann sind im Vergleich zur Überschlags-rechnung von Straubhaar zusätzlich 444 Mrd. Euro aufzubringen. Das bedeutet aber eine weitere Steigerung der Abgabenquote um fast 15%; sie stiege insgesamt auf etwa 55%.

Natürlich kann man aus Sicht der Befürworter einwenden, der größte Teil der Steuern würde den Bürgern ja in Form des Grund-einkommens zurückgegeben, netto sei die Abgabenlast viel gerin-ger. Doch über das Grundeinkommen verfügen die Bürger, da es bedingungslos ist, ohne Teilhabe an der Wertschöpfung. Ob und in welchem Umfang sie gegen Entgelt und damit in Bereichen arbeiten, die der Besteuerung zugänglich sind, entscheiden sie danach, welchen zusätzlichen Nutzen, welches zusätzliche Netto-einkommen sie aus ihrer Arbeit ziehen. Die Höhe der Abgaben-belastung ist somit auch in einer Welt des Grundeinkommens höchst relevant.

Um Abgaben in der erforderlichen Höhe aufzutreiben, wäre neben der Erhebung der Umsatzsteuer eine sehr hohe Einkom-mensteuer erforderlich. Die meisten Rechnungen zu den unter-schiedlichen Varianten des Grundeinkommens (ohne zusätzliches Staatsdefizit) ermitteln eine Steuerbelastung von 40, 50 oder mehr %, wobei die unterstellte Höhe des Grundeinkommens teilweise deutlich unter 1000 Euro liegt.[38] Für heutige Transferbezieher, die ergänzend arbeiten, wäre dies eine Senkung der faktischen Abga-benbelastung, denn heute wird ihnen von jedem Euro, den sie zum Arbeitslosengeld II hinzuverdienen, etwa 80 Cent in Abzug gebracht, solange sie sich nicht ganz aus der Abhängigkeit von Ar-beitslosengeld II befreien können (vgl. Kap. 17). Für die meisten Menschen in mittleren und höheren Positionen aber stiegen die Abgaben. Diese hohe Besteuerung muss, soll die Rechnung aufge-hen, beim ersten Euro Erwerbseinkommen greifen, Freibeträge gibt es dann nicht mehr. Kaum zu glauben, dass dies nicht vielfäl-tige Kreativität auslösen würde, Wertschöpfung außerhalb offiziell erfasster und besteuerter Tauschbeziehungen zu organisieren, um das böse Wort Schwarzarbeit zu vermeiden. Es würde also ein Pro-blem verschärft, das wir bereits heute haben.

Auch in der Welt des Grundeinkommens könnte man die Steuer progressiv ausgestalten und nicht, wie meist unterstellt, alle Einkommen gleich mit beispielsweise 50% besteuern. Aber dann müsste man mittlere und höhere Einkommen mit entsprechend höheren Sätzen belegen. Ein gewisser Teil der freiberuflich Tätigen würde logischerweise die Freizügigkeit in Europa nutzen, um der hohen Steuer zu entkommen. Viele Dienstleistungen kann man auch anbieten, wenn der Wohnsitz (offiziell) jenseits der Grenze liegt. Irgendwann überschreitet man mit einer stark steigenden Besteuerung verfassungsrechtliche Grenzen. Auch wenn diese nicht eindeutig bestimmt sind, darf die Besteuerung «keine erdrosselnde, konfiskatorische Wirkung»[39] haben. Das gebietet auch die ökonomische Vernunft.

Oder die hohe Differenz zwischen Brutto- und Nettoeinkommen aus Erwerbsarbeit führt – ganz legal – zur vermehrten Erstellung von Diensten und Gütern in Eigenarbeit. Befürworter des Grundeinkommens mögen darin einen begrüßenswerten Schritt weg von der Arbeits-, hin zu einer Tätigkeitsgesellschaft sehen. Aber die Flucht in die Autarkie reduziert die Chancen von Menschen mit geringen Qualifikationen, ihr Grundeinkommen durch Erwerbsarbeit aufzustocken, und verfestigt damit ihren gesellschaftlichen Ausschluss. «Denn jeder kann eben die Dinge am leichtesten selbst erledigen, zu denen man keine besondere Qualifizierung benötigt.»[40] Je mehr Menschen von Eigenerzeugung und Schwarzarbeit Gebrauch machen, desto höher müsste zudem die der Besteuerung zugängliche Wertschöpfung belastet werden. Ab einem gewissen Punkt kann das nicht mehr funktionieren.

Götz Werner und Adrienne Goehler entgegnen darauf schlicht: Wenn die Befürchtungen einträten, «können wir ja immer noch zum heutigen Modell zurückkehren».[41] Das ist naiv. Ein einmal eingeführtes Grundeinkommen müsste gegen den starken Protest derer wieder abgeschafft werden, die ihre Lebensplanung auf das Grundeinkommen gebaut haben. Vermutlich würde erst einmal an anderer Stelle gespart, etwa bei den noch verbliebenen Sozialausgaben für Randgruppen oder der Hilfe für Flüchtlinge.

Bleibt uns gar nichts anderes übrig?

Was passiert, wenn mit dem rasanten technischen Fortschritt, den die Digitalisierung ermöglicht, die Grundlagen der Arbeitsgesellschaft erodieren? Wäre dann ein bedingungsloses Grundeinkommen nicht alternativlos? Die Ungewissheit über die Folgen der Digitalisierung gibt der Debatte zum Grundeinkommen neuen Auftrieb. Furore macht seit einigen Jahren eine Studie von zwei Wissenschaftlern der Universität Oxford, Carl Benedikt Frey und Michael A. Osborne.[42] Auf sie bezieht sich Straubhaar: «Es gibt Prognosen, die angesichts der Digitalisierung einen Arbeitsplatzwegfall von fast 50% vorhersehen.»[43] Die Studie aus Oxford wird von dem Philosophen Richard David Precht wiederum als Beleg dafür verwandt, die künftige Massenarbeitslosigkeit sei unausweichlich, ohne Grundeinkommen drohten bürgerkriegsähnliche Zustände.[44] Aber Frey und Osborne erheben ausdrücklich nicht den Anspruch, die Beschäftigungseffekte des künftigen technologischen Fortschritts zu prognostizieren. Sie versuchen den Anteil der Berufe zu erfassen, die mit hoher Wahrscheinlichkeit durch Automatisierung und Digitalisierung betroffen seien.[45] Sie schreiben: «Wir stellen Mutmaßungen an über Technologien, die sich erst in einem frühen Stadium der Entwicklung befinden.»[46] Es geht um Möglichkeiten der Automatisierung aus technischer Perspektive in einer nicht näher anzugebenden Zahl von Jahren, vielleicht eine oder zwei Dekaden. Sie untersuchen dies am Beispiel der Vereinigten Staaten. Grundlage der Bewertung sind Einschätzungen, die Robotik-Experten bei einem Workshop abgaben. 47% der Beschäftigten der Vereinigten Staaten arbeiten, so ihr Ergebnis, in Berufen, bei denen eine hohe Wahrscheinlichkeit besteht, dass sie sukzessive automatisierbar seien.[47]

Das muss nicht bedeuten, dass diese Berufe ausstürben und Massenarbeitslosigkeit drohe, so eine kritische Replik aus dem Zentrum für Europäische Wirtschaftsforschung in Mannheim.[48] Techniker neigten dazu, die Einsatzmöglichkeiten neuer Technologien zu überschätzen. Und sie unterschätzten die Vorteile von Menschen bei Tätigkeiten mit hohen Anforderungen an Flexibilität, Urteilskraft und gesundem Menschenverstand. Mit der Nutzung neuer Technologien täten Menschen vermehrt Dinge, die schwer automatisierbar seien. Arbeitsplätze würden verändert, ohne sie zu beseitigen. Zudem entstünden neue Arbeitsplätze, selbst eine Rückverlagerung produktiver Tätigkeit aus Niedriglohnländern sei möglich. Der Haupteinwand der Mannheimer Forscher gegenüber ihren britischen Kollegen ist aber, dass in aller Regel nicht ganze Berufe, sondern bestimmte Tätigkeiten durch Computer ersetzt werden könnten. Auch in den als gefährdet eingestuften Berufen gebe es schwer automatisierbare Tätigkeiten, etwa in der Kommunikation. In einer Gegenrechnung erfassen sie die Automatisierungswahrscheinlichkeiten anhand der Tätigkeitsstrukturen; in Deutschland sind demnach 12% des Tätigkeitsvolumens betroffen. Das jedoch sind Dimensionen, die beherrschbar erscheinen, insbesondere über eine längere Anpassungszeit. Übereinstimmung besteht bei den Forschern in Oxford und Mannheim, dass insbesondere Geringqualifizierte ein hohes Risiko haben arbeitslos zu werden, da viele ihrer Tätigkeiten automatisierbar seien;[49] zudem brächten sie schlechtere Voraussetzungen mit, sich weiter zu qualifizieren.

Das Ende der Arbeit wird seit fast 150 Jahren verkündet. Schon Paul Lafargue, der Schwiegersohn von Karl Marx, erwartete 1880 in seiner Schrift «Lob der Faulheit» aufgrund der Entfesselung der Produktivkräfte eine krisenhafte, die kapitalistischen Produktionsverhältnisse bedrohende Überproduktion, in deren Folge Fabriken geschlossen und der Hunger die Arbeiterbevölkerung peitschen werde.[50] Er gilt als einer der frühen Vordenker des bedingungslosen Grundeinkommens. John Maynard Keynes sah inmitten der Weltwirtschaftskrise 1929/30 voraus, in etwa 100 Jahren werde das Ende der Arbeitsgesellschaft gekommen sein. «Der Gang der Dinge wird einfach der sein, dass es immer größere und größere Schichten und Gruppen von Menschen geben wird, für die sich Probleme wirtschaftlicher Notwendigkeit einfach nicht mehr stellen.»[51] Das «Ende der Arbeit» verkündete Jeremy Rifkin 1995 in seinem Weltbestseller.[52] Und der Soziologe Ulrich Beck erwartete 2005 eine «Brasilianisierung» des deutschen Arbeitsmarktes, von der «in absehbarer Zeit» die Hälfte der Beschäftigten betroffen sei.[53] Erstaunlicherweise spielt in der heutigen Argumentation vieler Befürworter des Grundeinkommens das Faktum keine Rolle, dass die Arbeitslosenquote in Deutschland gegenüber 2005 halbiert werden konnte. Das scheint in ihren Augen nicht mehr zu sein als ein Zwischenhoch vor dem «Ende der Arbeit».

Es ist viel leichter, sich den Verlust der Tätigkeiten und Berufe vorzustellen, die wir kennen, als zu erahnen, welche neuen Möglichkeiten der technische Fortschritt schaffen wird. Wir kennen die Zukunft nicht. Niemand kann heute wissen, wie die Produktionsverhältnisse 2050 oder 2080 aussehen werden. Und natürlich können die technischen Möglichkeiten, die sich durch Automatisierung und Digitalisierung künftig eröffnen, nicht die Frage beantworten, welche Menge an Waren und Dienstleistungen für ein gelingendes Leben in Zukunft dienlich sein werden. Aber unser gegenwärtiges Wissen kann nicht seriös begründen, heute auf weite Teile des Sozialstaats zu verzichten, um ein Grundeinkommen auf Existenzsicherungsniveau einzuführen.

Was ist mit den großen Zielen?

Kommen wir auf die umfangreichen Ziele zurück, die die Befürworter mit dem Grundeinkommen verbinden. Ein Alleinstehender, der monatlich 1000 Euro bezieht, aus dem er eine private Krankenversicherung finanzieren muss, hat, wenn er nicht zusätzlich arbeitet, ein verfügbares Einkommen um oder unter dem heutigen Hartz-IV-Satz. Auch bei einem Paar ohne Kinder ist die Situation ähnlich. Deutlich besser gestellt wären Familien mit Kindern, wenn – wie von Straubhaar unterstellt – ihr Grundeinkommen auf dem Erwachsenensatz läge und nicht große Teile für die Betreuung in einer Kindertagesstätte aufzubringen wären.

Transferempfänger, die selbst bei guter Förderung keine realistische Chance mehr haben, eine Arbeit zu finden, hätten zum Teil gleich viel, in einigen Regionen weniger als heute zur Verfügung, aber sie erhielten die staatliche Leistung, auf die sie dauerhaft angewiesen sind, ohne Antrag, ohne Auflagen und ohne Überprüfung ihres Verhaltens. Viele von ihnen dürften dies als Besserstellung empfinden.

Ein Grundeinkommen auf dem Niveau der heutigen Grundsicherung mildert die Sorge um wirtschaftliche Existenz, aber beendet sie nicht. Wer während seiner beruflich aktiven Zeit über mehr Einkommen verfügen will als das Grundeinkommen, ist weiterhin davon abhängig, eine Arbeit zu finden und anzunehmen. Wer vermeiden will, im Alter auf Grundsicherungsniveau verwiesen zu sein, muss privat vorsorgen, und zwar aus dem, was ihm eine notwendigerweise sehr hohe Besteuerung an Spielraum lässt. Ohnehin wäre ein Grundeinkommen nur möglich, wenn wir weiterhin eine Arbeitsgesellschaft bleiben – entgegen aller Rhetorik ihres bevorstehenden Endes.

Es ist illusorisch anzunehmen, Menschen reagierten in einer Welt des Grundeinkommens völlig entspannt, wenn ihnen Arbeitslosigkeit droht; möglicherweise wären die Ängste sogar größer, denn es entfiele die Arbeitslosenversicherung, die zeitlich befristet den bisherigen Lebensstandard abzusichern hilft. Künstler, die ihren Stil finden und sich etablieren wollen, hätten eine bedingungslose Starthilfe, aus ihrer Sicht zweifelsohne ein Vorteil. Aber sie werden mittelfristig dennoch so viel Geld verdienen wollen, dass trotz Besteuerung noch ein substantieller Betrag verbleibt. Die emphatisch verkündete Befreiung der Kultur vom Kommerz kann ein staatliches Umverteilungssystem nicht leisten.

Eine harmonische Gesellschaft ohne Konkurrenz und Neid, in der sich jeder weitgehend unbeeinflusst von materiellen Überlegungen seinen Neigungen widmet und sich gleichzeitig um die anderen sorgt, wird sich bei einem Grundeinkommen auf Höhe des heutigen Arbeitslosengeldes II kaum einstellen. Das Grundeinkommen kann keine Antwort auf die populistische Bedrohung der liberalen Demokratie sein. Die notwendigerweise sehr hohe Steuerbelastung würde neue Spannungen hervorrufen: Aversionen derer, die arbeiten, gegenüber denen, die dies nicht tun oder ihre Arbeit deutlich reduziert haben; oder giftige Debatten darüber, ob und ab wann Flüchtlingen, die bei uns Schutz gefunden haben, das Grundeinkommen zustehen soll. Kurzum, ein Grundeinkommen auf Höhe von Hartz IV ist wohl finanzierbar, wenn wir auf den Sozialstaat, wie wir ihn kennen, verzichten. Wollen wir substantielle Teile des Sozialstaats erhalten, ginge es allenfalls um den Preis einer sehr hohen Besteuerung – mit völlig offenem Ausgang, wie der gesellschaftliche Großversuch ausginge. In beiden Fällen führt das Grundeinkommen nicht in das verheißene Reich der allgemeinen Freiheit.

Diskreditierung des Stückwerks

Der vielleicht problematischste Aspekt der Debatte zum Grundeinkommen ist die Diskreditierung des Sozialstaates. Die bedarfsgeprüfte Grundsicherung wird zum Almosen,[54] ihre Bezieher werden zu Almosenempfängern, wenn nicht zu Bettlern.[55] Auf die Transferleistungen des Sozialstaats besteht aber ein einklagbarer Rechtsanspruch, in Deutschland sogar verfassungsrechtlich abgesichert. Diskreditiert wird auch die reformerische Arbeit, den Sozialstaat so weiterzuentwickeln, dass er heutigen und zukünftigen Anforderungen gewachsen ist. Das seien «Schönheitsoperationen an einem Krebspatienten», erklärt Richard David Precht.[56] Unser Sozialsystem sei vom vorletzten Jahrhundert. «Heute gehört es ins Museum», so ein Klappentext eines Wissenschaftsverlages.[57] Mit diesen und anderen markigen Sprüchen befreit man sich aus der Pfadabhängigkeit komplexer sozialer Systeme. Die meisten Befürworter des Grundeinkommens halten sich auch nicht mit dem Entwurf von Übergangsstrategien auf. Es gehe um das große Ganze, über Details könne man reden, wenn die Grundsatzentscheidung gefallen sei.

Die fehlende Bereitschaft der Befürworter, Szenarien der Transformation zu entwerfen, kritisiert auch Georg Vobruba, selbst ein Befürworter des Grundeinkommens: «Die unvermittelte Forderung nach einem garantierten Grundeinkommen hat etwas stark Entlastendes. Man bewegt sich in der heilen Welt des Normativen: Erst wird ein schlechter gesellschaftlicher Ist-Zustand diagnostiziert, dann wird ihm ein Grundeinkommen als Soll entgegengesetzt. Wie aber kommt man politisch von hier nach da? Wenn sich ein Grundeinkommen nur mit einem großen Sprung einführen lässt, dann lässt es sich überhaupt nicht einführen. Das ist die Utopiefalle.»[58]

Lässt man sich aber auf die Komplexität des Sozialstaats ein, auf Fragen, wie die bereits akkumulierten Rentenansprüche erfüllt werden können, welche Infrastruktur vonnöten ist, um Befähigung zu ermöglichen, wie die gesellschaftliche Teilhabe behinderter Menschen gesichert werden kann, was pflegebedürftige Menschen brauchen, welche Hilfen in den unterschiedlichsten Lebenslagen Menschen beistehen können, dann kann man nicht einfach aus dem System aussteigen. Dann muss man sich auf das reformerische Stückwerk in einem pfadabhängigen System einlassen. Wenn man aus der Utopiefalle heraustritt, wird man vielleicht sogar feststellen, dass der Ist-Zustand des Sozialstaats so schlecht nicht ist, weil man dann aufhört, ihn mit idealen Zuständen zu vergleichen, ohne sich die Mühe zu machen, einen Weg zu ihnen aufzuzeigen.

Auch eine Sozialpolitik des Stückwerks wird sich einem Teil der Fragen zuwenden müssen, die die Sehnsucht nach einem Grundeinkommen treiben. Die radikale Entkopplung von Existenz und Arbeit kann man, wenn sie sich denn überhaupt im Diesseits verwirklichen lässt, kommenden Generationen überlassen. Aber die Wünsche nach mehr Freiraum für Kreativität, nach sinnstiftender Arbeit und wertschätzenden Arbeitsbedingungen, nach Raum für Versuch und Irrtum sind ernstzunehmen. Ebenso der Wunsch freiberuflich Tätiger nach mehr Sicherheit oder den Anspruch, Grundsicherungsempfänger nicht zu beschämen. All das sind wichtige Anliegen für eine lebensdienliche Wirtschafts- und Sozialordnung. Aber hier kommen wir Lösungen nur näher durch die gangbaren Schritte der zähen reformerischen Alltagsarbeit.

17.
Hartz IV nicht abschaffen, sondern reformieren

Hartz IV abschaffen! – diese Forderung ist häufig zu hören. Mit der Abschaffung des Sozialgesetzbuchs II mit dem Titel «Grundsicherung für Arbeitsuchende» entfiele die rechtliche Grundlage für die materielle Unterstützung von langzeitarbeitslosen Menschen und ihren Familien sowie eine Vielzahl von arbeitsmarktpolitischen Fördermaßnahmen. Das kann niemand ernsthaft wollen. Wer fordert, «Hartz IV abzuschaffen», muss schon sagen, was er an seine Stelle setzen will und sich somit einer Reformdebatte stellen. Es geht also um die Reformoptionen und um die komplexen Zusammenhänge, die keine Reform ignorieren kann; sonst erzeugt die Reformdebatte nichts als uneinlösbare Illusionen.

Die Agenda 2010 hat mit der Formel «Fördern und Fordern» härtere Zumutbarkeitskriterien bezüglich der Annahme einer Arbeit mit dem Anspruch kombiniert, die Unterstützung zur Integration in den regulären Arbeitsmarkt deutlich zu verbessern. So sinnvoll dies war, für die Reputation der Arbeitsmarktreform war verheerend, dass parallel zu ihrer Einführung eine pauschale Missbrauchsdebatte losgetreten wurde, die Schuldvorwürfe bei Arbeitslosen ablud, die angesichts der damaligen Massenarbeitslosigkeit schlicht absurd waren.[1]

Was sich bei Hartz IV rasch ändern muss

Die Legitimation von «Fordern und Fördern» hängt davon ab, dass dies wertschätzend erfolgt, dass der Zugang zur Beratung gesichert ist, Eingliederungsvereinbarungen ihren Namen auch verdienen und die vom Jobcenter vorgeschlagenen Maßnahmen der individuellen Situation angepasst sind. Sinnlose Maßnahmen werden zu Recht als Schikane empfunden. Auch muss man die sozialen Probleme angehen, die einer Integration in den Arbeitsmarkt entgegenstehen, beispielsweise Überschuldung, gesundheitliche und psychische Probleme, Suchtprobleme und familiäre Konflikte. Es gibt weiterhin große Herausforderungen, dies in der Praxis der Jobcenter sicherzustellen. Dennoch ist Pauschalkritik unangemessen. Es arbeiten dort viele Menschen, die mit großem Einsatz Langzeitarbeitslose dabei unterstützen, wieder beruflich Fuß zu fassen.

Ein Fokus der Kritik richtet sich auf die Sanktionen, die das Jobcenter verhängen kann. Nach einer grundsätzlichen Entscheidung des Gesetzgebers wird das Arbeitslosengeld II nicht bedingungslos gewährt. Leistungsberechtigte müssen «alle Möglichkeiten zur Beendigung oder Verringerung ihrer Hilfebedürftigkeit ausschöpfen» und «aktiv an allen Maßnahmen zu ihrer Eingliederung in Arbeit mitwirken».[2] Pflichtverletzungen führen zu Sanktionen, etwa wenn eine zumutbare Arbeit nicht aufgenommen oder eine vom Jobcenter vermittelte Ausbildung abgebrochen wird. In einer ersten Stufe wird der Regelbedarf um 30% gekürzt, bei wiederholtem Verstoß (innerhalb eines Jahres) um 60%. Jede weitere Pflichtverletzung führt dazu, dass das Arbeitslosengeld II ganz entfällt, also auch die Leistungen für Unterkunft und Heizung einbehalten werden. Für unter 25-Jährige gelten schärfere Regelungen. Bereits bei der ersten Pflichtverletzung wird der Regelbedarf gestrichen, bei wiederholter Pflichtverletzung auch die Leistungen zur Deckung der Unterkunftskosten. Die Minderung erfolgt für drei Monate; bei unter 25-Jährigen kann die Dauer auf sechs Wochen verkürzt werden. Bei nachträglicher Pflichterfüllung kann der Umfang der Minderung reduziert werden. Bei einer Minderung um mehr als 30% kann das Jobcenter auf Antrag Sachleistungen zur Abmilderung der materiellen Folgen der Sanktion erbringen, leben minderjährige Kinder im Haushalt, muss es dies. Bei einer Kürzung um 60% und mehr soll der Bedarf für Unterkunft und Heizung direkt an den Vermieter gezahlt werden. Sogenannte Meldeversäumnisse, wenn Leistungsberechtigte trotz schriftlicher Belehrung über die Rechtsfolgen ohne Verhinderungsgründe nicht zu einem Termin erscheinen, werden mit einem Abzug von 10% geahndet.

Es ist völlig verständlich, dass Sanktionen bei den Betroffenen verhasst sind. Die Macht, sie zu verhängen, liegt beim Fallmanager. Trotz aller Rhetorik, die Leistungsberechtigten als «Kunden» des Jobcenters zu bezeichnen, besteht ein starkes Machtgefälle, auch wenn Fallmanager nicht im rechtsfreien Raum handeln und ihre Entscheidungen gerichtlich überprüfbar sind. Und dennoch ist die häufig erhobene Forderung, Sanktionen gänzlich abzuschaffen, «schwierig», wie Andrea Nahles in der Debatte sagte.[3] Wer Sanktionen in allen Konstellationen schlicht abschaffen will, beendet auch jede realistische Möglichkeit, die Hilfeleistung nach SGB II von der Nutzung von Optionen abhängig zu machen, den Hilfebedarf zu senken oder zu vermeiden. Fallmanager hätten, auch wenn sie den dringenden Verdacht hegen, dass der Bezug von Hartz-IV-Leistungen mit Schwarzarbeit kombiniert wird und gar kein Interesse besteht, eine reguläre Beschäftigung anzunehmen, nichts in der Hand. Sanktionen können, gerade bei Jugendlichen und jungen Erwachsenen, eine heilsame Wirkung entfalten – das sagen jedenfalls Praktiker in Beschäftigungsbetrieben. Bedingungslos gewährte Transferleistungen sind nicht die richtige Antwort auf eine Verweigerungshaltung junger Menschen gegenüber jeglicher Ausbildung oder Beschäftigungsperspektive.

Das heißt aber nicht, dass die Sanktionsregelungen so bleiben können, wie sie sind. Seit 2017 erfolgt eine Prüfung der Sanktionen durch das Bundesverfassungsgericht, in der die Frage nach ihrer Verhältnismäßigkeit eine wichtige Rolle spielen wird. Es gäbe Ausgestaltungsmöglichkeiten, die weniger gravierend in die Lebenssituation der Leistungsbezieher eingreifen. Eine Vollsanktionierung einschließlich der Kosten für die Unterkunft ist ein so scharfes Schwert, dass es nicht oder nur in Ausnahmefällen als verhältnismäßig angesehen werden kann. Man muss berücksichtigen, dass auch Familien und ihre Kinder von Sanktionen betroffen sind. Die Vollsanktionierung von Jugendlichen kann sogar dazu führen, dass sie den Kontakt zum Hilfesystem völlig verlieren. Es gibt keine validen Erkenntnisse, dass diese harten Sonderregeln erforderlich sind, um das Ziel der Aktivierung zu erreichen.[4] Sanktionen müssen verhältnismäßig sein.

Kritisch eingewandt wird, Hartz IV zeige «das Bild eines bürokratischen Monsters».[5] Dabei war bei seiner Einführung mit der Pauschalierung vieler Einzelfallhilfen der alten Sozialhilfe die Intention verbunden, den bürokratischen Aufwand zu reduzieren. Die Fallmanager sollten sich ganz auf die Beratung konzentrieren können. Aber, so die Einschätzung des langjährigen Vorstands der Bundesagentur für Arbeit, Heinrich Alt, «nicht, wie ursprünglich vorgesehen 20 Prozent, sondern 50 Prozent der Mitarbeiter bearbeiten gegenwärtig Leistungsansprüche. Zwei von drei Bescheiden umfassen mehr als zwanzig Seiten, manche Bescheide haben bis zu 200 Seiten.»[6] Mehrere Bemühungen um Verwaltungsvereinfachung waren ohne Erfolg.

Das hat auch mit der schwierigen Frage zu tun, inwieweit die Einzelfallgerechtigkeit eingeschränkt werden darf. Das Jobcenter finanziert die Miet- und Heizkosten in individueller Höhe, soweit sie als angemessen anerkannt werden. Pauschalen wären eine enorme Verwaltungsvereinfachung. Miethöhen schwanken aber auch in derselben Stadt. Auch die Heizkosten sind unterschiedlich. Wäre die Mietkostenpauschale sehr niedrig, bekämen viele Empfänger große Probleme. Wäre sie so hoch, dass sie die Wohnkosten der meisten Empfängerhaushalte abdeckte, wird die Leistung sehr teuer. Die Gefahr würde verschärft, dass Vermieter die Mieten erhöhen, weil die Kosten ja ohnehin «vom Amt» über-

nommen werden. Neue Probleme entstehen, wenn die Leistungsbezieher wieder Arbeit finden und hohe Mieten aus ihrem Erwerbseinkommen zahlen müssen. Aus all diesen Gründen ist die
Pauschalierung der Wohnkosten bisher nicht erfolgt. Auch die
Wohlfahrtsverbände haben sich gegen sie ausgesprochen. Vertretbar wäre es, kleinere Beträge zu pauschalieren. So erfolgt die Abrechnung des Mehrbedarfs bei einer getrennt von der Heizung er-
folgenden Warmwasserversorgung detailgenau in vier Altersstufen.
Wenn ein Kind 14 Jahre alt wird, muss ein neuer Bescheid erstellt
werden; dann gibt es 83 Cent mehr.[7]

Auch die unproduktive Zuständigkeitsaufteilung zwischen Jobcenter und den örtlichen Arbeitsagenturen ist dringend aufzulö-
sen. Wer für einen Jugendlichen oder zu Hause lebenden jungen
Erwachsenen zuständig ist, entscheidet sich danach, ob seine Eltern (ergänzende) Hartz-IV-Leistungen beziehen, er also in einer
sogenannten Bedarfsgemeinschaft lebt. Das kann sich aber immer
wieder ändern. Wechselnde Zuständigkeiten behindern die Hilfe
aus einer Hand und den Aufbau eines Vertrauensverhältnisses, das
erforderlich ist, um junge Menschen beim Prozess ihrer Verselbständigung zu unterstützen.[8]

Niemanden aufgeben!

«Fördern und Fordern» erreicht viele der langzeitarbeitslosen
Menschen nicht. Der Kern der Langzeitarbeitslosen, die über
viele Jahre keine oder noch nie Arbeit hatten, ist heute kleiner,
aber auch verhärteter. Die Debatte hierzu hat der Regierende Bür-
germeister von Berlin, Michael Müller, Ende 2017 mit seinem Plä-
doyer für ein «solidarisches Grundeinkommen» erneut angesto-
ßen. Müller meint nicht das bedingungslose Grundeinkommen,
das er ausdrücklich zurückweist. Es geht ihm um Teilhabe durch
Arbeit für die vielen Menschen, «die aus den verschiedensten
Gründen nicht fit sind für den Arbeitsmarkt». Arbeit sei genug da.
«Jedem von uns fällt einiges ein, was wegen klammer staatlicher

Kassen heute nicht möglich ist: Sperrmüllbeseitigung, Säubern von Parks, Bepflanzen von Grünstreifen, Begleit- und Einkaufsdienste für Menschen mit Behinderung, Babysitting für Alleinerziehende, deren Arbeitszeiten nicht durch Kitaöffnungszeiten abgedeckt werden, vielfältige ehrenamtliche Tätigkeiten wie in der Flüchtlingshilfe, als Lesepatin oder im Sportverein als Übungsleiter und und und.»[9] Statt Geld für die bürokratische Verwaltung von Arbeitslosigkeit und Sozialhilfe einzusetzen, will Müller es für fair bezahlte Arbeit ausgeben; mit fair gemeint ist sozialversicherungspflichtig, unbefristet, möglichst tarifvertraglich abgesichert, auf jeden Fall nicht unter dem Mindestlohn. Die Stellen sollen von kommunalen und landeseigenen Unternehmen angeboten werden.[10] Man müsse ausloten, so Müller, ob das solidarische Grundeinkommen «nicht der richtige Weg raus aus der gesellschaftlich als ungerecht empfundenen Hartz-IV-Falle wäre».[11] Der Vorschlag stieß auf viel Sympathie, wohl auch weil seine Benennung zu Verwechslungen zu dem von vielen ersehnten bedingungslosen Grundeinkommen führte. Aber es gab auch Häme, sobald klar wurde, dass Müllers Vorschlag dazu führte, durch freiwillige Beschäftigungsangebote für eine begrenzte Zahl von Langzeitarbeitslosen «Hartz-IV» zu ergänzen, aber keineswegs abzulösen. Die große Mehrheit würde, sagt Katja Kipping, «weiter im direkten Hartz-IV-Elend» bleiben.[12] Man wird die Akzeptanz für eine insgesamt erfolgreiche Arbeitsmarktpolitik nicht erhöhen können, wenn die politisch Verantwortlichen diese Politik nicht selbstbewusster vertreten und den Reformbedarf klar benennen.

Mehr Mut zu einer aktiven Arbeitsmarktpolitik, die durch sinnhafte Arbeit Teilhabe ermöglicht, tut Not. Aber wenn sie Erfolg haben und gesellschaftliche Akzeptanz finden soll, darf sie die schlechten Erfahrungen mit großen Arbeitsbeschaffungsprogrammen nach der Wiedervereinigung nicht ignorieren. Damals hat öffentlich geförderte Beschäftigung reguläre Beschäftigung verdrängt. Wo bleiben die Mitarbeitenden in den Gartenbaubetrieben, wenn die Kommunen ihre Außenanlagen durch Langzeitarbeitslose in Eigenregie pflegen? Je größer der öffentlich organisierte soziale Arbeitsmarkt ist, den Müller vorschlägt, desto größer ist die Gefahr der Verdrängung regulärer Beschäftigung. Möglichst marktferne Tätigkeitsfelder zu suchen ist keine Lösung, da eine Beschäftigung in praxisfernen Parallelwelten keine Perspektiven eröffnet. Das zeigen die bisherigen Erfahrungen überdeutlich. Die Verdrängungsgefahr ist beherrschbar, wenn man sich auf die Menschen konzentriert, die auch bei der besten Förderung keine Chance im regulären Arbeitsmarkt haben, und wenn man zudem bei der Durchführung Handwerk und Gewerkschaften vor Ort miteinbindet. Denkt man an eine begrenzte Zielgruppe mit starken Einschränkungen, sind die vorgeschlagenen Beschäftigungsfelder sehr anspruchsvoll. Sie erfordern soziale Kompetenz und Verlässlichkeit. Wer beispielsweise in sozialen Einrichtungen tätig ist, muss gegenüber Menschen, die ihrerseits Probleme haben, angemessen reagieren können. Wer als Alltagsbegleiter oder als Babysitter arbeitet, ist häufig allein im häuslichen Umfeld eines Pflegebedürftigen bzw. der Familie. Viele im verhärteten Kern der Langzeitarbeitslosigkeit wären mit solchen Tätigkeiten überfordert, sonst wären sie – zumindest in Gegenden mit sehr guter Beschäftigungslage – nicht so lange arbeitslos geblieben. Keineswegs darf man auf eine intensive Begleitung verzichten, soll ein sozialer Arbeitsmarkt Erfolg haben.

Nicht unproblematisch ist auch eine Tarifbezahlung in einem unbefristeten Beschäftigungsverhältnis. Wer eine solche Stelle bei einem kommunalen Arbeitgeber erhält, würde sich verschlechtern, wenn er den geschützten Bereich des sozialen Arbeitsmarkts je wieder verlässt. Auch sollte man an die denken, die Tariflohn erhalten und zusätzlich zu ihren Aufgaben einen langzeitarbeitslosen Menschen in ihr Team aufnehmen und unterstützen sollen; sie sähen es vermutlich als unfair an, wenn trotz großer Unterschiede in der Leistungsfähigkeit die Entlohnung gleich wäre. Eine Entlohnung auf Niveau der Grundsicherung plus einer Anerkennungsprämie würde einen Anreiz belassen, irgendwann auf die eigenen Füße zu kommen. Wir dürfen, da ist Müller nur zu unterstützen, Menschen im verhärteten Kern der Langzeitarbeitslosigkeit nicht aufgeben. Aber der soziale Arbeitsmarkt muss so gestaltet werden, dass reguläre Beschäftigung nicht leidet und eine Perspektive auf den ersten Arbeitsmarkt erhalten bleibt. Dieser steht zu Recht im Fokus der Arbeitsmarktpolitik.

Höhere Hilfen führen zu mehr Empfängern

Die Grundsicherung in Deutschland, sowohl für Arbeitsuchende als auch im Alter, hat einen extrem schlechten Ruf, obwohl es ihre Aufgabe ist, Armut zu bekämpfen. Die Zahl der Grundsicherungsempfänger wird neben der Armutsrisikoquote als zweiter Armutsindikator verwandt; wer Transferleistungen bezieht, gilt somit als arm. Je höher diese Zahl, desto schiefer die soziale Lage des Landes. Aber diese Gleichsetzung führt zu gedanklichen Fallstricken. Die Anzahl ist abhängig davon, wie großzügig oder knapp die Hilfe bemessen ist. Wie auch an anderen Stellen unseres Sozialstaats messen wir den Umfang sozialer Problem- und Bedarfslagen anhand der Hilfe, die der Sozialstaat bereitstellt. Das macht den Sozialstaat anfällig für unfaire Skandalisierung. Amartya Sen sprach schon in den 1980er Jahren von der «Perversität» dieses Armutsmaßes: Hebe die Regierung, um Armut zu bekämpfen, die Grundsicherung an, so wachse zwangsläufig die Zahl ihrer Bezieher. Scheinbar wachse die Armut, obwohl sie doch besser bekämpft werde. Umgekehrt werde eine Senkung der Grundsicherung die Zahl der Bezieher verringern und damit zu dem Eindruck führen, die Armut sei gesunken, die Hilfe für Arme nehme also in ihrer Bedeutung ab. [13]

Nun mag man das für spitzfindig halten. Aber Fehlbewertungen, die aus fragwürdigen oder zumindest nicht ausreichend verstandenen Indikatoren folgen, sind in der deutschen Sozialstaatsdebatte allgegenwärtig. Das zeigt sich beispielhaft an der Grundsicherung im Alter. Sie wurde 2003 von der Rot-Grünen Koalition eingeführt und hat die Hilfe für arme alte Menschen verbessert. Der Rückgriff auf das Einkommen der Kinder, der bis dahin in der Sozialhilfe erfolgte, wurde faktisch aufgehoben (er betrifft heute nur noch Kinder mit einem Einkommen über 100 000 Euro pro Jahr). Sehr viele arme Alte hatten bis dahin keine ergänzende Sozialhilfe beantragt, um ihren Kindern nicht zur Last zu fallen, es gab also in weit höherem Maße als heute verdeckte Armut. Nach 2003 stieg die Zahl der Grundsicherungsempfänger im Alter deutlich an, und die verdeckte Armut ging zurück. Das entsprach der Intention des Gesetzgebers wie der Forderung aller Sozialverbände. Doch genau dieser Anstieg wurde und wird den Politikern als Versagen des Sozialstaats um die Ohren gehauen. Da SPD und Bündnis 90/Die Grünen – erstaunlicherweise – diese sozialpolitische Errungenschaft nicht selbstbewusst verteidigen, konnte sich auch hier ein Narrativ des Niedergangs festsetzen.

Würde die Politik dem Vorschlag des Deutschen Caritasverbandes folgen und den Regelbedarf um 60 bis 80 Euro erhöhen (vgl. Kap. 7), gäbe es Hunderttausende Grundsicherungsempfänger mehr,[14] denn mehr Beschäftigte mit niedrigen Löhnen und mehr Teilzeitbeschäftigte erhielten ergänzendes Arbeitslosengeld II sowie mehr Bezieher geringer Renten ergänzende Grundsicherung im Alter. Wenn dies fälschlicherweise als Indiz wachsender Armut wahrgenommen wird, ist die Erhöhung des Regelbedarfs für Politiker zu riskant. Dann bleibt es bei der heutigen Höhe der Grundsicherung, zumal ja die Erhöhung der Hartz-IV-Sätze ohnehin nur bei einer Minderheit der Bevölkerung auf dem Wunschzettel dessen steht, was sie für mehr Gerechtigkeit politisch wollen (vgl. Kap. 3). Die Diskreditierung der Grundsicherung steht also einer verbesserten Existenzsicherung im Weg.

«Lohnabstandsgebot» – daran kommt keine Reform vorbei

Jedes Grundsicherungssystem steht vor der Aufgabe, einen Abstand zu wahren zwischen Transferbeziehern, die nicht arbeiten, und solchen, die im Niedrigeinkommensbereich tätig sind. Die

Diskussion hierzu findet in vermintem Gelände statt; wer darauf hinweist, dieser Abstand sei zu gering, muss mit dem Vorwurf rechnen, er wolle Arme gegen noch Ärmere ausspielen. Es klingt der Vorwurf an, man halte Arbeitslose für faul, unterstelle ihnen, den Sozialstaat auszunutzen. Dennoch sollte man der Frage nicht ausweichen. Es ist höchst frustrierend für Transferempfänger, die eine Arbeit aufnehmen, wenn sich dies materiell für sie nicht auszahlt. Und ebenso führt es bei denen, die in gering bezahlten Berufsfeldern tätig sind, zu einem Gefühl der Entwertung ihrer Arbeit, wenn sie kaum mehr haben, als wenn sie nicht arbeiteten. Also kann kein Sicherungssystem diesen Vergleich ignorieren.

In den Zeiten der alten, 1962 bundeseinheitlich geregelten Sozialhilfe galt das sogenannte Lohnabstandsgebot. Regelsatz und Kosten der Unterkunft sollten unter dem durchschnittlichen Nettoarbeitsentgelt unterer Lohngruppen zuzüglich Kindergeld bleiben. In Zeiten hoher Tarifbindung und vieler gering qualifizierter Kräfte in der Industrie gab es mit den untersten Tarifgruppen einen eindeutigen Vergleichsmaßstab. Aber schon damals bestand die Spannung zwischen Bedarfssicherung und Lohnabstandsgebot; es war bei großen Haushaltsgemeinschaften nicht einzuhalten.[15]

Große Sorgen bezüglich etwaiger Verwerfungen zwischen Sozialhilfe und Arbeitsmarkt machte man sich 1962 nicht; die Arbeitslosigkeit war mit etwa 150 000 Betroffenen auf einem historischen Tiefstand.[16] Wer in dieser Zeit Sozialhilfe beantragt hätte, obwohl er hätte arbeiten können, wäre auf eine der vielen offenen Stellen verwiesen worden, die ein Mehrfaches der Zahl der Arbeitslosen betrugen und auch Hilfsarbeitern offen standen. Man erwartete 1962, dass die Sozialhilfe eigentlich nur noch zumeist schicksalsbedingte Ausnahmefälle unterstützen müsse, die von den ausgebauten sozialen Sicherungssystemen nicht erreicht werden.[17] Dazu trug auch bei, dass mit der Rentenreform von 1957 Altersarmut endgültig gebannt schien.

Heute stellt sich die Frage des Vergleiches zwischen Arbeitseinkommen gering bezahlter Berufe und den Transferleistungen völ-

lig anders. In tariflich gebundenen Industriesektoren sind Hilfs-
arbeiterjobs überwiegend automatisiert worden. Neue Jobs sind
in großer Zahl in Dienstleistungssektoren entstanden, die weit
weniger geschützt sind. Würden nach dem alten Verständnis des
Lohnabstandsgebots beispielsweise die Leistungen für eine Familie mit drei Kindern so festgesetzt, dass sie deutlich unter dem
lägen, was ein in Vollzeit zum Mindestlohn arbeitender Alleinverdiener mit Partner(in) und drei Kindern netto nach Hause
bringt (zuzüglich Kindergeld), so läge die Hilfe auf einem solch
niedrigen Niveau, dass die Vorgaben des Bundesverfassungsgerichts eklatant verletzt würden.

Transferentzug und der Sinn der Zuverdienstregelung

Daher gibt es eine Zuverdienstregelung bei Hartz IV. Sie wurde
mit der Intention eingeführt, dass der, der arbeitet, mehr hat, als
wenn er nicht arbeiten würde. Es wird häufig beklagt, dieses
Prinzip sei verletzt, aber Hartz IV ist diesbezüglich besser als sein
Ruf. Wer als Arbeitslosengeld-II-Empfänger eine Arbeit auf-
nimmt, kann einen Teil des Verdienstes behalten; er wird bei der
Berechnung seiner Ansprüche nicht berücksichtigt. Die ersten
100 Euro sind anrechnungsfrei; von Einkommen zwischen 100
und 1000 Euro werden 80% angerechnet, von Einkommen zwischen 1000 und 1200 Euro 90%. Lebt ein minderjähriges Kind im
Haushalt des Leistungsempfängers, erhöht sich die Grenze auf
1500 Euro. Alles, was darüber liegt, wird vollständig angerechnet.[18]
  Diesen Mechanismus nennt man Transferentzug. Mit steigendem Einkommen sinken die Transferzahlungen, bis sie ab einer
bestimmten Einkommenshöhe gänzlich auslaufen. Damit werden
zwei Anliegen verbunden: Einerseits soll der Bedarf hilfeberech-
tigter Haushalte gedeckt werden, andererseits sollen Anreize erhalten bleiben, aus dem Transferbezug eine Arbeit aufzunehmen,
auch wenn sie nur einen Teil des Bedarfs decken kann. Ginge es

allein um das Bedarfsprinzip, so könnte man Erwerbseinkommen vollständig anrechnen; wer 200 Euro durch Zeitungsaustragen verdient, bekäme 200 Euro weniger Hilfe. Viele würden es dann aber nicht tun, sie wollen sich durch Arbeit besserstellen. Vor der Einführung von Hartz IV waren die Anrechnungsregeln deutlich unattraktiver.

Der dargestellte Mechanismus garantiert, dass in jeder Konstellation ein Erwerbstätiger mehr zur Verfügung hat als jemand, der in gleicher Familienkonstellation nicht arbeitet. Bei brutto 1500, was einer Vollzeitstelle etwas über dem Mindestlohn entspricht, sind es 300 Euro, bei Leistungsberechtigten mit einem oder mehreren Kindern 330 Euro. Aufgrund dieser Rechnung hat auch derjenige Anspruch auf ergänzendes Arbeitslosengeld II, der nie arbeitslos war, aber weniger verdient, als es dem Hilfeanspruch seiner Bedarfsgemeinschaft zuzüglich Zuverdienst entspricht. Auch das muss so sein, denn sonst wäre derjenige dauerhaft im Vorteil, der erst nach einer Hartz-IV-Phase beruflich Fuß fasst.

Eine Einschränkung ist notwendig. Die Berechnung zum ergänzenden Arbeitslosengeld-II-Anspruch kann sich nur auf legale Beschäftigung beziehen. Wird im größeren Umfang schwarz gearbeitet oder wird ein legaler, den Behörden gemeldeter Minijob in einem Tarnkappenarbeitsverhältnis mit Schwarzarbeit kombiniert, sieht der Vergleich zwischen Transferbezug und dem Verdienst im Niedrigeinkommensbereich anders aus. Über das genaue Ausmaß der Schwarzarbeit gibt es keine verlässlichen Informationen und sie ist keineswegs ausschließlich nur unten anzutreffen. Aber aufgrund fehlender Daten so zu tun, als gäbe es die Kombination von Transferbezug und Schwarzarbeit nicht, wäre naiv. Wer eine Haushaltshilfe sucht, deren Tätigkeit er als Minijob legal anmelden will, wird auch auf Bewerber stoßen, die genau das nicht wollen. Dass es Tarnkappenarbeitsverhältnisse etwa im Gaststättengewerbe gibt, ist sicherlich keine bösartige Unterstellung. So ärgerlich es ist, alle Kontrollen haben ihre Grenzen und ein Sozialstaat, der nicht zum Polizeistaat werden will, muss dies aushalten.

Ein Transferentzug ist unvermeidbar, soll das Arbeitslosengeld II nicht zu einem Grund- oder Zusatzeinkommen werden, das sehr vielen Bürgern zusteht. Die Transferentzugsregelung heute ist zwar besser als vor der Agenda 2010, aber sie ist dennoch unbefriedigend. Betrachten wir das zusätzliche verfügbare Einkommen, das durch Arbeit zu einem Stundenlohn von 9 Euro erzielt werden kann. Da die ersten 100 Euro anrechnungsfrei sind, gilt für die ersten 11 Stunden im Monat brutto gleich netto. Bei jeder weiteren Stunde Arbeit gibt es zwar 9 Euro mehr Verdienst, aber 7,20 Euro weniger Hilfe; unter dem Strich bleiben 1,80 Euro. Dies ist so, bis 1000 Euro brutto erreicht sind, in unserem Beispiel bis monatlich 111 Stunden. Jede weitere Stunde bringt nur noch einen Zusatzertrag an verfügbarem Einkommen von 90 Cent. Wenn 1200 bzw. 1500 Euro erreicht sind, wird alles angerechnet. Eine zusätzliche Arbeitsstunde erbringt ab dann kein höheres verfügbares Einkommen mehr, solange kein Einkommen erreicht wird, das oberhalb des Transferanspruches zuzüglich des maximal möglichen Zuverdienstes liegt.

Ein hoher Transferentzug ist nicht per se ungerecht; im Sinne des Subsidiaritätsprinzips soll staatliche Hilfe diejenigen unterstützen, die nicht in der Lage sind, selbst für sich zu sorgen. Aber die Regeln zum Transferentzug sind aus wirtschaftlicher Sicht unklug. Wer am wenigsten hat, hat die höchsten Abgaben, wenn man aus individueller Sicht den Transferentzug den Steuern und Sozialabgaben gleichstellt; Abgabenquoten von 80, 90 oder gar 100 % hat sonst niemand. Zum Glück rechnen nicht alle Transferempfänger so, wie ein simples ökonomisches Anreizmodell es unterstellen würde. Zur Wahrung ihrer Selbstachtung, des Qualifikationserhalts oder ihrer sozialen Kontakte arbeiten viele, auch wenn der direkte Mehrertrag gering ist. Wer Alleinverdiener in einem Paarhaushalt ist, wird hoffen, dass, wenn nun auch der Partner eine Beschäftigung findet, man sich gemeinsam der Abhängigkeit vom Jobcenter entwinden kann.

Es hat immer wieder Vorschläge gegeben, die Transferentzugsraten bei Hartz IV deutlich zu senken. Das aber hat andere Tücken. Der Kreis der zuverdienstberechtigten Erwerbstätigen würde stark ausgeweitet. Bei einer Transferentzugsrate von durchgängig 60% – mit jedem verdienten Euro mehr sinkt die Unterstützung um 60 Cent, bis sie in Gänze abgeschmolzen ist – entstünde ein Anspruch auf ergänzendes Arbeitslosengeld II auch für Bezieher mittlerer Einkommen.[15] Jeder, der diese Ansprüche geltend machen wollte, müsste beim Jobcenter Anträge stellen, dabei seine Vermögensverhältnisse offenlegen, möglicherweise auch Fragen zu seinen Wohnverhältnissen beantworten und würde zudem den erwerbstätigen Arbeitslosengeld-II-Empfängern zugerechnet. Wir würden, überspitzt gesagt, zu einem Volk von ergänzenden Hartz-IV-Empfängern und vermutlich in öffentlicher Wahrnehmung kurz darauf zu einem Volk von «working poor». Kein Wunder also, dass schon so mancher Politiker, der forsch einen deutlich niedrigeren Transferentzug bei Hartz IV forderte, still zurückruderte, nachdem kundige Berater ihm klargemacht hatten, wie stark der Kreis der Zuverdienstberechtigten sich ausweiten würde. Wir müssen also nach Alternativen suchen (vgl. Kap. 18).

Also ein höherer Mindestlohn?

Wenn es Probleme mit dem Abstand zwischen Hartz IV und Erwerbseinkommen gibt, muss eben der Mindestlohn erhöht werden, so eine häufig zu hörende Forderung. Ohnehin habe sich Hartz IV zu einer gigantischen Maschinerie zur Subventionierung von Armutslöhnen entwickelt. Dies beweise, dass es fast 1,2 Mio. erwerbstätige Empfänger von Arbeitslosengeld II (Hartz IV) gibt.[20] Aber von diesem in der öffentlichen Wahrnehmung zur Gewissheit verfestigten Vorwurf bleibt bei näherer Betrachtung nicht viel übrig. Knapp 1,1 Mio. erwerbstätige Arbeitslosengeld-II-Empfänger sind abhängig Beschäftigte, beziehen also einen Lohn. Knapp 400 000 von ihnen haben ausschließlich eine geringfügige Beschäftigung. Allein von einem Minijob kann man nicht leben, selbst wenn der Stundenlohn gut ist; unabhängig von dessen

Höhe ist das Entgelt maximal 450 Euro pro Monat. Hier wird nicht die Erwerbstätigkeit durch Hartz IV aufgestockt, sondern der Transferbezug in beschränktem Umfang durch Arbeit ergänzt. Die Bedingungen dafür zu verbessern, war eine ausdrückliche Zielsetzung der Agenda 2010.

Knapp 600 000 der erwerbstätigen Leistungsempfänger arbeiten in einer sozialversicherungspflichtigen Beschäftigung, davon jedoch nahezu 400 000 in Teilzeit. Auch ein Teilzeitjob reicht häufig nicht, zumal wenn ein Partner oder Kinder zu versorgen sind. 194 000 arbeiten in Vollzeit und erhalten dennoch ergänzendes Arbeitslosengeld II. Aber auch hier muss man die Familienkonstellation berücksichtigen. 26 000 der Vollzeittätigen sind Alleinerziehende. 29 000 leben in einer Paarbeziehung ohne Kinder, hier dürfte in der Regel nur ein Partner vollzeiterwerbstätig sein und der andere nicht oder allenfalls in Teilzeit arbeiten. Weitere 83 000 Erwerbstätige leben in einer Paarbeziehung mit Kindern, bei ihnen reicht der Vollzeitjob nicht, um sich selbst und ihre Familie zu versorgen. 47 000 sind vollzeitbeschäftigte Alleinstehende, die trotz Vollzeitarbeit auf ergänzende Hilfe angewiesen sind.

Was bedeutet das für die Festsetzung des Mindestlohns? Niemand, der kundig ist, fordert einen Mindestlohn, der garantiert, dass stets auch eine Teilzeitbeschäftigung zum Leben reicht. Aber bei Vollzeit? Auch das geht nicht in allen Familienkonstellationen. Wollte man wirklich über einen Mindestlohn sicherstellen, dass beispielsweise ein Alleinverdiener das soziokulturelle Existenzminimum auf heutiger Höhe für sich, seinen Partner und drei Kinder ausschließlich durch sein Erwerbseinkommen erwirtschaften kann, so wäre ein Bruttostundenlohn von über 13 Euro erforderlich. Auch dann bekäme er aufgrund der dargestellten Zuverdienstregelung noch ergänzendes Arbeitslosengeld II. Soll auch dies nicht mehr erforderlich sein, beträgt der notwendige Mindestlohn fast 16 Euro. Das fordert wohl kaum jemand.

Der Hinweis, früher habe ein Gehalt für eine kinderreiche Familie doch auch ausgereicht, idealisiert die Verhältnisse vor dem

Siegeszug des Sozialstaats. Der Lohn von Arbeitern sicherte die physische Existenz größerer Familien, und das mehr schlecht als recht. Das Alleinernährermodell war keineswegs vorherrschend, Heimarbeit von Frauen verbreitet. Die katholische Soziallehre musste ihre lange erhobene Forderung nach einem «Familienlohn», der die «Normalfamilie» ohne Frauenerwerbstätigkeit und ohne weitere Unterstützungsformen absichert, aufgeben. Die Debatte wurde während der Einführung des Kindergeldes in den 1950er Jahren noch vehement geführt.[21]

Löhne können in einer Wettbewerbsökonomie nicht nach der Familiengröße differenziert werden; die Gefahr, dass Eltern kinderreicher Familien bei der Einstellung benachteiligt würden, wäre nicht zu bannen. Eine Differenzierung nach Kinderzahl kann verlässlich nur der Staat im öffentlichen Dienst leisten, allenfalls auch einzelne Unternehmen mit außergewöhnlich starker Marktstellung. Der Familienlastenausgleich wurde aus guten Gründen zu einer öffentlich finanzierten Aufgabe. Zudem orientieren sich die gesellschaftlichen Vorstellungen darüber, was zum Leben erforderlich ist, an dem, was die Mitte zur Verfügung hat. Wenn Alleinstehende ohne Kinder sowie doppelverdienende Paare ohne oder mit wenigen Kindern zur Norm werden, bestimmen diese das mittlere Einkommen, von dem auch die Armutsrisikoschwelle abgeleitet wird. Wenn kinderreich zu sein kein Armutsrisiko sein soll, das heißt, wenn der Abstand des Lebensstandards kinderreicher Familien zur Mitte nicht zu groß werden soll, benötigen wir irgendeine Form der ergänzenden Unterstützung von Familien im Niedrigeinkommensbereich. Dies erfolgt heute entweder über ergänzendes Arbeitslosengeld II oder einen Kinderzuschlag oder Wohngeld. Das Zusammenspiel der Instrumente ist höchst ungenügend. Wie es weiterzuentwickeln ist, gehört zur Reformdebatte über Hartz IV.

Und was ist mit den Alleinstehenden in Vollzeit, die dennoch ergänzend Hartz IV bekommen? Man hätte erwartet, dass diese Gruppe mit Einführung des Mindestlohns aus der Statistik verschwindet. Es gibt immer noch Defizite bei seiner Umsetzung;

dieses Problem wird sich hoffentlich mit der Zeit durch ausreichende Kontrollen lösen lassen. Aber auch bei Alleinstehenden kann der Mindestlohn an seine Grenzen stoßen. Denn das Jobcenter erstattet die Kosten für die Unterkunft nach dem tatsächlichen Bedarf (sofern dieser als angemessen anerkannt wird). Somit zahlt das Jobcenter in München deutlich mehr als in Leipzig und in den Städten in aller Regel mehr als auf dem Land. Der Mindestlohn wird aber bundesweit festgesetzt, er kann somit keine Rücksicht auf regionale Besonderheiten nehmen. Sollte der Mindestlohn so hoch sein, dass für Alleinstehende kein Euro mehr als ergänzendes Arbeitslosengeld II gezahlt werden muss, wären in München 12,77 erforderlich. In Leipzig dagegen reicht der Mindestlohn auf heutiger Höhe.[22]

Warum nicht den Mindestlohn bundesweit auf 12,77 Euro anheben? Ein hoher Mindestlohn nutzt nur denen, die ihre Arbeit behalten. Schreckensszenarien, auch mit einem moderaten Mindestlohn würden Hunderttausende von Jobs wegfallen, haben sich nicht bewahrheitet. Aber das heißt nicht, dass es keine Grenzen gäbe. Sie auszuloten ist Aufgabe der Mindestlohnkommission. Sie muss sich hierbei an den zu erwartenden beschäftigungspolitischen Folgen orientieren.

Es stimmt, einige Länder haben höhere Mindestlöhne; im Verhältnis zum mittleren Stundenlohn der in Vollzeit Beschäftigten beträgt der Mindestlohn in Deutschland 48%, in Frankreich aber 61%.[23] Aber ist Frankreichs Arbeitsmarktpolitik ein Vorbild für uns? Der hohe Mindestlohn, der dort ohne Ausnahme auch für junge Neuzugänger zum Arbeitsmarkt gilt, steht neben massiven Defiziten im beruflichen Ausbildungssystem unter dem Verdacht, eine der Ursachen für die hohe Jugendarbeitslosigkeit in Frankreich zu sein. Zudem muss die Mindestlohnsetzung in Deutschland berücksichtigen, dass die Entlohnungsverhältnisse in West- und Ostdeutschland sich weiterhin erheblich unterscheiden, der Anteil der von einer Mindestlohnsetzung oder -erhöhung betroffenen Beschäftigungsverhältnisse in Ostdeutschland ist deutlich höher.[24] Welche Mindestlohnhöhe in Brandenburg oder Mecklenburg-Vorpommern ohne allzu große beschäftigungspolitische Verwerfungen akzeptabel ist, entscheidet sich nicht danach, wie hoch die Mieten in München sind. Als Gegenmittel gegen die Belastungen hoher Mieten in Ballungszentren sind zielgenauere Instrumente, etwa ergänzende Hilfen oder ein höheres Wohngeld, besser geeignet als die Mindestlohnpolitik.

18.
Fairness für Familien mit niedrigem Einkommen

Für Familien am unteren Rand der Mitte lohnt sich Arbeit zu wenig

Bereits bei der Umsetzung der Agenda 2010 beschlich die Verant-wortlichen ein ungutes Gefühl bei dem Gedanken, dass Kinder zum Grund für den Hartz-IV-Bezug werden können, wenn die Eltern im Niedriglohnsektor arbeiten. Daher wurde zeitgleich der Kinderzuschlag beschlossen. Er wird gewährt, wenn Eltern den ei-genen Lebensunterhalt sichern können, nicht aber den ihrer Kin-der. Er beträgt derzeit monatlich maximal 170 Euro pro Kind[1] und wird von der Familienkasse ausgezahlt, die auch das Kinder-geld (monatlich 194 Euro pro Kind) verwaltet.

Der Kinderzuschlag ist ein grundsätzlich geeignetes und ziel-genaues Förderinstrument, doch hat er einige Tücken und Kons-truktionsmängel. Er ist an ein Mindesteinkommen gebunden. Bereits kleinere Schwankungen im Einkommen können deshalb dazu führen, dass der Anspruchsberechtigte zwischen Jobcenter und Familienkasse hin- und her verwiesen wird, mit dem entspre-chenden bürokratischen Aufwand.[2]

Auch beim Kinderzuschlag wirkt ein Transferentzug von 50%. Das ist zwar niedriger als bei den Zuverdienstregelungen in der Grundsicherung für Arbeitsuchende, aber viele Familien beziehen auch Wohngeld, das ebenfalls abgeschmolzen wird. In der Summe können sich dann exorbitante Grenzbelastungen ergeben, so der

Fachterminus; gemeint ist damit alles, was von einem Euro Brut-
tomehrverdienst abgezogen wird, sei es durch wegfallende Hilfen,
Sozialabgaben oder Steuern. Danach bestimmt sich, um wie viel
Cent sich das verfügbare Einkommen bei einem Euro Mehrverdienst erhöht. Erläutert sei dies am Beispiel eines Alleinverdiener-
paars mit zwei Kindern.[3] Solange das Einkommen so niedrig ist,
dass die Familie Hartz-IV-Leistungen bezieht, liegt die Grenzbelastung bei 80% entsprechend der oben bereits dargestellten Zuverdienstregelung. Verdient das Paar so viel, dass es Kinderzuschlag und Wohngeld erhält, sinkt die Grenzbelastung zunächst
auf ungefähr 50%, da das Wohngeld abgeschmolzen wird und Sozialversicherungsbeiträge zu leisten sind. Steigt das Einkommen
über die Grenze, ab der nun auch der Kinderzuschlag abgeschmolzen wird,[4] springt die Grenzbelastung auf über 90%. Wird die
Höchsteinkommensgrenze[5] des Kinderzuschlages erreicht, entfällt
dieser abrupt für beide Kinder; trotz steigenden Bruttoeinkommens sinkt das verfügbare Einkommen der Familie um 170 Euro.
Das wirkt wie eine Besteuerung von über 100% und ist eindeutig ein Konstruktionsfehler. Erst wenn auch das Wohngeld abgeschmolzen ist, in diesem Beispiel bei einem Jahreseinkommen
von ca. 36 000 Euro, kommt das Paar in die normale Lage, dass
die Grenzbelastung allein durch die Sozialabgaben und die Steuer
bestimmt wird und dann bei etwa 40% liegt. Erst dann wieder
kann sich das Paar über ein höheres Bruttoeinkommen wirklich
freuen, weil sich dann auch das Nettoeinkommen spürbar erhöht.

Zu den hier dargestellten Abzügen, die bei steigendem Einkommen anfallen, kommen noch weitere Belastungen hinzu. Wer
die Abhängigkeit von Hilfe überwindet, kann sich dann nicht
mehr von den Rundfunkgebühren befreien lassen. Auch entfallen
Hilfen bei Klassenreisen und regional gewährte Ermäßigungen
für den öffentlichen Personennahverkehr oder das kommunale
Schwimmbad. Möglicherweise sind höhere Kitagebühren fällig.
All dies erhöht die Grenzbelastung, die auf dem Einkommen der
Eltern liegt, zusätzlich.

Alleinerziehende stehen schlechter da als Paare, denn sie haben meist nichts vom Kinderzuschlag. Die Unterhaltszahlungen des von der Familie getrennt lebenden Elternteils werden bei der Berechnung des Kinderzuschlags nicht der (oder dem) Alleinerziehenden zugerechnet, sondern dem Kind, obwohl sie zur Deckung des Lebensunterhalts der Alleinerziehendenfamilie genauso beitragen wie das Erwerbseinkommen der Alleinerziehenden. Das Kind hat somit eigene Einkünfte, die mit dem Kinderzuschlag verrechnet werden. Liegen die Unterhaltszahlungen (oder der Unterhaltsvorschuss) über 170 Euro, entfällt der Kinderzuschlag ganz, liegen sie darunter, wird er anteilig gekürzt. Aufgrund dieser Regelung sind sehr viele in Teilzeit arbeitende Alleinerziehende im Bezug des Arbeitslosengeldes II.

Einkommensabhängige Kindergrundsicherung

Das Problem ist bei der Politik angekommen. So heißt es im Koalitionsvertrag von 2018: «Wir werden ein Maßnahmenpaket zur Bekämpfung der Kinderarmut schnüren: Dazu wollen wir zur Entlastung einkommensschwacher Familien, insbesondere auch Alleinerziehender und kinderreicher Familien, den Kinderzuschlag erhöhen. Gemeinsam mit dem Kindergeld soll der Mindestbedarf des sächlichen Existenzminimums (derzeit 399 Euro) gedeckt werden. Wir werden die harte Abbruchkante abschaffen und sorgen so dafür, dass die Leistung bei steigendem Einkommen langsam ausläuft, sodass vom Einkommen mehr übrig bleibt. Damit wollen wir die Leistungsbereitschaft fördern und Anreize zur Aufnahme und Steigerung von Erwerbsarbeit der Eltern setzen. Dabei müssen wir prüfen, wie Kinderzuschlag, Wohngeld, Kinderunterhalt und/oder Unterhaltsvorschuss besser aufeinander abgestimmt werden können. Die Beantragung dieser Leistung für Familien wollen wir entbürokratisieren und die Antragstellung dort, wo es möglich ist, mit Anträgen auf weitere Leistungen zusammenführen. Wir wollen erreichen, dass Berechtigte die Leistung tatsächlich erhalten. Für Vermögen und Einkommen des Kindes aus Erwerbstätigkeit oder Ausbildungsvergütung werden wir einen Freibetrag schaffen.»[6]

Der Koalitionsvertrag ist sofort nach seiner Bekanntgabe von Sozialverbänden und vielen Kommentatoren in einer nörgelnden Grundhaltung kommentiert worden, obwohl der zitierte Passus ein durchaus ambitioniertes Vorhaben skizziert. Die Alleinerziehenden sollen endlich ebenfalls vom Kinderzuschlag profitieren. Die leistungsfeindliche Abbruchkante beim Kinderzuschlag soll entfallen; mehr Familien würden allein dadurch einen Kinderzuschlag erhalten. Die Zusammenschau von Kindergeld, Kinderzuschlag und Wohngeld könnte Wege eröffnen, die bestehenden Leistungen zu einer einkommensabhängigen Kindergrundsicherung weiterzuentwickeln. Dazu gehört, die erratischen Sprünge in der Grenzbelastung zu glätten, die für Einkommensempfänger im Niedrigeinkommensbereich schlicht nicht nachzuvollziehen sind. Eine zusammengeführte Leistung in Trägerschaft der Familienkassen würde vermutlich von den allermeisten Familien auch in Anspruch genommen, verdeckte Familienarmut damit wirksam bekämpft.

Nicht im Koalitionsvertrag angesprochen wird die Frage, ob Paare und Alleinerziehende im Niedrigeinkommensbereich bei den Sozialabgaben entlastet werden sollen. Im derzeitigen System werden hohe Abzüge durch Sozialabgaben mit Aufstockungen aus Steuermitteln kombiniert. Es wäre grundsätzlich möglich, die Abgaben im Niedrigeinkommensbereich zu senken und die bisher für Aufstockungen eingesetzten Steuermittel zur Kompensation der Ausfälle bei den Sozialversicherungen zu nutzen. Das wäre notwendig, denn mit der Umsteuerung soll keine Absenkung sozialer Leistungen verbunden sein.

Mit der Zusammenführung der Systeme sind höchst komplexe Fragen verbunden. Wie wird man den unterschiedlich hohen Mieten der Familien gerecht, die derzeit bei der Arbeitslosenhilfe II als auch beim Wohngeld berücksichtigt werden? Wie harmonisiert man die unterschiedlichen Vermögensfreigrenzen der Systeme? Wie löst man Verteilungskonflikte zwischen Bund, Ländern und Kommunen, die in unterschiedlichen Mischungen die Finanzierung der derzeitigen Systeme tragen? Daher ist es kein Zeichen einer Flucht ins Unverbindliche, sondern sinnvoll, dass der Koalitionsvertrag hier noch keine Festlegungen im Detail trifft, sondern einen Prüfauftrag ausspricht. Schnellschüsse wären nur schädlich. Die damit verbundene gesellschaftliche Debatte könnte, optimistisch gesehen, zu einer höheren Akzeptanz des Grundsicherungssystems führen. Wir brauchen sie dringend, um Menschen am Rande wirksamer zu unterstützen.

Wie teuer die Reform wird, hängt davon ab, ob allein eine Harmonisierung erfolgt, oder ob Familien im Niedrigeinkommensbereich auch materiell bessergestellt werden. Wenn wir wollen, dass sich Familien im Niedrigeinkommensbereich bereits bei geringeren Einkommen über einen höheren Verdienst freuen können, sich Arbeit für sie also stärker lohnt als heute, ist eine schlichte Glättung der Grenzbelastungen allein nicht ausreichend. Der Transferentzug muss nicht nur harmonisiert, sondern auch gesenkt werden. Dann werden auch Familien in der unteren Mitte von der Zusammenführung und der Weiterentwicklung zu einer einkommensabhängigen Kindergrundsicherung profitieren.

Stellen wir uns vor, dieser Kraftakt gelingt, so wie die Einführung des Mindestlohns in der letzten Legislaturperiode gelungen ist – würde dies öffentlich wahrgenommen werden? Vermutlich kämen wir zumindest ein Stück aus der Falle heraus, dass höhere Leistungen als Zunahme einer sozialen Schieflage wahrgenommen würden. Die Meldung «Kindergrundsicherung wurde erhöht» ist wohl weniger skandalträchtig als «Zahl der Hartz-IV-Kinder wächst». Es werden zwar viele, die unten stehen, gewinnen, aber andere nicht. Läuft es dann wie beim Mindestlohn, um den lange gerungen wurde, der aber plötzlich kaum mehr der Rede wert war, nachdem es ihn gab?

19.
Arbeit muss sich auch im
Alter gelohnt haben

Wie stark wächst das Risiko, im Alter arm zu sein?

Derzeit beziehen 3,1% der Menschen im Rentenalter Grundsicherungsleistungen, häufig ergänzend zu einer zu geringen Rente. Unter den Deutschen im Rentenalter waren es 2,4%, unter den Ausländern 16,5%.[1] Auch hier zeigt sich die weit höhere Betroffenheit der Menschen mit Migrationshintergrund. Würden alle Anspruchsberechtigten (ergänzende) Grundsicherung beantragen, erhielten etwa 5% der Menschen im Rentenalter Hilfe. Es gibt also verdeckte Altersarmut. Die Fehlinformation, bei der Grundsicherung im Alter würden die Kinder in Regress genommen, ist weiterhin verbreitet. Um verdeckter Armut entgegenzuwirken, schickt die Rentenversicherung allen Neurentnern mit einer Rente unter Grundsicherungsniveau ein Antragsformular und Informationen zu.

Im Alter sind häufig Personen auf Grundsicherung angewiesen, die bereits im erwerbsfähigen Alter ein hohes Armutsrisiko hatten, da sie keine Ausbildung haben oder eine gebrochene Berufsbiographie und deshalb große Lücken bei ihren Versicherungsbeiträgen aufweisen, sowie überproportional auch nicht abgesicherte Selbständige. Wer sein ganzes Berufsleben in Vollzeit auf Mindestlohnniveau arbeitet, wird eine ergänzende Grundsicherung benötigen, wenn er nicht mit einem bessergestellten Partner zusammenlebt oder auf andere Einkommen oder Vermögen zurückgreifen kann. Es wird nicht bei der heutigen Quote der Grund-sicherungsbezieher bleiben, unter anderem weil in nächster Zeit viele in Rente gehen werden, die in den Zeiten hoher Arbeitslosig-keit nur eine durchbrochene Berufsbiographie hatten. Die Quote der Grundsicherungsbezieher ist heute in Ostdeutschland noch etwas niedriger als im Westen,[2] aber dies wird nicht so bleiben, da dort die Arbeitslosigkeit in den Jahren nach der Wiedervereini-gung besonders hoch war.

In einer repräsentativen Befragung von 2011/12 geben 38 % der befragten Haushalte an zu erwarten, mit hoher Wahrscheinlich-keit im Alter selbst auf (ergänzende) Grundsicherung angewiesen zu sein.[3] Dies sind weit mehr als betroffen sein werden. Eine vom Deutschen Institut für Wirtschaftsforschung, Berlin, und dem Zentrum für Europäische Wirtschaftsforschung, Mannheim, vor-genommene Abschätzung weist in einem Basisszenario (keine Re-formen zur Verbesserung der Alterssicherung) einen Anstieg der Grundsicherungsquote von 5,4 % im Zeitraum 2015 bis 2020 auf 7,1 % im Zeitraum 2031 bis 2036 aus. Der höhere Ausgangswert er-gibt sich daraus, dass der hier gewählte methodische Ansatz ver-deckt Arme miterfasst. Die Armutsrisikoquote der Rentenbevöl-kerung würde im gleichen Zeitraum um vier Prozentpunkte steigen.[4] Diese Abschätzung ist weit entfernt von der Horrormel-dung «Fast jedem Zweiten droht eine Armutsrente», wie sie der WDR verbreitet hat.[5]

Eine allgemeine Rentenerhöhung nutzt den Armen kaum

Eine latente oder gar offene Diskreditierung der Grundsicherung kann die Reformdebatte in die falsche Richtung lenken. Das zeigte sich im Vorfeld der Bundestagswahl 2017. Die Forderung, das sogenannte Rentenniveau zu erhöhen, wurde immer wieder mit dem Verweis auf die steigende Altersarmut begründet und da-mit der Eindruck erweckt, die geforderte Rentenerhöhung diene vorrangig den Armen. Aber die diskutierten Vorschläge zur Rentenreform würden die Quote der Grundsicherungsempfänger im Alter nur geringfügig senken. Die Stabilisierung des Rentenniveaus bei langfristig 46% lässt die prognostizierte Grundsicherungsquote für die erste Hälfte der 2030er Jahre von 7,1 auf 6,8% sinken.[6] Dieser geringe Effekt ergibt sich aus dem Äquivalenzprinzip der Rentenversicherung. Denn was passiert, wenn man das Rentenniveau für alle anhebt? Die Bezieher guter Renten bekämen deutlich mehr, Menschen mit Minirenten bekämen nur kleine Zuschläge. Einige wenige würden über die Schwelle des soziokulturellen Existenzminimums gehoben, gewinnen würden auch diejenigen, die in verdeckter Armut leben und ihre Ansprüche nicht geltend machen. Die meisten der heutigen und künftig erwarteten Grundsicherungsempfänger wären weiterhin auf ergänzende Hilfe angewiesen.

Sie haben keinerlei Grund, sich über ihre kleine Rentenerhöhung zu freuen, jedenfalls nicht, solange die Grundsicherung im Alter so bleibt, wie sie ist. Die Ansprüche aus der gesetzlichen Rente werden bei der Berechnung der Grundsicherung in voller Höhe angerechnet; die Rente steigt, die ergänzende Grundsicherung sinkt genau um denselben Betrag. Unter dem Strich bleibt Nullkommanichts. Aber Arbeit muss sich lohnen. Arbeit muss sich auch im Alter gelohnt haben. Für den, der sein ganzes Berufsleben zum oder etwas über dem Mindestlohn gearbeitet hat, ist dieses Prinzip verletzt. Und ergänzende Grundsicherung erhält er auch erst, wenn er seine Ersparnisse bis auf 5000 Euro aufgebraucht hat. Denn die Vermögensfreigrenzen der Grundsicherung im Alter sind deutlich knauseriger als bei Hartz IV.

Warum nicht alle gesetzlichen Renten auf das Grundsicherungsniveau anheben? Eine solche Mindestrente wird immer wieder gefordert, aber das wäre Sozialpolitik mit der Schrotflinte. Mit jedem Armen, den man auf diese Weise unterstützt, würde man mehrere Menschen materiell besserstellen, die nicht auf Hilfe angewiesen sind. Niedrige gesetzliche Renten sind kein verlässlicher Indikator für Altersarmut. Gerade Bezieher niedrigster Renten

haben ein überdurchschnittliches Gesamteinkommen. Die alleinstehenden Männer mit einem gesetzlichen Rentenanspruch unter
500 Euro haben ein durchschnittliches Gesamteinkommen von
2000 Euro pro Monat, bei alleinstehenden Frauen sind es fast
1500 Euro.[7] Es sind beispielsweise Menschen, die kurze Zeit sozialversicherungspflichtig beschäftigt waren und dann als Beamte
oder erfolgreiche Selbständige tätig waren. Es gibt keinerlei
Grund, sie mit Menschen in Altersarmut über einen Kamm zu
scheren und ebenfalls besserzustellen. Auch gibt es Bezieher kleiner Renten, die über ihren Partner gut abgesichert sind. Ein ziel-
gerichtetes Hilfesystem ist bedarfsgeprüft, es berücksichtigt alle
Einkommensarten, Vermögen und den Haushaltskontext.

Rente und Grundsicherung klug kombinieren

Wenn man den Armen helfen will, muss man sich für Regelungen
einsetzen, die ihr Ziel auch erreichen. Der Koalitionsvertrag von
2018 stellt sich der Problematik. Vorgesehen ist eine «Grundrente», die Grundsicherungsbeziehern, die 35 Jahre und mehr Bei-
tragszeiten zur Rentenversicherung, Zeiten der Kindererziehung
oder Pflegezeiten aufweisen, zusteht. Sie soll 10% über der Grundsicherung liegen. Die Regeln zur Vermögensverwertung und dem
Schonvermögen sollen so geändert werden, dass die Empfänger
staatlicher Hilfen eine selbstbewohnte Immobilie nicht aufgeben
müssen.[8] So begrüßenswert dies ist, die Grenze von 35 Jahren wird
neue Fragen aufwerfen. Wer als Flüchtling erst im Alter von
35 Jahren in den Arbeitsmarkt einsteigt, kann die geforderte Min-
destzeit nicht erreichen. Seine Rentenzahlungen sind weiterhin
komplett verloren. Gleiches gilt für jene, die aufgrund längerer
Arbeitslosigkeit knapp unter den geforderten 35 Jahren bleiben.
Prompt wurde nach Bekanntgabe der Vereinbarung aus den Sozialverbänden gefordert, auch Zeiten der Arbeitslosigkeit bei der
Grundrente anzuerkennen. Dann aber bedeutet sie faktisch eine
Erhöhung der Grundsicherung für alle, unabhängig von der Er-

werbsbiographie. Eine gesonderte Anerkennung der Lebensleistung einer langen Berufstätigkeit wäre dies dann nicht mehr. Eine überlegenswerte Alternative zu der Regelung im Koalitionsvertrag wäre, einen prozentualen Anteil der erarbeiteten Rentenansprüche, zum Beispiel 10 oder 20%, bei der Berechnung der Grundsicherung im Alter nicht anzurechnen, ggf. bis zu einer festzulegenden Obergrenze. Dann gälte für jeden, der sozialversicherungspflichtig gearbeitet hat, dass sich Arbeit im Alter gelohnt haben wird. Die genauen Parameter können erst auf der Grundlage detaillierter Simulationsrechnungen sinnvoll diskutiert und entschieden werden.

Wie immer die Ausgestaltung erfolgt, im Kern geht es um eine Weiterentwicklung der Grundsicherung. Ihre Abwicklung soll durch die Rentenversicherung geschehen, aber dabei ist die aus guten Gründen erfolgende Bedürftigkeitsprüfung nur in Zusammenarbeit mit den für die Sozialhilfe zuständigen Behörden zu leisten. Das führte zu ablehnenden, teils auch hämischen Kommentaren. Es handle sich um einen «dreisten Etikettenschwindel», die «Grundrente» sei nichts weiter als eine «Sozialhilfe Plus».[9] Da ist sie wieder, die Diskreditierung der Grundsicherung, die uns sozialpolitisch im Weg steht. Denn Freibeträge auf die Renteneinkünfte werden die Zahl der Grundsicherungsempfänger mathematisch zwingend erhöhen, je großzügiger sie sind, desto mehr. Auch eine weitere Erhöhung der Vermögensfreigrenzen (2017 erhöht auf 5000 Euro) wirkte in dieser Richtung. So wichtig es ist, vorgelagerte Sicherungssysteme zu stärken: Auf eine Grundsicherung, die Arme zielgerichtet unterstützt, können wir nicht verzichten. Also sollten wir sie nicht diskreditieren, sondern weiterentwickeln.

20.
Ausblick: Stückwerk für mehr Gerechtigkeit

Deutschland hat einen ausgebauten Sozialstaat. Die Behauptung, heute sei davon nur noch ein «Suppenküchensozialstaat» übriggeblieben, ist empiriefreie Empörung. Der vorherrschende Niedergangsdiskurs birgt hohe Risiken. Er bringt den Sozialstaat in den «permanenten Verdacht, das Gegenteil dessen zu bewirken, wofür er geschaffen wurde, mehr Gerechtigkeit hervorzubringen».[1] Das kann nach hinten losgehen und das Gefühl verbreiten: Wenn der Sozialstaat vermeintlich so wenig oder stets das Falsche leistet, wie seine Kritiker behaupten, lohnt es ja kaum noch, ihn zu verteidigen.

Obwohl ständig über seinen Abbau lamentiert wird, wurde der Sozialstaat an vielen Stellen Stück für Stück ausgebaut. Es gibt weiterhin Sozialpolitiker, die mit Leidenschaft und Augenmaß dicke Bretter bohren und sich dafür einsetzen, ihn neuen Herausforderungen anzupassen. Sie brauchen Unterstützer, die nicht an das Scheitern, sondern an das Gelingen des Sozialstaats glauben.

Ja, der Sozialstaat ist kompliziert; das ist immer wieder Anlass für Kritik. Vorschläge zur radikalen Vereinfachung sind beliebt, und mit der Anprangerung der Sozialbürokratie kann man wohlfeil punkten. Doch das Sozialbudget in Höhe von 900 Mrd. Euro pro Jahr kann nicht «unbürokratisch», sondern muss nach Recht und Gesetz verausgabt werden. Auch wenn es wünschenswert wäre, den Sozialstaat übersichtlicher zu gestalten: Viele der komplizierten Regelungen sind keine Schikane, sondern häufig Ausdruck des Spannungsverhältnisses zwischen Einfachheit und Gerechtigkeit. Vertreter der Sozialverbände werden, wenn sie ehrlich sind, bestätigen, dass viele ihrer Forderungen, die sie aus Kenntnis von Defiziten im Hilfesystem entwickelt haben, eher zu wachsender Komplexität als zur Vereinfachung beigetragen haben. Auch zwischen der Einfachheit der Systeme und ihrer fiskalischen Tragfähigkeit besteht meist ein Zielkonflikt; differenzierte Anspruchsvoraussetzungen und die deshalb erforderlichen Einzelfallprüfungen dienen nicht zuletzt der Sicherung finanzieller Nachhaltigkeit. In Phantasien radikaler Vereinfachung kann nur schwelgen, wer nie in den Maschinenraum des Sozialstaats herabgestiegen ist.

Sozialpolitik ist mühsames reformerisches Stückwerk. Das komplexe System des deutschen Sozialstaats ist nicht nach einem umfassenden Plan entworfen und in einem Zug erbaut worden, sondern historisch gewachsen. Die Sozialpolitiker sind daher keine Architekten, sondern Handwerker, die sich bemühen, ein verwinkeltes Gebäude an die Herausforderungen der Gegenwart anzupassen und funktionstüchtig zu halten. Alles was sie leisten, sei nur Klein-Klein, springe zu kurz, packe das Problem nicht an der Wurzel, sei kein großer Wurf: Das geradezu reflexartige ritualisierte Synchronmaulen gegen den Koalitionsvertrag von 2018 beruht auf diesen oder ähnlichen Floskeln. Sobald man versucht, die komplexen Wirkungsketten sozialstaatlicher Interventionen zu verstehen und die Grenzen der Finanzierung zu beachten, wird man bescheidener.

Wo bleiben die Visionen? Diese Frage stellt sich leicht. Aber Politik ist eine Abfolge überschaubarer Reformen. Gute Reformpolitik ist kein planloses Herumprobieren.[2] Es ist höchst anspruchsvoll, die Auswirkungen jeder Reformmaßnahme auch in anderen Politikfeldern im Blick zu behalten. Reformpolitik muss sich an weiterreichenden Zielen orientieren. Nur in diesem Sinne ergibt die Diskussion um Visionen Sinn, wenn sie nicht in ein sozialpolitisches Nirwana abhebt. Ist es nicht Vision genug, daran zu arbeiten, dass wir – gegen alle Bedrohungen des Populismus von links und rechts – eine liberale Demokratie bewahren und festigen, in der Bürger in der Rahmenordnung des Grundgesetzes ihr Leben frei gestalten können, in der sie, wie Theodor W. Adorno es ausdrückte, «ohne Angst verschieden sein» können?[3] Übrigens sind bezüglich der Akzeptanz von Verschiedenheit die Verhältnisse in Deutschland kontinuierlich besser geworden.

Es ist eine lohnende Herausforderung, daran zu arbeiten, dass die hohe Zustimmung zum Sozialstaat erhalten bleibt, dass es weiterhin eine zwar murrend zahlende, aber doch gegenüber dem Schicksal anderer Menschen einigermaßen empathische Mitte der Gesellschaft gibt. Das gelingt nicht ohne das mühsame und leidige Geschäft, die Sozialsysteme nachhaltig zu gestalten, sie immer wieder anzupassen und zu sichern. Herausfordernd wird sein, in der Empathie für Menschen am Rande Schutzsuchende und Flüchtlinge nicht auszugrenzen. Höchst anspruchsvoll ist auch das Ziel, das sozialstaatliche Instrumentarium stärker als heute auf die Vermeidung sozialer Notlagen auszurichten und dem Prinzip der Befähigungsgerechtigkeit mehr als heute Raum zu verschaffen.

Damit die Debatte zur Reform des Sozialstaats überhaupt sinnvoll geführt werden kann und dabei hilft, bestehende Ungerechtigkeiten zu überwinden, muss von den Teilnehmern die Komplexität des sozialstaatlichen Gebäudes grundsätzlich anerkannt werden. Es ist immer wieder ein Leichtes, eine vermeintlich einfache, umfassende und auch noch gerechtere Lösung aus dem Hut zu zaubern, wenn man dabei die realen und gewachsenen, zugegebenermaßen komplizierten Zusammenhänge, auf denen die Lösung fußen muss, schlicht nicht zur Kenntnis nimmt. Die mit großer Geste gemachten Vorschläge haben bisher einer näheren Prüfung nicht standgehalten. Unerfüllbare Erwartungen werden geschürt, wichtige Errungenschaften mit Fehlinterpretationen schlechtgemacht, und das auf einem Gebiet, wo die Bürger sensibel reagieren; das ist nicht nur unsachlich, sondern gefährlich.

Bei den Problemen des Sozialstaats müssen Prioritäten gesetzt werden. Man kann nicht einfach alles fordern, was wünschenswert oder nützlich wäre. Politiker mit Regierungsverantwortung können sich dem Zwang nicht entziehen, die Sozialleistungen finanzierbar zu halten. Eine höhere Erbschaftsteuer wäre sinnvoll und wird zu Recht gefordert, aber deren Einnahmen können nicht gleichzeitig als Gegenfinanzierung für vielerlei Vorschläge dienen, sondern nur einmal verausgabt werden.

Eng verbunden mit dem Zwang zur Prioritätensetzung ist der zur Vereinbarkeit der Regelungen in den unterschiedlichen Politikfeldern. Man kann nicht einerseits die hohen Lasten für die junge Generation beklagen, andererseits aber jede Reform zur Sicherung der fiskalischen Nachhaltigkeit des Rentensystems zurückweisen. Und den Bedürfnissen von Kranken, Pflegebedürftigen, Langzeitarbeitslosen, alten Menschen, Armen oder Familien kann man nicht gerecht werden, ohne auf die Stabilität des Gesamtsystems sozialer Sicherung zu achten. Dazu gehört auch die Frage, wie soziale Sicherung in einer demokratischen Gesellschaft mehrheitsfähig bleibt und auch diejenigen vom Nutzen einer guten sozialen Sicherung zu überzeugen sind, die mehr dafür bezahlen, als sie erhalten – oder das zumindest glauben. Das gelingt nur, wenn die Belastungen in der breiten Mitte der Gesellschaft erträglich und angemessen sind. Glaubwürdigkeit gewinnt auf Dauer nur die Lösung, die sich den Konsistenzproblemen der Politik stellt.

Zur Ethik des sozialpolitischen Diskurses gehört, mit den Verführungen der medialen Welt verantwortlich umzugehen. Das ist auch eine Herausforderung für Sozialverbände, die um das knappe Gut öffentlicher Beachtung im Wettbewerb stehen. Die Versuchung ist groß, Positionen in unseriöser Weise zuzuspitzen. In Interviews sehen sich die Vertreter der Sozialverbände mit der Erwartung konfrontiert, Worte der Verurteilung oder Empörung ins Mikrophon zu sprechen; Differenzierung stört da nur. Die Medien erwarten für ihre Zuschauer und Leser zu Recht verständliche und knappe Äußerungen, die notgedrungen die Zusammenhänge vereinfachen. Allerdings darf dabei keinen Illusionen Vorschub geleistet werden. Wer glaubwürdig bleiben will, wird auf den einen oder anderen medialen Erfolg verzichten müssen.

Wenn die Komplexität der Zusammenhänge, die Schwerfälligkeit der Reformprozesse, die unschönen, aber kaum vermeidbaren Konflikte um die Finanzierung als Schuld und Versagen von Politikern erklärt werden, ist das unsachlich und allzu simpel. Für sozialpolitische Reformen gibt es eben oft kein zugleich klares, einfaches, im demokratischen Prozess konsensfähiges, in den erwartbaren Wirkungen sicheres und zudem fiskalisch risikofreies Vorgehen. Differenzen über den einzuschlagenden Weg, ja schon über das Ausmaß des zu lösenden Problems sind daher völlig normal. Wir brauchen pointierte und engagierte Beiträge in dieser Debatte, die Kritik in Kenntnis der Handlungsalternativen übt. Ein Politiker-Bashing, das eine für unsere Demokratie bedenkliche undifferenzierte Grundstimmung schürt und nur die Politikverdrossenheit fördert, ist dagegen inakzeptabel.

Deutschland muss weiter Stück für Stück gerechter werden. Die Pflegeversicherung, die Rentenversicherung, das Gesundheitswesen, die Kinder- und Jugendhilfe, die Eingliederungshilfe für Menschen mit Behinderungen sind allesamt Reformbaustellen (vgl. Kap. 9 bis 13). Es sollte möglich sein, in einem sozialen Arbeitsmarkt auch denen Perspektiven auf Teilhabe zu eröffnen, die trotz einer erfolgreichen Arbeitsmarktpolitik in der Langzeitarbeitslosigkeit verharren. Wenn Jobcenter, Tarifpartner und Wohlfahrtsverbände vor Ort kooperieren, kann das gelingen, ohne reguläre Beschäftigung zu verdrängen.

Die politische Debatte zum Sozialstaat und zu Gerechtigkeit konzentriert sich stark auf das Recht, auf die Reform des sozialrechtlichen Regelwerks. So wichtig dies ist, nicht immer bekommt auch der Recht, der Recht hat. Es gibt weiterhin Defizite bei der Umsetzung des Mindestlohns. Es gibt weiterhin verdeckte Armut, weil der Sozialstaat Hilfeberechtigte nicht erreicht. Es gibt vielfältige Konstellationen, in denen der Zugang zu Ressourcen von der Information und Durchsetzungsfähigkeit der Betroffenen abhängt. Das benachteiligt Menschen am Rande der Gesellschaft.

Es wäre ein großer Schritt nach vorne, wenn das Steuer- und Transfersystem so weiterentwickelt würde, dass Familien, deren

Eltern im Niedriglohnbereich arbeiten, gestärkt werden. Es ist ein Gebot der Fairness, dass sich ihr Arbeitseinsatz stärker lohnt als heute. Das kann gelingen, wenn Kindergeld, Wohngeld und Kinderzuschlag zu einer einkommensabhängigen Kindergrundsicherung weiterentwickelt werden, die mit der Steuer- und Sozialabgabenbelastung abgestimmt ist. Die eklatante Ungerechtigkeit, dass auch lebenslange Arbeit im Niedriglohnbereich zu einem Leben im Alter auf Grundsicherungsniveau führt, kann überwunden werden, wenn die bedarfsgeprüfte Grundsicherung und die gesetzliche Rente klug kombiniert werden. Beide Reformansätze würden auch die Ängste am unteren Rand der Mitte wirksam bekämpfen. Aber gelingen kann dies nur, wenn die breite, in Deutschland gut situierte Mitte eine zielgerichtete Stärkung der Umverteilung mitträgt. Denn die Mitte, und nicht eine kleine Gruppe von Superreichen, wird am Ende den größten Anteil der Kosten für all dies tragen müssen. Damit die Akzeptanz hierfür nicht erodiert, muss selbstredend auch Steuerhinterziehung und Steuerbetrug bekämpft werden, damit alle breiten Schultern die Lasten mittragen. Denn wenn alle in der Mitte meinen, allein sie zahlten zu viel oder erhielten zu wenig, findet solidarische Politik keine Mehrheit. Alle Teilnehmer der Debatte, alle für die Information der Bürger Verantwortlichen sollten es vermeiden, in ihrer Rhetorik zur sozialen Lage in Deutschland die Abstiegspanik zu befördern. Das führt nur zur Abschottung nach unten und blockiert konstruktive Lösungen.

Der enge Zusammenhang zwischen sozialer Herkunft und Bildungsabschlüssen befördert Armut und Ungleichheit. Bildungspolitik ist zentral, um Ungleichheit zu begrenzen. Aber sie darf nicht mit Erwartungen überfrachtet werden, die sie nie und nimmer einlösen kann. Sie kann dem Zufall der Geburt entgegenwirken, sie kann ihn aber nicht aufheben. Die bildungsbürgerliche Mitte wird alles in ihrer Macht Stehende tun, damit sich ihre Kinder weiterhin möglichst gut qualifizieren können. Von guten Schulen profitieren auch diejenigen, die bereits von zu Hause beste Voraussetzungen mitbringen. Dagegen ist gar nichts einzu-

wenden, denn nur ausreichend viele hochqualifizierte Kräfte können einen innovativen Wirtschaftsstandort sichern, ohne den es
keinen gut ausgebauten Sozialstaat geben kann. Die Bildungsori-
entierung wird aber zum Problem, wenn sie in Bildungspanik[4]
umschlägt, wenn die Mitte hinter dem Aufruf zu mehr Chancengerechtigkeit nur die Gefahr wittert, dass die Konkurrenz wächst,
in der sich ihre Kinder bewähren müssen. Illusionär wird es,
wenn mit der Forderung nach besserer Bildungspolitik die Erwartung verbunden wird, sie könne Verteilungspolitik überflüssig
machen. Hierzu der Vorsitzende des Sozialbeirats für die gesetz-
gebenden Körperschaften und die Bundesregierung, Gert G. Wagner: «Denn selbst wenn ab sofort eine perfekte Bildungspolitik
implementiert würde (was in der Tat schön wäre, auch wenn man
im Moment nicht weiß, wie sie aussehen sollte), müssten die
Menschen noch fast 100 Jahre mit den Konsequenzen einer in der
Vergangenheit nicht-perfekten Bildungspolitik leben. Und auch
eine noch so gute Bildungspolitik wird am Ende Verlierer kennen.»[5]

Wir brauchen somit einen sowohl befähigenden als auch um-
verteilenden Sozialstaat. Scheitert dieser in seiner befähigenden
Dimension, werden sich die Verwerfungen, die dies auslöst, allein
durch Umverteilung nicht wettmachen lassen. Damit Befähigung
gelingt, ist es erforderlich, das an sich eng geknüpfte Netz sozialer
Dienstleistungen stärker auf die Prävention auszurichten.[6] Hierzu
kann auch eine empathische Mitte beitragen, wie die Arbeit vieler
ehrenamtlicher Paten zeigt, die Kinder und Jugendliche aus benachteiligten Milieus oder aus Flüchtlingsfamilien unterstützen.
Sie können helfen, persönliche, soziale und kulturelle Ressourcen
zu mobilisieren, die die Vererbung von Armut und Ausgrenzung
durchbrechen.

Es gibt viele andere Felder, auf denen sich Politik bewähren
kann, um Deutschland gerechter zu machen. Diese tiefer zu behandeln würde den Rahmen dieses Buches sprengen. Wie kann es
gelingen, die Lebensqualität in dünn besiedelten Räumen zu sichern, aus denen Menschen – was in einer freien Gesellschaft ihr

gutes Recht ist – wegziehen, weil sie die städtischen Ballungs-
räume für attraktiver halten? Wie können erträgliche Lebensverhältnisse für diejenigen gesichert werden, die zurückbleiben und
die die Entscheidung jener, die wegziehen, als Infragestellung ihres Lebens empfinden? Auch hier gibt es keine einfachen Antwor-
ten. Gelingen könnte es in einer Mischung aus staatlicher Sorge
für ein Mindestmaß an Daseinsvorsorge und persönlichem Engagement der Menschen, die weiterhin dort leben wollen, etwa in
Initiativen für einen Dorfladen, Nachbarschaftshilfen und Fahr-
gemeinschaften oder anderen innovativen Ideen, das öffentliche
Leben wieder attraktiver zu machen. Wie können wir den politischen Diskurs so beleben, dass die Politikverdrossenheit einge-
grenzt wird und die Wahlabstinenz zurückgeht, die die Repräsen-
tativität der Demokratie gefährdet? Wie kann dem entgegengewirkt
werden, dass Finanzdienstleister Menschen diskriminieren, weil
sie im falschen Stadtteil wohnen? Wie unterstützt man Kommunen, wie etwa in Teilen des Ruhrgebiets, die aufgrund von langan-
haltender Arbeitslosigkeit, hohen Sozialausgaben, seit langem auf-
gebauter Überschuldung und einer hohen Zahl von Zuwanderern
in prekären Lebenslagen Problemballungen verkraften müssen?
Der Lösung in diesen und anderen Feldern kommen wir aber
nicht näher, wenn wir bei jedem Problem so tun, als wäre das
ganze Land im Niedergang, sondern nur, indem wir es möglichst
konkret benennen und angehen.

Der Niedergangsdiskurs, der sich in Deutschland breit gemacht hat, ist gefährlich. Er lähmt und entmutigt. Er spielt populistischen Kräften in die Hände, da er die Ängste in der Mitte der
Gesellschaft verstärkt. Er ist schädlich für die Armen, denen ohne
eine empathische Mitte nicht wirksam zu helfen ist. Er macht es
denen zu einfach, die den Sozialstaat ohnehin für aufgeblasen halten. Und der Niedergangsdiskurs diskreditiert den Sozialstaat, der
die Bürger weiterhin schützt. Denn der viel beschworene Sozialabbau fand nicht statt. Das kann nur behaupten, wer die Vergangenheit nostalgisch verklärt, wer die Herausforderungen leugnet
oder meint, es sei nicht sein Problem, wie soziale Sicherung zu fi-

nanzieren ist. Wir brauchen eine Debatte zum Sozialstaat, die das mühsame Stückwerk der Reform unterstützt. Weniger Empörung und mehr nüchterne Analyse ist gefordert. Deutschland ist gerechter, als wir meinen, aber es kann noch gerechter werden. Ruhig zurücklehnen dürfen wir uns daher nicht.

Danksagung

Bei der Erarbeitung dieses Buches stand ich im Austausch mit vielen Menschen. Ohne die zahlreichen Diskussionen, die ich mit Sozialpolitikern, Praktikern der sozialen Arbeit, Wissenschaftlern und politisch interessierten Bürgern führen konnte, wäre dieses Buch nicht entstanden.

Mein besonderer Dank gilt allen, die große Teile des Manuskripts oder auch einzelne Kapitel gelesen und kritisch kommentiert haben. Nur sie kann ich namentlich nennen. Sie haben mich angespornt, meine Argumente zu prüfen. Zahlreiche Fachkolleginnen und -kollegen haben mich mit großer Offenheit und Geduld unterstützt, wenn ich zur Datenlage oder den komplexen Wirkungsketten in den einzelnen Feldern sozialstaatlicher Sicherung Fragen hatte. Ich danke Thomas Becker, Karin Böllert, Michael Berger, Hans Braun, Franz-Josef Brüggemeier, Nils Goldschmidt, Franz Fink, Bernd Fitzenberger, Hildegard Maur, Judith Niehues, Thomas Niermann, Peter Pintz, Steffen Roth, Rolf Schmachtenberg, Ronnie Schöb, Alexander Spermann und Martin Werding. Die große Hilfsbereitschaft, die ich erfahren habe, war ermutigend. Verbliebene Unzulänglichkeiten sind selbstverständlich allein mir zuzuschreiben.

Ich danke dem Lektor des Verlages, Sebastian Ullrich, für seine Unterstützung bei der Konzipierung des Buches, für hilfreiche Rückmeldungen und (gemeinsam mit Christiane Schmidt) für die sorgfältige Lektorierung des Textes.

Meiner Frau Hildegard Wenzler-Cremer danke ich für viele Diskussionen und ihren Protest, wenn sie der festen Ansicht war, Deutschland sei ungerechter als ich meine.

Anmerkungen

1. Raus aus dem Niedergangsdiskurs

1 Niehues (2014), S. 4.

2. Der Populismus, der aus der sozialen Kälte kam?

1 Berliner Runde («Elefantenrunde»), 24.09.2017, Minute 36:14 ff.
2 https://www.diw.de/sixcms/detail.php?id=diw_01.c.565152.de (Zugriff: 25.07.2018).
3 Hebel (2017), S. 81, 85.
4 Interview in «Der Sonntag», Freiburg, 21.01.2018, S. 4.
5 Meier u. a. (2017), S. 14.
6 Locke (2017).
7 Die Allgemeine Bevölkerungsumfrage der Sozialwissenschaft (ALLBUS) enthält die «Sonntagsfrage» nach der Partei, die man nächsten Sonntag wählen würde; verfügbar sind die ALLBUS-Werte von 2016. Das Sozioökonomische Panel fragt nach der Parteienpräferenz; verfügbar sind die Werte für 2015. Vgl. Brenke u. a. (2017 a), S. 597.
8 Brenke u. a. (2017 a), insb. S. 598, 600, 602 f. Vgl. Bergmann u. a. (2016).
9 Brenke u. a. (2017 a), insb. S. 598.
10 Franz u. a. (2018).

3. Alles schreiend ungerecht?

1 Köcher (2017); S. 5 f.
2 Um Wiederholungsbefragungseffekte korrigierte Zeitreihe. Schupp u. a. (2013), S. 34–39, DIW-Zeitreihe http://www.diw.de/de/diw_01.c.554636.de (Zugriff: 25.07.2018).
3 Schöb (2017), S. 33 f.
4 Niehues (2018 a), S. 37 f.
5 Arant u. a. (2017). S. 57–59.
6 Fratzscher (2017).
7 Bergmann u. a. (2017).
8 Engel (2014 b), S. 79–87.
9 Auswertung der Allgemeinen Bevölkerungsumfrage der Sozialwissenschaften (ALLBUS); Einteilung der Einkommensgruppen gemäß Position in Beziehung zum Median der Nettoäquivalenzeinkommen: unten: unter 70%; Mitte: 70–150%; oben: über 150%. Sachweh u. a. (2016), S. 217–225.
10 Engel (2014 a).

11 Befragung Generation Mitte 2016. Köcher (2016), S. 23.

12 Befragung Generation Mitte 2017. Köcher (2017), S. 11 f.

13 So eine Befragung von 2000 wahlberechtigten Bürgern durch TNS Infratest für die Friedrich-Ebert-Stiftung; Heinrich u. a. (2016), S. 7, 12, 27 ff.

14 Liebig (2010), S. 12, 22.

15 Vgl. Goldschmidt (2010).

16 Kruip (2007).

17 Vgl. Kersting (2010), S. 15 ff.

18 Vgl. Liebig (2010), S. 12 f.

19 Vgl. Goldschmidt u. a. (2011), S. 302 ff.; Fuchs-Goldschmidt u. a. (2010).

20 Sen (1999), S. 95 ff., 110–116; Sen (2010), S. 281–288; Nussbaum (2010), S. 103 ff.

21 Infratest dimap (2012), Folie 31.

22 Zum Verhältnis von Marktwirtschaft und Gerechtigkeit vgl. Vanberg (2007).

23 Vanberg (2007), S. 46.

24 Vgl. Wegner (2011).

25 Mau u. a. (2015), S. 13 f.

4. Wie weit öffnet sich die Schere?

1   Grabka u. a. (2017), S. 74–76. Viele Medien haben diese Werte aufgegriffen.

2   Niehues (2017), S. 125. Vgl. Grabka u. a. (2018), 453, 456 f.

3   Rückgang des Indexwertes zum Basisjahr 1991 von 101,2 auf 89,7; Niehues (2017), S. 124 und die der Autorin zur Verfügung gestellte Excel-Tabelle.

4   Niehues (2017), S. 124

5   Niehues (2017), S. 125 ff.

6   Grabka u. a. (1018), S. 451–454, 458.

7   Die relative Veränderung zwischen 2012 und 2013 ohne Migrationsstichprobe im Jahr 2013 (anschließende Randanpassung an den Mikrozensus). Quelle: Niehues (2017), S. 123–127 und die von der Autorin zur Verfügung gestellten Daten.

8   Medianwert des verfügbaren bedarfsgewichteten Einkommens; Niehues (2017), S. 122.

9   Grabka u. a. (2018), S. 451.

10 Heinrich u. a. (2016), S. 10 f.

11 Zeitreihe des Gini-Koeffizienten der Markteinkommen und der verfügbaren Einkommen 1991–2014 vgl. Horn u. a. (2017), S. 7.

12 SOEP-Daten zur Verteilung der Nettoäquivalenzeinkommen, Bundesregierung (2017 b), S. 346.

13 Auswertung der SOEP-Daten, Version 32 durch Judith Niehues.

14 Die Entwicklung zeigt sich auch in den Quintilsanteilen. Zwischen 1995 und 2014 stieg der Anteil des obersten Fünftels der Einkommensbezieher von 35,4 auf 37,7 %, der Anteil des untersten Fünftels sank von 9,7 auf 8,5 %. Auch hier haben sich die Anteile seit 2005 nicht mehr wesentlich verändert. Bundesregierung (2017 b), S. 346.

15 Fitzenberger (2012), S. 5 ff., 16 f., S. 18 f.

16 Dustmann u. a. (2018). Zahlen- und Trendangaben in diesem Abschnitt vgl. Tab. 1, Schaubilder 1, 9, 10, 18, 20.

17 Dustmann u. a. (2018), S. 19 und Abb. 10.

18 Röhl u. a. (2017), S. 13, 47 ff., 55 ff.

19 Hierzu kritisch Atkinson (2016), S. 141 ff.
20 Braun (2017), S. 418.

5. Eine im internationalen Vergleich hohe Vermögensungleichheit

1   EVS 2013, SOEP 2014; Bundesregierung (2017 b), S. 344, 346.
2   EVS 2013: 0,74, SOEP 2012: 0,77, Bundesregierung (2017 b), S. 348 f.; Panel «Private Haushalte und ihre Finanzen» im Auftrag der Bundesbank: 0,76, Bundesbank (2016), S. 62.
3   Credit Suisse (2017) S. 112–115.
4   Zur Datenlage vgl. Bönke u. a. (2015), S. 5 ff.
5   Einschätzung von Bönke u. a. (2015), S. 1, 22.
6   Vgl. Feld u. a. (2016).
7   Holzner (2015), S. 193.
8   Verteilung der Nettovermögen der privaten Haushalte 2014, Bundesbank (2016), S. 76.
9   Der genaue Vergleich erfordert eine individuelle Betrachtung, er ist neben der angenommenen Verzinsung insbesondere abhängig von den Annahmen zur Lebenserwartung und ob eine Hinterbliebenenrente zu berücksichtigen ist.
10 SOEP-Daten 2012/13; Bönke u. a. (2016), S. 4; Berechnung des Anteils des obersten Dezils nach S. 23, Tabelle 4 (by net worth deciles).
11 Credit Suisse (2017) S. 112–115.
12 European Central Bank (2016), S. 120 f.
13 23.12.2016,   http://www.sueddeutsche.de/wirtschaft/studie-der-ezb-die-meisten-deutschen-besitzen-weniger-als-andere-europaeer-1.3308252 (Zugriff: 25.07.2018)
14 05.02.2014.
15 European Central Bank (2016), S. 80.
16 Koalitionsvertrag 2018, Zeilen 5065 ff.
17 Bundesbank (2016), S. 72; vgl. S. 74.
18 Bundesbank (2016), S. 62 f., 76.
19 Bundesbank (2016), S. 72.
20 Schätzung Credit Suisse (2017), S. 156.
21 Fratzscher (2016), S. 149. Fundstelle der beiden folgenden Zitate S. 150, 152.
22 Vgl. Atkinson (2016), S. 126, 138.
23 Vgl. Goldschmidt (2009).
24 Friedman u. a. (1980), S. 154.
25 Can u. a. (2014), S. 173 f.
26 Kohli u. a. (2006), S. 70, Goldschmidt (2009), S. 102 ff.
27 Feld u. a. (2016).
28 Wissenschaftlicher Beirat beim BMF (2012), S. 37 f.
29 Die Schätzungen sind unsicher. Die Autoren geben für die Summe von Erbschaften und Schenkungen eine Bandbreite von 200 bis 300 Mrd. Euro an. Ich verwende die Angaben, die eine Differenzierung der Erbschaftshöhe ermöglichen; Bach u. a. (2016 a), S. 67.
30 Bach u. a. (2016 a), S. 67, 69.
31 Bach (2016), S. 209 f.
32 Bach u. a. (2016 b), S. 79, 84.
33 Fuest (2017 a), S. 51 ff.

6. Amerikanisierung des Arbeitsmarktes?

1 Paritätischer Gesamtverband, Pressemeldung 17.12.2014; Schneider (2017), S. 53 f.

2 Schneider u. a. (2013), S. 223.

3 Bundesagentur für Arbeit (2018 a), Tab. 2.1.2, 2.1.1.

4 Bundesagentur für Arbeit (2017 b), S. 20.

5 Weber (2017), S. 11.

6 Bundesagentur für Arbeit (2017 b), S. 26.

7 Sperber u. a. (2015), S. 587.

8 Sperber u. a. (2015), S. 586, Sperber u. a. (2017), S. 40. Vgl. Arnold u. a. (2015).

9 Abgrenzung des IAB; Sperber u. a. (2017), S. 39. Das Statistische Bundesamt (2017 a, S. 358) wählt die Abgrenzung 21 Stunden.

10 Statistisches Bundesamt, Pressemeldung 338/16 vom 23.09.2016.

11 Stegmaier u. a. (2017), S. 41.

12 Gundert u. a. (2017).

13 Rhein u. a. (2017), S. 45.

14 Schäfer (2018).

15 § 14, Abs. 1, Ziffer 7, Teilzeit- und Befristungsgesetz.

16 Angabe für 2016, Bundesagentur (2017 b), S. 22

17 Stegmaier u. a. (2017), S. 41.

18 Auch die Zuverdienstregelungen beim Arbeitslosengeld II haben zu einer Ausweitung der Minijob-Beschäftigung beigetragen (vgl. Kap. 17).

19 Klinger u. a. (2017).

20 Brenke (2009). Ein Drittel der Zweitjobber 2015 hatten laut SOEP einen Hochschulabschluss https://www.iwd.de/artikel/attraktiver-zweitjob-374074/ (Zugriff: 25.07.2018).

21 Klinger u. a. (2017), S. 11.

22 7,4 Mio., BA-Angabe für Mai 2018.

23 Bundesagentur für Arbeit (2018 b), S. 6, 8.

24 Absenger (2017).

25 https://www.linksfraktion.de/presse/pressemitteilungen/detail/keine-maloche-bis-zum-tode/ (Zugriff: 25.07.2018).

26 Mikrozensus-Zahlen. Bundesregierung (2018), S. 8 f.

27 Mikrozensus 2011; Schmitz (2014), S. 112.

28 Schmitz (2015), S. 3–6.

29 Mikrozensus 2011; Institut für Arbeit und Qualifikation (2016), S. 10.

30 Daten des deutschen Alterssurveys 2011; Engstler (2015), S. 15 f.

31 Engstler (2015), S. 18 f.

32 Registerstatistikumfrage von 2010; Körner u. a. (2013), S. 58.

33 Sperber u. a. (2017), S. 38.

34 Dustmann u. a. (2014 a), Dustmann u. a. (2014 b).

35 Siehe zum Folgenden Battisti u. a. (2016), S. 12–15., Schöb (2018), S. 13 f.

36 Möller (2016), S. 8–12, 17 f.

37 Brenke u. a (2017 b), S. 408 ff.

38 Brenke u. a. 2017 b), S. 407, vgl. S. 414 f.

39 Epd Sozial aktuell 24.05.2017.

40 Burauel u. a. (2017), S. 1109, 1116 f. Die Untersuchung bezieht sich auf das erste Halbjahr 2016. Vgl. Mindestlohnkommission (2016), S. 66 f.

41 Die Einschätzung beruht auf Gesprächen mit Beratenden für osteuropäische Vertragsarbeiter.
42 Vgl. Bude (2014), S. 83–90.

7. Armut in einem reichen Land

1   Beschluss vom 19.12.1984.
2   Vgl. Garbuszus u. a. (2018).
3   I. Becker (2017), S. 100.
4   2016. Die Armutsrisikoquoten der EU-Statistik für Deutschland liegen stets etwas über den Werten des Mikrozensus.
5   Niehues (2018 b).
6   Hauser (2012), S. 134.
7   Hauser (2017), S. 6.
8   SOEP 2012; Brenke (2018), S. 263 f.
9   Paritätischer Gesamtverband (2017), S. 5; Schneider (2017), S. 22.
10 Z. B. Paritätischer Gesamtverband (2015), S. 1, 16.
11 Schneider (2017), S. 40.
12 Bundesagentur für Arbeit (2018 a), Tab. 2.1.1 und 2.6.1.
13 Goebel u. a. (2015), S. 580, 583.
14 SOEP 2014; Bundesregierung (2017 b), S. 178.
15 Kinder unter 18 Jahren; Statistisches Bundesamt (2017 d), S. 127.
16 Mikrozensusdaten, Statisches Bundesamt (2017 d), S. 131
17 Bundesregierung (2017 b), S. 167.
18 Fendrich (2016), S. 21. Als Transferbezug erfasst sind Arbeitslosengeld II, Sozialgeld und Kinderzuschlag.
19 Mühlmann (2017), S. 6 f.
20 Vgl. Welskop-Deffaa (2018), S. 8 f.
21 Vortrag «Zur Zukunft der Kinder- und Jugendhilfe», Jena, 24.11.2017.
22 Seils u. a. (2017).
23 Seils u. a. (2017), S. 1 f.
24 Das verfügbare Einkommen wird durch höhere Äquivalenzziffern geteilt.
25 Sachverständigenrat (2017), Ziffer 840.
26 Sachverständigenrat (2017), Ziffer 850.
27 Sachverständigenrat (2017), Ziffer 857.
28 Sachverständigenrat (2017) Ziffer 854.
29 Hauser u. a. (1993).
30 Beschluss des Zentralvorstandes vom 24.06.1993, dokumentiert in Hauser u. a. (1993), S. 17–46. Zum Vergleich mit dem Stand der Umsetzung vgl. T. Becker (2017).
31 Prantl (2018).
32 Selke (2013), S. 11 f.
33 Ohne Ausgaben der Eingliederungshilfe und der Hilfe zur Pflege. Positionen (in Mrd. Euro) Arbeitslosengeld II und Sozialgeld 20,3; Leistungen für Unterkunft und Heizung 13,8, Hilfe zum Lebensunterhalt in der Sozialhilfe und Hilfe zur Gesundheit 2,2, Grundsicherung im Alter und bei Erwerbsminderung 6,2 und Asylbewerberleistungsgesetz 6,9. BMAS (2017 a), S. 239, 243. Ist-Ausgaben-Verteidigung 2016: 34,6 Mrd. Euro. Angabe des BMF.
34 Urteil des ersten Senats vom 9.02.2010, Leitsatz 1 (1 BvL 1/09, 1 BvL 3/09, 1 BvL 4/09).

35 So der Beschluss des ersten Senats vom 23.07.2014 (1 BvL 10/12, 1 BvL 12/12, 1 BvR 1691/13), Rn. 81, 86–88.
36 Hierzu ausführlich Cremer (2016), S. 68 ff.
37 Deutscher Caritasverband (2015); Cremer (2016), S. 68 ff.
38 Interview, Deutschlandfunk, 01.03.2018.
39 2008 gaben 31% der Menschen im Armutsrisiko an, sich aus finanziellen Gründen nicht mindestens jeden zweiten Tag eine Mahlzeit mit Fleisch oder Fisch oder eine entsprechende vegetarische Mahlzeit leisten zu können. 2016 waren es 21%. EU-SILC (2018).
40 Bundesregierung (2015), S. 4.
41 Hinweis zur Datengrundlage in der Auswertung der Umfrage 2016.
42 Da als Nutzergruppen auch Kinder und Jugendliche genannt werden, muss angenommen werden, dass in den Nutzerzahlen auch die Familienangehörigen erfasst werden. Verlässlichkeit der Daten würde allerdings verbindliche Erhebungsstandards voraussetzen.
43 Auswertung der Umfrage 2016 https://www.tafel.de/fileadmin/media/Presse/Pressemappen/2016_Tafel-Umfrage.pdf (Zugriff: 25.07.2018).
44 Insbesondere in der Auseinandersetzung vor Verabschiedung des Gesetzes zur Regelung von Ansprüchen ausländischer Personen in der Grundsicherung für Arbeitsuchende nach dem Zweiten Buch Sozialgesetzbuch und in der Sozialhilfe nach dem Zwölften Buch Sozialgesetzbuch vom 22.12.2016.
45 Nahles (2016).

8. Suppenküchensozialstaat?

1 Gespräch, TAZ, 25.11.2013, dokumentiert in Goettle (2015), S. 84.
2 Borchert (2013), S. 9, 29.
3 Hobsbawm (1998), S. 341, vgl. 324–362.
4 Streeck (2013), S. 56 f.
5 Streeck (2013), S. 77.
6 Streeck (2013), S. 111 f.
7 Streeck (2013), S. 96.
8 In: Goettle (2014), S. 81.
9 Interview, Deutschlandfunk, 30.12.2016.
10 BMAS (2017 a), S. 198.
11 BMAS (2015), S. 12; Robert Koch Institut (2015), S. 382 f.
12 Althammer u. a. (2014), S. 426.
13 BMAS (2017 a), S. T1.
14 Die Definition des Sozialbudgets wurde aufgrund europäischer Vorgaben angepasst. Seit 2009 werden die mit der Gesetzlichen Krankenversicherung vergleichbaren Grundleistungen der privaten Krankenversicherung erfasst. Dieser Bruch führte zu einer Erhöhung der Sozialleistungsquote um 0,7%. BMAS (2017 a), S. 198.
15 1991: 25,0%; Schätzung für 2016: 29,3%, BMAS (2017 a), S. T1; berücksichtigt wird die geänderte Erfassung der Grundleistungen der PKV.

9. Gesundheitswesen mit niedrigen Zugangshürden

1 Angabe für die erste Hälfte der 1970er Jahre. Vincenti (2008), S. 522.

2 Vincenti u. a. (2006), S. 508–511.

3 Krämer (2002).

4 Zitiert nach Krämer (2002).

5 Robert Koch Institut (2015), S. 381 f.

6 Statistisches Bundesamt (2017 a), S. 141 f.; Statistisches Bundesamt (2012), S. 135.

7 Anstieg der Fachärzte im Bundesdurchschnitt von 86 auf 107, Rückgang der Hausärzte von 66 auf 64 pro 100 000 Einwohner (Vollzeitäquivalente). Robert Koch Institut (2015), S. 303 f.

8 Robert Koch Institut (2015), S. 305.

9 Vergleich der Jahre 1991 und 2013, Vollzeitäquivalente. Robert Koch Institut (2015), S. 313.

10 Diese wurden jedoch nicht mehr über Geldbeträge, sondern über Punktwerte erfasst; der Geldwert eines Punktes ergab sich schlicht aus der Teilung des Budgets durch die Zahl der von allen Ärzten erbrachten Leistungspunkte. Stieg die Zahl der Punkte, sank entsprechend der Geldbetrag, den Ärzte für ihre Einzelleistungen erhielten.

11 Breyer (2000), S. 173 ff.; Wasem u. a. (2005), S. 412 f.; Rosenbrock u. a. (2014), S. 194–198.

12 Rosenbrock u. a. (2014), S. 196–198.

13 Vincenti u. a. (2006), S. 518 ff.

14 Rosenbrock u. a. (2014), S. 231 f.

15 Rosenbrock u. a. (2014), S. 240 f.; vgl. Klauber u. a. (2013).

16 Information des Bundesgesundheitsministeriums, https://www.bundesgesundheitsministerium.de/themen/krankenversicherung/arzneimittelversorgung/zuzahlung-und-erstattung.html (Zugriff: 25.07.2018).

17 Huster (2011), S. 21.

18 Huster (2011), S. 21 f.

19 OECD (2017), S. 93.

20 Werte West-/Ostdeutschland für 2018: Bruttoeinnahmen zum Lebensunterhalt unter 1218/1078 Euro (Alleinstehender) bzw. 2284/2021 Euro (Familie mit zwei Kindern).

21 § 55, Abs. 2 SGB V.

22 Vgl. Huster (2011), S. 23–26.

23 Statistisches Bundesamt (2017 a), S. 149.

24 2007 für die Personen im Rechtskreis der GKV, 2009 für Personen im Rechtskreis der PKV.

25 Mikrozensus 2015: 79 000 Nichtversicherte; Statistisches Bundesamt (2016 b), S. 7. Zur Situation von Asylbewerbern und Menschen in der aufenthaltsrechtlichen Illegalität sowie den Zugangsproblemen von obdachlosen Menschen vgl. Cremer (2016), S. 138 ff.

26 Bundesministerium für Gesundheit (2017), S. 54 ff.; Rosenbrock u. a. (2014), S. 161.

27 Ochmann u. a. (2017), S. 25.

28 Eine Öffnung für neu einzustellende Beamte ist in Hamburg im parlamentarischen Verfahren.

29 § 75, Abs. 1 a SGB V.

30 Lauterbach (2007), S. 59.
31 Lauterbach (2007), S. 64.
32 2015 hatten 16,3 Mio. gesetzlich Versicherte eine Zusatzkrankenversicherung. Statistisches Bundesamt (2017 a), S. 149.
33 Lampert u. a. (2014), S. 3.
34 Für eine ausführliche Auseinandersetzung vgl. Huster (2011).
35 Von über 19 000 im Straßenverkehr Getöteten 1970 (nur altes Bundesgebiet) auf 3206 Personen 2016 im vereinigten Deutschland. Statisches Bundesamt (2017 a), S. 609.
36 Bundesärztekammer u. a. (2014), S. 27.
37 Huster (2011), S. 47.

10. Rente – schmerzliche Anpassung an den demographischen Wandel

1   Abelshauser (2011), S. 197 f.; Hilpert (2012), S. 55–62, 133–137.
2   Schmähl (2006), S. 444 ff.
3   Schmähl (2006), S. 451 ff.
4   Börsch-Supan (2015). S. 17. Vgl. Hilpert (2012), S. 166 ff.
5   Schmähl (2006), S. 451.
6   13. Koordinierte Bevölkerungsvorausberechnung, Variante 2 (Kontinuität bei stärkerer Zuwanderung), Wanderungssaldo jährlich 200 000, Berechnung bezogen auf die Altersgrenze 65 Jahre. Statistisches Bundesamt (2015 a), S. 43, 46.
7   Börsch-Supan (2017), S. 13 f.
8   Börsch-Supan (2015), S. 16.
9   Börsch-Supan (2017), S. 13.
10 Zusammengefasste Geburtenziffer je Frau, Statistisches Bundesamt (2017 a), S. 35.
11 Werding (2007), Abb. 2 und 3. Die Abschätzung beruht auf den damaligen demographischen Projektionen und gesamtwirtschaftlichen Szenarien, die u. a. die günstige Arbeitsmarktentwicklung der Folgejahre unterschätzen, ist aber im Trend weiterhin zutreffend. Vgl. Werding (2016), S. 21 ff.
12 So auf der Homepage der IG Metall https://www.mehr-rente-mehr-zukunft.de/kampagne/worum-gehts/die-loesung-mehr-rente-von-allen-fuer-alle/   (Zugriff: 25.07.2018).
13 2017, Bundesregierung (2017 a), S. 17 f.
14 Urteil des ersten Senats vom 03.04.2001, 1 BvR 1629/94, Leitsatz u. Rn. 61,
15 Werding (2016), S. 23.
16 Vgl. die Abschätzung von Werding (2013), S. 50–52; Werding (2016), S. 15–18.
17 Werding (2013), S. 51.
18 Werding (2013), S. 52.
19 Deutsche Rentenversicherung (2017), S. 138.
20 Rürup (2011), S. 57.
21 Werding (2016), S. 11; Börsch-Supan (2017), S. 13.
22 Statistisches Bundesamt (2015 a), S. 46.
23 Anhebung in einem Schritt auf 65 Jahre und acht Monate, danach Anhebung in Monatsschritten entsprechend der Anhebung der Regelaltersgrenze auf 67 Jahre. Koalitionsvertrag 2018, Zeile 4196 ff.
24 Vgl. Werding (2016), S. 1 f., 4. f., 24 f., 28.
25 Werding spricht daher von einem handwerklichen Fehler in der Rentenformel von 1957; Werding (2016), S. 8.

26 Mit der Einführung der Riester-Rente wurde zwischen 2003 und 2012 durch eine langsamere Anhebung der Renten berücksichtigt, dass heutige Erwerbstätige aufgrund eines künftig niedrigeren Rentenniveaus privat vorsorgen sollten (sog. Riester-Faktor).

27 Geier (2012), Bäcker (2016), S. 11.

28 Deutsche Rentenversicherung (2017), S. 247.

29 Deutsche Rentenversicherung (2017), S. 258.

30 Der technische Begriff lautet Nettorentenniveau vor Steuern.

31 Zudem ist die Besteuerung von den spezifischen Verhältnissen der Rentner abhängig, insbesondere ob eine Zusammenveranlagung mit dem Ehepartner erfolgt und ob es weitere Einkünfte gibt.

32 Das Bundesverfassungsgericht hatte die bis dahin geltende unterschiedliche steuerliche Behandlung von Renten und Pensionen für verfassungswidrig erklärt. Urteil vom 06.03.2002 (2 BvL 17/99).

33 Börsch-Supan (2017). S. 13.

11. Pflege, die neue Säule der Sozialversicherung

1 Sozialgesetzbuch XI.

2 Zur Vorgeschichte der Reform siehe Igl (2007).

3 Ilg (2007), S. 702.

4 Hierzu ausführlich Igl (2007), S. 700–714.

5 Aus einer programmatischen Rede Nobert Blüms zur Pflegeabsicherung vom 26.09.1990, zit. nach Igl (2007), S. 701.

6 So eine Pressemeldung des Deutschen Caritasverbandes, «Pflegeversicherung eröffnet weitere Armutsfalle», vom 30.08.1993. Insgesamt unterstütze der Caritasverband die von Blüm intendierte Sozialversicherungslösung.

7 Butterwegge (2006), S. 153.

8 Butterwegge (2006), S. 154.

9 Igl (2007), S. 717.

10 Für weitere Beispiele vgl. Butterwegge (2006), S. 152 ff.

11 Hierzu ausführlich Hilpert (2012).

12 Siehe etwa Schneider (2014).

13 Etwa Jüster (2015).

14 Jahrbuch Tarif und Entgelt (2017), 146 ff., 191 ff.

15 Koalitionsvertrag 2018, Zeilen 4384 ff.

16 Igl (2007). S. 715.

17 § 15 SGB XI (eingeführt mit dem Zweiten Pflegestärkungsgesetz)

18 § 43 b in Verbindung mit § 84, Abs. 8 und § 85, Abs. 8 SGB XI n. F.

19 Pflegezeitgesetz, § 3 und 4; gilt für Unternehmen mit mehr als 15 Beschäftigten.

20 § 44 und 44 a SGB XI. Beiträge zur Rentenversicherung erfolgen in Abhängigkeit vom Pflegegrad und der Art der bezogenen Leistungen, § 166, Abs. 2 SGB VI. Die Beitragshöhe in Euro pro Monat liegt zwischen 105 und 536 Euro (West) bzw. 94 und 497 Euro (Ost). Bundesministerium für Gesundheit (2018).

21 Zweites Pflegestärkungsgesetz.

22 § 7 a SGB XI.

23 Kurzzeit- und Verhinderungspflege, zeitlich erweitert im Ersten Pflegestärkungsgesetz.

24 Koalitionsvertrag 2018, Zeile 4409 f.

25 Vgl. Siebter Altenbericht (2016), S. 197 ff.
26 Siebter Altenbericht (2016), S. 48 ff., 272 ff.

12. Kinder- und Jugendhilfe – eine Geschichte der Expansion

1   Böllert (2018), S. 25.
2   Angaben für 1974 und 1991: Fuchs-Rechlin u. a. (2018), S. 582; 2015: Statistisches Bundesamt (2015 b), S. 97 f., Statistisches Bundesamt (2016 a), S. 109 f. Daten zu den Beschäftigten in den Kindertagesstätten beziehen sich auf den 01.03.2015, zu den sonstigen Einrichtungen auf den 31.12.2014.
3   Gerlach (2007), S. 804, 812 ff.
4   § 24 Abs. 2 SGB VIII.
5   Urteil vom 21.07.2015 im Verfahren zur verfassungsrechtlichen Prüfung des Betreuungsgeldgesetzes, 1 BvF 2/13, Rz. 43.
6   Hebel (2017), insb. S. 83 ff.
7   Vgl. Lotter (2013), S. 174.
8   Statistisches Bundesamt (2017 b), S. 105–107.
9   Fuchs-Rechlin u. a. (2018), 589.
10 Böllert (2018), S. 31 f.
11 Leopoldina (2014), S. 11.
12 Leopoldina (2014), S. 12.
13 Bock-Famulla u. a. (2017), S. 8 ff., 344.
14 Hierzu gibt es Beratungen in der Jugend- und Familienministerkonferenz.
15 Koalitionsvertrag 2018, Zeilen 1115 ff.
16 Vgl. Spieß (2017).
17 Art. 6, Abs. 2 GG.
18 Rätz (2018), S. 72 f.
19 §§ 27–35 SGB VIII.
20 Monitor Hilfen zur Erziehung (2018), Seite 5: Ausgaben (Zugriff: 25.07.2018).
21 Fendrich u. a. (2016), S. 12, 15 f.; Richter (2018), S. 831 f.
22 Vgl. Deutscher Caritasverband (2016 a), Cremer (2015).
23 Kuhlmann (2014), S. 29.
24 Böllert (2018), S. 26.
25 Etwa 650 000 Kinder, die in Kindertageseinrichtungen betreut werden, wachsen in Familien auf, in denen vorrangig nicht Deutsch gesprochen wird. Statistisches Bundesamt (2017 b), S. 53.
26 Bundesregierung (2013), 141.

13. Menschen mit Behinderung – der lange Weg zur Teilhabe

1   Fink (2011), S. 14 f.
2   Koalitionsvertrag 2018, Zeilen 786 ff.
3   Krieger (2014), S. 230, Rn. 4.
4   Schliehe u. a. (2007), S. 762.
5   Neufassung des SGB IX durch das Bundesteilhabegesetz vom 23.12.2016.
6   Behindertengleichstellungsgesetz, insb. § 1, Abs. 3; § 2, Abs. 2; §§ 8–12; 14–15.
7   Welti (2005), 508.
8   § 1901, Abs. 2, Satz 2 BGB. Vgl. Welti (2005), S. 509 ff.
9   Welti (2005), S. 503 f.

10 Welti (2005), S. 496.
11 Welti (2005), S. 496 ff.
12 Angaben des Zweiten Teilhabeberichtes der Bundesregierung: Die Zahl der Menschen im ambulant betreuten Wohnen stieg von 83 000 2008 auf 162 000 2014; die Zahl der Menschen im stationären Wohnen im gleichen Zeitraum von 167 000 auf 194 000. Es gibt dabei große Unterschiede nach Bundesländern. BMAS (2016 a), S. 260–265.
13 Zu den Beharrungstendenzen und Rahmenbedingungen der Deinstitutionalisierung vgl. Theunissen (2013), S. 325–334.
14 Dies war der dominante Duktus der Vertreter der Behindertenverbände in der «Arbeitsgruppe Bundesteilhabegesetz» beim Bundesarbeitsministerium im Vorfeld des Bundesteilhabegesetzes 2014/15.
15 Vgl. Cremer u. a. (2013), S. 141 ff.
16 BMAS (2016 a), S. 280–282.
17 Schäfers (2009).
18 BMAS (2018), S. 42.
19 Vom Jahresbruttoeinkommen, das einen Betrag von ca. 30 000 Euro übersteigt (ggf. mit Zuschlägen bei abhängigen Kindern oder Verpflichtungen für einen Partner), sind 24 % als Eigenanteil einzusetzen. Vgl. BMAS (2018), S. 51 ff., außerdem den Vergleich zwischen alter und neuer Rechtslange anhand von Fallbeispielen, S. 55.; Kompetenzzentrum Selbstbestimmt Leben (2017), 26. Das anrechnungsfreie Barvermögen erhöht sich von 2600 Euro vor der Reform bis 2020 auf 50 000 Euro, zuzüglich wie bisher Ansparungen im Rahmen einer staatlich geförderten Lebensversicherung und dem Wert einer selbstgenutzten Immobilie in angemessener Größe. BMAS (2018), S. 53.
20 Deutscher Caritasverband (2016 b), S. 7, 46.
21 Münder (2001), S. 30.
22 § 104, Abs. 3 SGB IX in der ab dem 01.01.2020 geltenden Fassung.
23 BRK-Allianz (2013), S. 36 f.
24 BRK-Allianz (2013), S. 23.
25 Vgl. Welti (2012), S. 3.
26 Welti (2005), S. 550.

14. Der neoliberale Sozialabbau fand nicht statt

1 Vgl. Geiselberger (2017).
2 Das Erziehungsgeld war einkommensabhängig, konnte zwei Jahre bezogen werden und wurde nicht auf das Arbeitslosengeld II angerechnet.
3 Werding (2008), S. 307 f. Den Zusammenhang von Einkommen und Zufriedenheit untersucht auch die Glücksforschung, vgl. Layard (2009), insb. S. 53 ff.
4 Werding (2008), S. 305.
5 Räth (2009), S. 203 f.
6 Dornes (2016), S. 87.
7 Dornes (2016), S. 89, zur Gegenwartskritik durch Vergangenheitsverklärung vgl. S. 83–94.
8 Joachim Meyerhoff zitiert nach Dornes (2016), S. 92.
9 Rödder (2014).
10 Werding u. a. (2007), S. 128 ff.
11 Werding (2008), S. 308 ff.; Abelshauser, S. 303 ff.

12 Rödder (2014).
13 Rödder (2016), S. 47 ff.
14 Goldschmidt u. a. (2008), S. 2.
15 Rödder (2016), S. 53.
16 Beispielsweise Claus Offe, zitiert nach Merkel (2015), S. 26.
17 Werding (2008), S. 313 ff.; Plumpe (2014), S. 50 f.
18 Plumpe (2014), S. 52.
19 Crouch (2008).
20 Streeck (2013), S. 241.
21 Vgl. Plumpe (2014). S. 46 in Auseinandersetzung mit Streeck.
22 Habermann (2013), S. 20 f.
23 Sloterdijk (2009).
24 Bolz (2011).
25 Marschall (2012), S. 29 ff.
26 Dornes (2016), S. 34.
27 Dornes (2016).
28 Dornes (2016), S. 58.
29 Dornes (2016), S. 128.

15. Die Banalisierung der Finanzierungsfrage

1 Schroeder (2018).
2 Schneider (2017), S. 162.
3 Bach (2013), S. 80.
4 Einschließlich Invalidenversicherung. Selbständige zahlen geringfügig reduzierte Beiträge. Angaben des Bundesamts für Sozialversicherungen https://www.bsv.admin.ch/bsv/de/home/sozialversicherungen/ueberblick/beitraege.html (Zugriff: 25.07.2018).
5 Bei Frauen 43 Jahre. Jedes fehlende Jahr führt zu einer Kürzung der Altersrente um 2,27%, https://www.bsv.admin.ch/bsv/de/home/glossar/beitragsdauer.html (Zugriff: 25.07.2018).
6 Für einen Alleinstehenden: Grundbedarf für den Lebensunterhalt 986 Sfr zuzüglich anerkannte Wohnkosten (Maximalmietzins 1100 Sfr) und Heizbedarf sowie medizinische Grundversorgung. Vgl. Schweizerische Konferenz für Sozialhilfe (2016).
7 Informationsstelle AHV/IV (2017). Vgl. Berechnungsbeispiele S. 10.
8 Feld u. a. (2012), S. VII ff., 33 ff., 56 ff.
9 OECD-Angaben für 2015: Deutschland 36,9%, Schweiz 27,9% des BIP; BMF (2017), S. 9.
10 Statistisches Bundesamt (2017 c), S. 26.
11 Die Tageszeitung (25.02.2018) hat diese Zahl aus einem für die Gewerkschaft Verdi erstellten Gutachten. Es berechnet nicht den zusätzlich erforderlichen Personalbedarf, sondern benennt den Personaleinsatz, der zusätzlich finanzierbar wäre, wenn der mit 0,1 Prozentpunkten der Beiträge auszustattende Pflegevorsorgefonds für zusätzliches Personal umgewidmet würde. Die Gutachter verstehen dies als Übergangslösung. Greß u. a. (2017), S. 32.
12 Für Kinderlose um 1,1 Projektpunkte, für Versicherte mit Kindern um 0,85 Prozentpunkte.
13 Koalitionsvertrag 2018, Zeile 4377 ff.

16. Einfach mal aus dem System aussteigen?

1   Eine im Bunde mit dem Teufel gegossene Gewehrkugel, die mit Sicherheit trifft.
2   Althaus (2006).
3   Süddeutsche Zeitung, 20.11.2016.
4   Straubhaar (2017), S. 97 ff.; Vanderborght, Van Parijs (2005), S. 13; Werner u. a. (2016), S. 37 ff.
5   Straubhaar (2017), Zitate in diesem Abschnitt in der Reihenfolge der Nennung S. 18 f., 24 f., 29, 128, 13, 83, 8 f.
6   Häni u. a. (2015), S. 152.
7   Vanderborght, Van Parijs (2005), S. 95.
8   Vgl. Kersting (2000), S. 266, Fn. 126.
9   Van Parijs (2003). Vgl. Steinvorth (1999), S. 176 ff.
10 Werner u. a. (2016), Zitate in der Reihenfolge der Nennung S. 93, 151, 88 ff., 145 ff., 193, 262, 265.
11 Werner u. a. (2016), S. 57 f.
12 Häni u. a. (2015), 52.
13 Häni u. a. (2015), 151 ff.
14 Neue Züricher Zeitung, 13.01.2014.
15 Kurt Lewin zit. nach Ulich (2011), S. 21 f.
16 Werner (2013), S. 31. Ähnlich, wenn auch offener formuliert und bezogen auf ein Grundeinkommen von 1000 Euro, vgl. Werner u. a. (2017), S. 106.
17 Werner (2008), S. 12.
18 Häni u. a. (2015), S. 150.
19 Engler (2007), S. 98. Zur Kritik vgl. Liebermann (2015), S. 92 ff.
20 Ruh (2016), S. 42, 45.
21 Lenk (2012), S. 27.
22 Werner u. a. (2017), S. 107 f.
23 Werner u. a. (2017), S. 153.
24 Straubhaar (2017), S. 15.
25 Straubhaar (2017), S. 29.
26 Werner u. a. (2016), S. 185.
27 Hohenleitner, Straubhaar (2008), S. 37.
28 Leistungen der gesetzlichen Krankenversicherung 2016 für 71,4 Mio. Versicherte 222 Mrd. Euro. BMAS (2017 a), S. 209 f.
29 Regelbedarf (2018): 416 Euro; die Angemessenheitsgrenze der Kosten für Unterkunft und Heizung für Einpersonenhaushalte schwankt je nach Mietstufe zwischen 310 und 491 Euro, durchschnittlich 370 Euro; BMAS (2017 b). S. 60. Die durchschnittlichen anerkannten Kosten der Unterkunft: bundesweit 361 Euro, im Kreis München 521 Euro pro Monat; Bundesagentur für Arbeit (2017 a), Tabelle 1 a.
30 Holzner (2015). S. 186 f.
31 Straubhaar (2017), S. 122 f.
32 Cremer, Kruip (2009), S. 418 f.
33 Straubhaar (2017), S. 124.
34 Häni u. a. (2015), S. 49.
35 Häni u. a. (2015), S. 79.
36 Staubhaar (2017), S. 138.
37 Werner u. a. (2016), S. 50; kritisch zur Gegenrechnung dagegen Werner u. a.

(2017), S. 107. Dort wird die Finanzierung des Grundeinkommens aus dem Sozialbudget als «Milchmädchenrechnung» bezeichnet.

38 Osterkamp (2015), S. 234 f., 242.
39 Holzner (2015), S. 195 f.
40 Flassbeck u. a. (2012), S. 45.
41 Werner, Goehler (2016), S. 58.
42 Frey, Osborne (2013).
43 Straubhaar (2017), S. 54.
44 ZDF-Sendung Markus Lanz, 09.03.2017.
45 Susceptible to Computerisation.
46 Frey, Osborne (2013), S. 36 (Übersetzung GC).
47 Frey, Osborne (2013), S. 38, 44.
48 Bonin u. a. (2015), S. 18.
49 Bonin u. a. (2015), S. 25 f.; Frey, Osborne (2013), S. 42.
50 Lafargue (1887), S. 14
51 Keynes (1930/2007), S. 146. Vgl. S. 143.
52 Rifkin (1995).
53 Beck (2005), S. 33 f., 36.
54 Thomas Straubhaar, zit. nach Häni u. a. (2015), S. 117.
55 Für Häni u. a. (2015), S. 91 sind bedarfsgeprüfte Fürsorgeleistungen «moderne Bet-
    telei».
56 In Cicero https://www.cicero.de/kultur/«schafft-die-parteien-ab»/39869 (Zugriff:
    25.07.2018).
57 Hornemann u. a. (2017), vordere Klappe u. S. 12.
58 Vobruba (2017).

17. Hartz IV nicht abschaffen, sondern reformieren

1   Zur Einführung der Grundsicherung für Arbeitsuchende vgl. Cremer (2016),
    S. 75 ff.
2   § 2 SGB II. Die Sanktionen sind geregelt in §§: 31–32 SGB II.
3   Interview, Frankfurter Rundschau, 12.04.2018.
4   Vgl. die Stellungnahme des Deutschen Caritasverbandes (2017).
5   Alt (2017), S. 6.
6   Alt (2017), S. 11.
7   § 21, Abs. 7 SGB II. Vgl. Alt (2017), S. 12.
8   Vgl. Cremer (2016), S. 189 ff.
9   Müller (2017).
10 Bach u. a. (2018), S. 2.
11 Pressemeldung der Senatskanzlei Berlin vom 13.02.2018.
12 https://www.bz-berlin.de/berlin/solidarisches-grundeinkommen-soll-bald-in-ber-
    lin-getestet-werden (Zugriff: 25.07.2018)
13 Sen (1983), S. 158.
14 Zu einem älteren Abschätzungsversuch einer Erhöhung von 70 Euro vgl. Feil u.a.
    (2008): 800 000 zusätzliche Hartz-IV-Empfänger einschließlich mehr als
    200 000 Kinder und Jugendliche.
15 Vgl. Regelsatzverordnung vom 20.07.1962, BGBl. I, Nr. 30, S. 515.
16 Bundesagentur für Arbeit (2017 b), S. 41.
17 Trenk-Hinterberger (2007), S. 505.

18 § 11 b, Abs. 2 u. 3, SGB II.
19 Peichl u. a. (2017), S. 28 f., 50.
20 Werte April 2017. Bundesagentur für Arbeit (2017 c), S. 24.
21 Kuller (2004), S. 184 f.
22 Bei 37,7 Stunden pro Woche, der durchschnittlichen tariflichen Wochenarbeits-
    zeit, Berechnung einschließlich Zuverdienstregelung, Herzog-Stein u. a. (2018),
    S. 7.
23 Mindestlohnkommission (2016), S. 20–22.
24 Vgl. Mindestlohnkommission (2016), S. 35 ff.

18. Fairness für Familien mit niedrigem Einkommen

1 Seit Januar 2017.
2 Vgl. Deutscher Caritasverband (2014).
3 Beispielrechnung bei Peichl u. a. (2017), S. 21–23.
4 Abschmelzung ab dem Einkommen, das den Bedarf überschreitet, der den Eltern
   selbst zusteht. Dieser wird nach den Regeln des SGB II berechnet einschließlich
   der den Eltern zurechenbaren Anteil der Wohnkosten.
5 Bemessungsgrenze plus Gesamtkinderzuschlag.
6 Koalitionsvertrag 2018, Zeilen 688–702.

19. Arbeit muss sich auch im Alter gelohnt haben

1 Dezember 2016. Statistisches Bundesamt (Destatis), Tabelle 22 151–0012 (Abruf
   09.06.2018)
2 Dezember 2016. Statistisches Bundesamt (Destatis), Tabelle 22 151–0013 (Abruf
   09.06.2018)
3 Lamla u. a. (2014).
4 Haan u. a. (2017), S. 68 ff.
5 20.04.2016. Vgl. Unstatistik des Monats, April 2016 http://www.rwi-essen.de/me-
   dia/content/pages/presse/downloads/unstatistik_april-2016_layout.pdf (Zugriff:
   25.07.2018).
6 Haan u. a. (2017), S. 9, 83.
7 BMAS (2016 b), S. 114.
8 Koalitionsvertrag 2018, Zeilen 4176–4194.
9 Stellungnahme des Paritätischen Gesamtverbandes vom 19.01.2018.

20 Ausblick: Stückwerk für mehr Gerechtigkeit

1 Dobner (2009), S. 61.
2 Vgl. Kubon-Gilke (2018), S. 1166 ff.
3 Adorno (1980), S. 114.
4 Bude (2011).
5 Wagner (2015), S. 40.
6 Vgl. Cremer (2016), S. 175 ff.

Literaturverzeichnis

Das Literaturverzeichnis mit Angabe der Internetquellen der online verfügbaren Literatur (=°ov) kann unter www.chbeck.de/Cremer-Deutschland abgerufen werden.

Abelshauser, Werner (2011): Deutsche Wirtschaftsgeschichte. Von 1945 bis zur Gegenwart. 2. Aufl. München: C.H.Beck.

Absenger, Nadine (2017): Die Reform von Leiharbeit und Werkverträgen: erfreuliche Neuregelungen, aber auch viele Schwächen. In: WSI-Mitteilungen, 1/2017, S. 70–73.

Adorno, Theodor W. (1980): Minima Moralia. Reflexionen aus dem beschädigten Leben. Gesammelte Schriften Band 4. Frankfurt: Suhrkamp.

Alt, Heinrich (2017): Gutachten zum Reformbedarf der Grundsicherung. Friedrich-Naumann-Stiftung für die Freiheit (ov).

Althammer, Jörg W.; Lampert, Heinz (2014): Lehrbuch der Sozialpolitik. 9. Aufl. Berlin, Heidelberg: Springer Gabler.

Althaus, Dieter (2006): Für ein solidarisches Bürgergeld. In: Stimmen der Zeit, 11/2006, S. 723–728.

Arant, Regina; Dragolov, Georgi; Boehnke, Klaus (2017): Sozialer Zusammenhalt in Deutschland 2017. Bertelsmann Stiftung (ov).

Arnold, Michael; Mattes, Anselm; Wagner, Gert. G. (2015): Zur anhaltend prägenden Rolle des Normalarbeitsverhältnisses auf dem deutschen Arbeitsmarkt. DIW Econ GmbH. Expertise für die IG BCE (ov).

Atkinson, Anthony B. (2016): Ungleichheit. Was wir dagegen tun können. Stuttgart: Klett-Cotta.

Bach, Stefan (2013): Kirchhof oder Hollande: Wie hoch soll der Spitzensteuersatz in Deutschland sein? In: Vierteljahreshefte zur Wirtschaftsforschung 1/2013, S. 77–99 (ov).

Bach, Stefan (2016): Unsere Steuern. Wer zahlt? Wie viel? Wofür? Frankfurt a. M.: Westend.

Bach, Stefan; Thiemann, Andreas (2016 a): Hohe Erbschaftswelle, niedriges Erbschaftssteueraufkommen. In: DIW Wochenbericht 3/2016, S. 63–71 (ov).

Bach, Stefan; Thiemann, Andreas (2016 b): Hohes Aufkommenspotential bei Wiederbelegung der Vermögensteuer. In: DIW Wochenbericht 4/2016, S. 79–89 (ov).

Bach, Stefan; Schupp, Jürgen (2018): Solidarisches Grundeinkommen: alternatives Instrument für mehr Teilhabe. DIW aktuell Nr. 8, 12.02.2018, Korr. Fassung (ov).

Bäcker, Gerhard (2016): Reform der Alterssicherung: Armutsvermeidung und Lebensstandardsicherung. In: Informationsdienst Altersfragen, Heft 4, S. 3–16 (ov).

Battisti, Michele; Felbermayr, Gabriel; Lehwald, Sybille (2016): Inequality in Germany. Myths, Facts, and Policy Implications. Ifo Working Paper No. 217 (ov).

Beck, Ulrich (2005): Was zur Wahl steht. Frankfurt a. M.: Suhrkamp.

Becker, Irene (2017): Kritik am Konzept relativer Armut – berechtigt oder irreführend? In: WSI-Mitteilungen 2/2017, S. 98–107.

Becker, Thomas (2017): Viele Schritte, aber noch nicht am Ziel. In: Neue Caritas, 5/2017, S. 9–12.

Bergmann, Knut; Diermeier, Matthias; Niehues, Judith (2016): Die AfD – eine Partei der Besserverdiener? In: IW-Kurzberichte 19.2016 (ov).

Bergmann, Knut; Diermeier, Matthias; Niehues, Judith (2017): Die AfD: Eine Partei der sich ausgeliefert fühlenden Durchschnittsverdiener? In: Zeitschrift für Parlamentsfragen. Jg. 48, Heft 1, S. 57–75.

[BMAS] Bundesministerium für Arbeit und Soziales (2015): Sozialbudget 2015 (ov).

[BMAS] Bundesministerium für Arbeit und Soziales (2016 a): Zweiter Teilhabebericht der Bundesregierung über die die Lebenslagen von Menschen mit Beeinträchtigungen. Teilhabe – Beeinträchtigung – Behinderung (ov).

[BMAS] Bundesministerium für Arbeit und Soziales (2016 b): Ergänzender Bericht der Bundesregierung zum Rentenversicherungsbericht 2016 gemäß § 154 Abs. 2 SGB VI (Alterssicherungsbericht 2016) (ov).

[BMAS] Bundesministerium für Arbeit und Soziales (2017 a): Sozialbericht. Berlin (ov).

[BMAS] Bundesministerium für Arbeit und Soziales (2017 b): Ermittlung der existenzsichernden Bedarfe für die Kosten der Unterkunft und Heizung in der Grundsicherung für Arbeitsuchende nach dem Zweiten Buch Sozialgesetzbuch (SGB II) und in der Sozialhilfe nach dem Zwölften Buch Sozialgesetzbuch (SGB XII) (ov).

[BMAS] Bundesministerium für Arbeit und Soziales (2018): Häufige Fragen zum Bundesteilhabegesetz (ov).

[BMF] Bundesministerium der Finanzen (2017): Die wichtigsten Steuern im internationalen Vergleich 2016. Ausgabe 2017 (ov).

Bock-Famulla, Kathrin, Strunz, Eva; Löhle, Anna (2017): Länderreport Frühkindliche Bildungssysteme 2017. Gütersloh: Verlag Bertelsmann Stiftung.

Böllert, Karin (2018): Einleitung: Kinder- und Jugendhilfe – Entwicklungen und Herausforderungen einer unübersichtlichen sozialen Infrastruktur. In: Dies. (Hg.): Kompendium der Kinder- und Jugendhilfe. Wiesbaden: Springer VS, S. 3–62.

Bolz, Norbert (2011): Die fröhlichen Sklaven. In: Denk ich an Deutschland. Alfred Herrhausen Gesellschaft. Beilage zur Frankfurter Allgemeine Zeitung, Oktober 2011, S. 26 f.

Bonin, Holger; Gregory, Terry; Zierahn, Ulrich (2015): Übertragung der Studie von Frey/Osborne (2013) auf Deutschland. Kurzexpertise Nr. 57 an das Bundesministerium für Arbeit und Soziales. Endbericht. Zentrum für Europäische Wirtschaftsforschung. Mannheim: ZEW. (ov).

Bönke, Timm; Corneo, Giacomo; Westermeier, Christian (2015): Erbschaft und Eigenleistung im Vermögen der Deutschen: Eine Verteilungsanalyse. FU Berlin, Fachbereich Wirtschaftswissenschaft, Diskussionsbeiträge Economics 2015/10 (ov).

Bönke, Timm u. a. (2016): The joint distribution of net worth and pension wealth in Germany. SOEPpapers on Multidisciplinary Panel Data Research 853–2016 (ov).

Borchert, Jürgen (2013): Sozialstaatsdämmerung. München: Riemann.

Börsch-Supan, Axel (2015): Lehren aus der Rentenreform seit 1972. In: Wirtschaftsdienst, Heft 13, S. 16–21 (ov).

Börsch-Supan, Axel (2017): Eine Regel für die Rente. In: Max Planck Forschung, 2/2017, S. 10–15 (ov).

Braun, Hans (2017): Sozialer Zusammenhalt in Deutschland. Mehr nur als eine Frage der Umverteilung. In: Die neue Ordnung 6/2017, S. 418–428.

Brenke, Karl (2009): Erwerbstätige mit Nebentätigkeiten in Deutschland und Europa. In: DIW Wochenbericht 35/2009, S. 598–607 (ov).

Brenke, Karl (2018): Armut: vom Elend eines Begriffs. In: Wirtschaftsdienst 4/2018, S. 260–266.

Brenke, Karl; Kritikos, Alexander S. (2017 a): Wählerstruktur im Wandel. In: DIW Wochenbericht 29/2017, S. 595–606 (ov).

Brenke, Karl; Kritikos, Alexander S. (2017 b): Niedrige Stundenverdienste hinken bei der Lohnentwicklung nicht mehr hinterher. In: DIW Wochenbericht 21/2017, S. 407–416 (ov).

Breyer, Friedrich (2000): Zukunftsperspektiven der Gesundheitsversorgung. In: Hauser, Richard (Hg.): Die Zukunft des Sozialstaats. Zeitschrift für Wirtschafts- und Sozialwissenschaften, Beiheft 8, S. 167–199.

[BRK-Allianz] Allianz der deutschen Nichtregierungsorganisationen zur UN-Behindertenrechtskonvention (2013): Für Selbstbestimmung, gleiche Rechte, Barrierefreiheit, Inklusion! Erster Bericht der Zivilgesellschaft zur Umsetzung der UN-Behindertenrechtskonvention in Deutschland. Berlin (ov).

Bude, Heinz (2011): Bildungspanik. Was unsere Gesellschaft spaltet. München: Hanser.

Bude, Heinz (2014): Gesellschaft der Angst. Hamburg: Hamburger Edition.

Bundesagentur für Arbeit (2017 a): Wohn- und Kostensituation SGB II. Juli 2017. (ov).

Bundesagentur für Arbeit (2017 b): Zeitreihen (Jahreszahlen). Deutschland 2016. Berichte: Analyse Arbeitsmarkt (ov).

Bundesagentur für Arbeit (2017 c): Grundsicherung für Arbeitsuchende (Monatszahlen). Deutschland. November 2017 (ov).

Bundesagentur für Arbeit (2018 a): Arbeitslosigkeit im Zeitverlauf: Entwicklung der Arbeitslosenquote (Strukturmerkmale). Deutschland, West, Ost. Februar 2018 (ov).

Bundesagentur für Arbeit (2018 b): Aktuelle Entwicklungen in der Zeitarbeit. Berichte: Blickpunkt Arbeitsmarkt. Februar 2018 (ov).

Bundesärztekammer, Kassenärztliche Bundesvereinigung (2014): Selbst zahlen? Ein Ratgeber zu Individuellen Gesundheitsleistungen (IGeL) für Patientinnen und Patienten sowie Ärztinnen und Ärzte. 2. Aufl. (ov).

Bundesbank (2016): Vermögen und Finanzen privater Haushalte in Deutschland: Ergebnisse der Vermögensbefragung 2014. In: Monatsbericht März 2016, S. 61–86 (ov).

Bundesministerium für Gesundheit (2017): Ratgeber Krankenversicherung. 15. Aufl. (ov).

Bundesministerium für Gesundheit (2018): Online-Ratgeber Pflege (ov).

Bundesregierung (2013): Bericht über die Lebenssituation junger Menschen und die Leistungen der Kinder- und Jugendhilfe in Deutschland – 14. Kinder- und Jugendbericht – und Stellungnahme der Bundesregierung. Deutscher Bundestag, Drucksache 17/12 200 (ov).

Bundesregierung (2015): Antwort der Bundesregierung auf die Kleine Anfrage der Abgeordneten Sabine Zimmermann (Zwickau), Klaus Ernst, Matthias W. Birkwald, weiterer Abgeordneter und der Fraktion DIE LINKE (Drucksache 18/5812) Tafeln – Entwicklung, Praxis und Stellung im System sozialer Hilfen in Deutschland. Deutscher Bundestag, Drucksache 18/6011 (ov).

Bundesregierung (2017 a): Finanzplan des Bundes 2017 bis 2021. Deutscher Bundestag, Drucksache 18/13 001 (ov).

Bundesregierung (2017 b): Lebenslagen in Deutschland. Fünfter Armuts- und Reichtumsbericht. Deutscher Bundestag, Drucksache 18/11 980 (ov).

Bundesregierung (2018): Antwort der Bundesregierung auf die Kleine Anfrage der Abgeordneten Markus Kurth, Beate Müller-Gemmeke, Dr. Wolfgang Strengmann-Kuhn, weiterer Abgeordneter und der Fraktion BÜNDNIS 90/DIE GRÜNEN: Das Flexirentengesetz – Eine erste Bilanz. Deutscher Bundestag. Drucksache 19/1247 (ov).

Burauel, Patrick u. a. (2017): Mindestlohn noch längst nicht für alle – Zur Entlohnung anspruchsberechtigter Erwerbstätiger vor und nach der Mindestlohnreform aus der Perspektive Beschäftigter. In: DIW-Wochenbericht 49/2017, S. 1109–1123 (ov).

Butterwegge, Christoph (2006): Krise und Zukunft des Sozialstaats. 3. Aufl. Wiesbaden: VS Verlag.

Can, Suat; Engel, Uwe (2014): Gerechtigkeit. In: Engel, Uwe (Hg.): Gerechtigkeit ist gut, wenn sie mir nützt. Frankfurt a. M.: Campus, S. 167–191.

Credit Suisse (2017): Global Wealth Databook 2017, Zürich (ov).

Cremer, Georg (2015): Kinder und Jugendliche am Rande der Gesellschaft: Können unsere Hilfesysteme wirksamer werden? In: Fazekas, Réka (Hg.): 25 Jahre SGB VIII. Paradigmenwechsel und Dauerbaustelle. Berlin: Verlag des Deutschen Vereins für öffentliche und private Fürsorge, S. 59–76.

Cremer, Georg (2016): Armut in Deutschland. Wer ist arm? Was läuft schief? Wie können wir handeln? München: C.H.Beck.

Cremer, Georg; Goldschmidt, Nils; Höfer, Sven (2013): Soziale Dienstleistungen. Ökonomie, Recht, Politik. Tübingen: Mohr Siebeck/UTB.

Cremer, Georg; Kruip, Gerhard (2009): Reich der Freiheit oder Hartz IV für alle? Sozialethische und ökonomische Überlegungen zum bedingungslosen Grundeinkommen. In: Stimmen der Zeit, 6/2009, S. 415–425.

Crouch, Colin (2008): Postdemokratie. Frankfurt a. M.: Suhrkamp.

Deutsche Rentenversicherung (2017): Rentenversicherung in Zeitreihen. Oktober 2017. DRV-Schriften Band 22 (ov).

Deutscher Caritasverband (2014): Souveränität von Familien mit geringem Einkommen stärken. In: Neue Caritas 22/2014, S. I–XI (ov).

Deutscher Caritasverband (2015): Position zur Bemessung der Regelbedarfe von Erwachsenen und Kindern, 2015 (ov).

Deutscher Caritasverband (2016 a): Position des Deutschen Caritasverbandes (DCV) zur Weiterentwicklung der Hilfen zur Erziehung (HzE) (ov).

Deutscher Caritasverband (2016 b): Stellungnahme zum Gesetzentwurf eines Gesetzes zur Stärkung der Teilhabe und Selbstbestimmung von Menschen mit Behinderungen (ov).

Deutscher Caritasverband (2017): Stellungnahme des Deutschen Caritasverbandes e. V. als sachkundiger Dritter nach § 27 a BVerfGG im Verfahren 1BvL 7/16 (ov).

Dobner, Petra (2009): Bald Phoenix – bald Asche. Ambivalenzen des Staates. Berlin: Wagenbach.

Dornes, Martin (2016): Macht der Kapitalismus depressiv? Über seelische Gesundheit und Krankheit in modernen Gesellschaften. Frankfurt a. M.: S. Fischer.

Dustmann, Christian; Fitzenberger, Bernd; Schönberg, Uta; Spitz-Oener, Alexandra (2014 a): Vom kranken Mann Europas zum ökonomischen Superstar: Die Verbesserung der wirtschaftlichen Situation in Deutschland und die Lehren für Europa. In: Ökonomenstimme (ov).

Dustmann, Christian; Fitzenberger, Bernd; Schönberg, Uta; Spitz-Oener, Alexandra (2014 b): From Sick Man of Europe to Economic Superstar: Germany's Resurgent Economy. In: Journal of Economic Perspectives, 28 (1), S. 167–188. (ov).

Dustmann, Christian; Fitzenberger, Bernd; Zimmermann, Markus (2018). Housing Expenditures and Income Inequality. June 2018. Ms.

Engel, Uwe (2014 a/Hg.): Gerechtigkeit ist gut, wenn sie mir nützt. Was den Deutschen wichtig ist. Frankfurt a. M.: Campus.

Engel, Uwe (2014 b): Lebensverhältnisse der Deutschen. In: Ders. (Hg.): Gerechtigkeit ist gut, wenn sie mir nützt. Frankfurt a. M.: Campus, S. 57–95.

Engler, Wolfgang (2007): Unerhörte Freiheit. Arbeit und Bildung in Zukunft. Berlin: Aufbau.

Engstler, Heribert (2015): Erwerbstätigkeit im Ruhestand. In: Informationsdienst Altersfragen, Heft 4, S. 12–21 (ov).

European Central Bank (2016): The Household Finance and Consumption Survey: results from the second wave. Statistics Paper Series No. 18/ December 2016 (ov).

[EU-SILC] European Commission. Eurostat. (2018) Income and Living Conditions (ov).

Feil, Michael; Wiemers, Jürgen (2008): Höheres ALG II und Kindergrundsicherung: Teure Vorschläge mit erheblichen Nebenwirkungen. IAB-Kurzbericht 11/2008 (ov).

Feld, Lars; Schmidt, Christoph M. (2016): Wie ungleich ist Deutschland wirklich? Frankfurter Allgemeine Sonntagszeitung, 06.03.2016, S. 24.

Fendrich, Sandra; Pothmann, Jens; Tabel, Agathe (2016): Monitor Hilfen zur Erziehung 2016. Hg. von der Arbeitsstelle Kinder- und Jugendhilfestatistik. Dortmund (ov).

Fink, Franz (2011): Der steinige Weg zur Inklusion. In: Fink, Franz; Hinz, Thorsten (Hg.): Inklusion in Behindertenhilfe und Psychiatrie. Vom Traum zur Wirklichkeit. Freiburg: Lambertus, S. 13–28.

Fitzenberger, Bernd (2012): Expertise zur Entwicklung der Lohnungleichheit in Deutschland. Sachverständigenrat zur Begutachtung der gesamtwirtschaftlichen Entwicklung. Arbeitspapier 04/2012, November 2012 (ov).

Flassbeck, Heiner u. a. (2012): Irrweg Grundeinkommen. Frankfurt a. M.: Westend.

Franz, Christian; Fratzscher, Marcel; Kritikos, Alexander S. (2018): AfD in dünn besiedelten Räumen mit Überalterungsproblemen stärker. In: DIW Wochenbericht 8/2018, S. 136–144 (ov).

Fratzscher, Marcel (2016): Verteilungskampf. Warum Deutschland immer ungleicher wird. München: Hanser.

Fratzscher, Marcel (2017): Zufriedenheit und Ungleichheit. Standpunkt. In: Frankfurter Allgemeine Zeitung, 6.04.2017, S. 19.

Frey, Carl Benedikt; Osborne, Michael A. (2013): The Future of Employment: How susceptible are Jobs to Computerisation? University of Oxford (ov).

Friedman, Milton; Friedman, Rose (1980): Chancen, die ich meine. Ein persönliches Bekenntnis. Berlin u. a.: Ullstein.

Fuchs-Goldschmidt, Inga; Goldschmidt, Nils (2010): Inklusion als Zielpunkt einer modernen Sozialpolitik. In: Zeitschrift für Wirtschaftspolitik, Heft 1, S. 62–76.

Fuchs-Rechlin, Kirsten; Rauschenbach, Thomas (2018): Das Personal in der Kinder- und Jugendhilfe. In: Böllert, Karin (Hg.): Kompendium der Kinder- und Jugendhilfe. Wiesbaden: Springer VS, S. 579–609.

Fuest, Clemens u. a. (2017): Ökonomische Bewertung verschiedener Vermögensteuerkonzepte. Studie im Auftrag des Bundesministeriums für Wirtschaft und Energie (BMWi). Berlin (ov).

Garbuszus, Jan M.; Ott, Notburga; Pehle, Sebastian; Werding, Martin (2018): Wie hat sich die Einkommenssituation von Familien entwickelt? Ein neues Messkonzept. Gütersloh: Bertelsmann Stiftung (ov).

Geiselberger, Heinrich (Hg./2017): Die große Regression. Eine internationale Debatte über die geistige Situation unserer Zeit. Frankfurt a. M.: Suhrkamp.

Gerlach, Irene (2007) Familienpolitik. In: Geschichte der Sozialpolitik in Deutschland seit 1945. Hrsg. vom Bundesministerium für Arbeit und Soziales und Bundesarchiv. Band 11: Bundesrepublik Deutschland 1989–1994. Sozialpolitik im Zeichen der Vereinigung. Baden-Baden: Nomos, S. 804–830.

Geyer, Johannes (2012): Riester-Rente und Niedrigeinkommen – Was sagen die Daten? In: Vierteljahreszeitschrift für Wirtschaftswissenschaften, Heft 2, S. 165–180 (ov).

Goebel, Jan; Grabka, Markus M.; Schröder, Carsten (2015): Einkommensungleichheit in Deutschland bleibt weiterhin hoch – junge Alleinlebende und Berufseinsteiger sind zunehmend von Armut bedroht (Korrigierte Version). In: DIW Wochenbericht 25/2015, S. 571–586 (ov).

Goettle, Gabriele (2014): Haupt- und Nebenwirkungen. Zur Katastrophe des Gesundheits- und Sozialsystems. München: Kunstmann.

Goldschmidt, Nils (2009): Ist erben ungerecht? Die Begründung von Erbschaftsregeln im Spannungsfeld von individueller Souveränität und sozialer Privilegierung. In: Ders. (Hg.): Generationengerechtigkeit. Ordnungsökonomische Konzepte. Tübingen: Mohr Siebeck, S. 101–136.

Goldschmidt, Nils (2010): Spielregeln der Gerechtigkeit oder warum gerechte Strukturen wichtig sind. Die ordnungsökonomische Sicht. In: Roman Herzog Institut (Hg.): Warum ist Gerechtigkeit wichtig? Antwort der empirischen Gerechtigkeitsforschung. München, S. 64–79 (ov).

Goldschmidt, Nils; Lenger, Alexander (2011): Teilhabe und Befähigung als Schlüsselelemente einer modernen Ordnungsethik. In: Zeitschrift für Wirtschafts- und Unternehmensethik, Heft 2, S. 295–313.

Goldschmidt, Nils; Wohlgemuth, Michael (2008): Entstehung und Vermächtnis der Freiburger Tradition der Ordnungsökonomik. In: Dies. (Hg.): Grundtexte zur Freiburger Tradition der Ordnungsökonomik. Tübingen: Mohr Siebeck.

Grabka, Markus M.; Goebel, Jan (2017): Realeinkommen sind von 1991 bis 2014 im Durchschnitt gestiegen – erste Anzeichen für eine wieder zunehmende Einkommensungleichheit. In: DIW Wochenbericht 4/2017, S. 71–82 (ov).

Grabka, Markus M.; Goebel, Jan (2018): Einkommensverteilung in Deutschland: Realeinkommen sind seit 1991 gestiegen, aber mehr Menschen beziehen Niedrigeinkommen. DIW Wochenbericht 21/2018, S. 449–459 (ov).

Greß, Stefan; Stegmüller, Klaus (2017): Gesetzliche Personalbemessung in der stationären Altenhilfe. Gutachterliche Stellungnahme für die Vereinigte Dienstleistungsgewerkschaft. Hochschule Fulda (ov).

Gundert, Stefanie; Haller, Peter; Hohendanner, Christian (2017): Zeitarbeit und Befristungen. In: Möller, Joachim; Walwei, Ulrich (Hg.): Arbeitsmarkt kompakt. Analysen, Daten, Fakten. Nürnberg: IAB. 43 f. (ov),

Haan, Peter; Stichnoth, Holger u. a. (2017): Entwicklung der Altersarmut bis 2036. Trends, Risikogruppen und Politikszenarien. Erstellt vom Deutschen Institut für

Wirtschaftsforschung und dem Zentrum für Europäische Wirtschaftsforschung. Gütersloh: Bertelsmann Stiftung (ov).

Habermann, Gerd (2013): Der Wohlfahrtsstaat. Ende einer Illusion. München: FinanzBuch Verlag.

Häni, Daniel; Kovce, Philip (2015): Was fehlt, wenn alles da ist? Warum das bedingungslose Grundeinkommen die richtigen Fragen stellt. Zürich: Orell Füssli.

Hauser, Richard (2012): Das Maß der Armut: Armutsgrenzen im sozialstaatlichen Kontext – Der sozialstatistische Diskurs, in: Huster u. a. (Hg.): Handbuch Armut und Soziale Ausgrenzung, 2. Aufl. Wiesbaden: Springer VS, S. 122–146.

Hauser, Richard (2017): Einkommen und Vermögen driften auseinander, in: ifo Schnelldienst 10/2017, S. 5–8 (ov).

Hauser, Richard; Hübinger, Werner (1993): Arme unter uns. Teil 1. Ergebnisse und Konsequenzen der Caritas-Armutsuntersuchung. Hg. vom Deutschen Caritasverband. Freiburg: Lambertus.

Hebel, Stephan (2017): Angela Merkel: Die Geburtshelferin der AfD. In: Blätter für deutsche und internationale Politik 8/2017, S. 81–88.

Heinrich, Roberto; Jochem, Sven; Siegel Nico A. (2016): Die Zukunft des Wohlfahrtsstaates. Einstellungen zur Reformpolitik in Deutschland. Friedrich-Ebert-Stiftung, Bonn (ov).

Herzog-Stein, Alexander u. a. (2018): Der Mindestlohn: Bisherige Auswirkungen und zukünftige Anpassung. Gemeinsame Stellungnahme von IMK und WSI anlässlich der schriftlichen Anhörung der Mindestlohnkommission. Policy Briefing WSI Nr. 24, 04/2018 (ov).

Hilpert, Dagmar (2012): Wohlfahrtsstaat der Mittelschichten? Sozialpolitik und gesellschaftlicher Wandel in der Bundesrepublik Deutschland (1949–1975). Kritische Studien zur Geschichtswissenschaft Band 208. Göttingen: Vandenhoeck & Ruprecht.

Hobsbawm, Eric (1998): Das Zeitalter der Extreme. Weltgeschichte des 20. Jahrhunderts. München: Deutscher Taschenbuchverlag.

Hohenleitner, Ingrid; Straubhaar, Thomas (2008): Bedingungsloses Grundeinkommen und Solidarisches Bürgergeld – mehr als sozialutopische Konzepte. In: Straubhaar, Thomas (Hg.): Bedingungsloses Grundeinkommen und Solidarisches Bürgergeld – mehr als sozialutopische Konzepte. Hamburg: Hamburg University Press, S. 9–127 (ov).

Holzner, Thomas (2015): Das bedingungslose Grundeinkommen im Lichte des deutschen Verfassungsrechts. In: Zeitschrift für Politik, Sonderband 7, S. 185–197.

Horn, Gustav A. u. a. (2017): Was tun gegen die Ungleichheit? Wirtschaftspolitische Vorschläge für eine reduzierte Ungleichheit. IMK Report 129 (ov).

Hornemann, Börries; Steuernagel, Armin (Hg./2017): Sozialrevolution. Frankfurt a. M. u. New York: Campus.

Huster, Stefan (2011): Soziale Gesundheitsgerechtigkeit. Sparen, umverteilen, vorsorgen? Berlin: Wagenbach.

Igl, Gerhard (2007): Die Entstehung der Sozialen Pflegeversicherung und ihre Konsequenzen. In: Geschichte der Sozialpolitik in Deutschland seit 1945. Hrsg. vom Bundesministerium für Arbeit und Soziales und Bundesarchiv. Band 11: Bundesrepublik Deutschland 1989–1994. Sozialpolitik im Zeichen der Vereinigung. Baden-Baden: Nomos, S. 694–717.

Informationsstelle AHV/IV (2017): Ergänzungsleistungen zu AHV und IV. Stand 1. Januar 2018. Hg. in Zusammenarbeit mit dem Bundesamt für Sozialversicherungen (ov).

Infratest dimap (2012): ARD Deutschland Trend. Februar 2012 (ov).

Institut Arbeit und Qualifikation; Hans Böckler Stiftung (2016): Ergebnisbericht zum Forschungsvorhaben Erwerbstätigkeit und Rente. Beschäftigte, Betriebe und Alterssicherung. Aktualisierte Version (ov).

Jahrbuch Tarif und Entgelt 2017 (2017): So zahlt die Sozialwirtschaft. Wohnfahrt intern. Sonderausgabe. Berlin: Röthig Medien.

Jüster, Markus (2015): Die verfehlte Modernisierung der Freien Wohlfahrtspflege. Eine institutionalistische Analyse der Sozialwirtschaft. Baden-Baden: Nomos.

Kersting, Wolfgang (2000) Theorien der sozialen Gerechtigkeit. Stuttgart und Weimar: J. B. Metzler.

Kersting, Wolfgang (2010): Die Bedeutung der Gerechtigkeit. Roman Herzog Institut. München (ov).

Keynes, John Maynard (1930/2007): Wirtschaftliche Möglichkeiten für unsere Enkelkinder. In: Reuter, Norbert (2007): Wachstumseuphorie und Verteilungsrealität. 2. Aufl. Marburg: Metropolis.

Klauber, Jürgen u. a. (2013): Krankenhaus-Report 2013. Mengendynamik: mehr Menge, mehr Nutzen? Stuttgart: Schattauer.

Klinger, Sabine; Weber, Enzo (2017): Immer mehr Menschen haben einen Nebenjob. Zweitbeschäftigungen in Deutschland. IAB-Kurzbericht 22/2017 (ov).

[Koalitionsvertrag 2018] Ein neuer Aufbruch für Europa. Eine neue Dynamik für Deutschland. Ein neuer Zusammenhalt für unser Land. Koalitionsvertrag zwischen CDU, CSU und SPD. 19. Legislaturperiode (ov).

Köcher, Renate (2016): Generation Mitte 2016. Situation und Lebensgefühl der mittleren Generation. Institut für Demoskopie Allensbach (ov).

Köcher, Renate (2017): Generation Mitte 2017. Bilanz und Erwartungen am Beginn der neuen Legislaturperiode. Institut für Demoskopie Allensbach (ov).

Kohli, Martin u. a. (2006): Erbschaften und ihr Einfluss auf die Vermögensverteilung. In: Vierteljahreshefte zur Wirtschaftsforschung, 1/2006, S. 58–76 (ov).

Kompetenzzentrum Selbstbestimmt Leben (2017): Einsatz von Einkommen und Vermögen. Änderungen durch das Bundesteilhabegesetz. Regierungsbezirk Detmold (ov).

Körner, Thomas; Meinken, Holger; Puch, Katharina (2013): Wer sind die ausschließlich geringfügig Beschäftigten? Eine Analyse nach sozialer Lebenslage. In: Wirtschaft und Statistik, Heft 1, S. 42–61 (ov).

Krämer, Walter (2002): Fortschritte und Grenzbereiche in der modernen Medizin – Hippokrates und Sisyphus: Die moderne Medizin als Opfer ihres Erfolges. Vortrag, Videoaufzeichnung. Universitätsklinikum Tübingen (ov).

Krieger, Heike (2014): Art. 3. In: Schmidt-Bleibtreu u. a: (Hg.): GG Kommentar zum Grundgesetz. 13. Aufl. Köln: Carl Heymanns, S. 228–256.

Kruip, Gerhard (2007): Wirklich gerecht sind nur Gerechtigkeiten. In: Deutscher Caritasverband (Hg.): Caritas 2008. Jahrbuch des Deutschen Caritasverbandes. Freiburg DCV, S. 30–36.

Kubon-Gilke, Gisela (2018): Gestalten der Sozialpolitik. Theoretische Grundlegungen und Anwendungsbeispiele. 2 Bände. Marburg: Metropolis.

Kuhlmann, Carola (2014): Erziehungshilfen von 1945 bis heute. In: Macsenaere, Michael u. a. (Hg.): Handbuch der Erziehungshilfe. Freiburg: Lambertus, S. 27–32.

Kuller, Christiane (2004): Familienpolitik im föderativen Sozialstaat. Die Formierung eines Politikfeldes in der Bundesrepublik 1949–1975. München: Oldenbourg.

Lafargue, Paul (1887): Das Recht auf Faulheit. Hottlingen-Zürich: Verl. d. Volksbuchhandlung.

Lamla, Bettina; Gasche, Martin (2014): Erwarteter Bezug von Grundsicherung im Alter: Verhaltensunterschiede und Fehleinschätzungen. In: Schmollers Jahrbuch, 133(4), S. 539–562.

Lampert, Thomas; Kroll, Lars E. (2014) Soziale Unterschiede in der Mortalität und Lebenserwartung. GBE kompakt 2/2014. Berlin: RKI (ov).

Lauterbach, Karl (2007). Der Zweiklassenstaat. Wie die Privilegierten Deutschland ruinieren. Berlin: Rowohlt.

Layard, Richard (2009): Die glückliche Gesellschaft. Was wir von der Glücksforschung lernen können. 2. Aufl. Frankfurt a. M.: Campus.

Lenk, Hans (2012): Lust auf Leistung – zu fördern durch grundgesichertes Auskommen. In: Werner, Götz W.; Eichhorn, Wolfgang; Friedrich, Lothar (Hg.): Das Grundeinkommen. Würdigung, Wertungen, Wege. Karlsruhe: Karlsruher Institut für Technologie, S. 26–39.

[Leopoldina] Nationale Akademie der Wissenschaften Leopoldina, Deutsche Akademie der Technikwissenschaften, Union der deutschen Akademien der Wissenschaften (2014): Frühkindliche Sozialisation. Biologische, psychologische, linguistische, soziologische und ökonomische Perspektiven. Stellungnahme Juli 2014. Halle (ov).

Liebermann, Sascha (2013): Freiheit ermöglichen, das Gemeinwesen stärken. In: Götz W. Werner: Ein Grund für die Zukunft: das Grundeinkommen. Interviews und Reaktionen. 7. Aufl. Stuttgart: Verlag Freies Geistesleben, S. 98–114.

Liebermann, Sacha (2015): Aus dem Geist der Demokratie: Bedingungsloses Grundeinkommen. Frankfurt a. M.: Humanities online.

Liebig, Stefan (2010): Warum ist Gerechtigkeit wichtig? Empirische Befunde aus den Sozial- und Verhaltenswissenschaften. In: Roman Herzog Institut (Hg.): Warum ist Gerechtigkeit wichtig? Antwort der empirischen Gerechtigkeitsforschung. München, S. 10–27 (ov).

Locke, Stefan (2017): Aufruhr Ost. Frankfurter Allgemeine Sonntagszeitung, 01.10. 2017, S. 11.

Lotter, Wolf (2013): Zivilkapitalismus. Wir können auch anders. München: Pantheon.

Marschall, Christoph von (2012): Was ist mit den Amis los? Warum sie an Barack Obama hassen, was wir lieben. Freiburg: Herder.

Martin, Hans-Peter; Schumann, Harald (2006): Die Globalisierungsfalle. Der Angriff auf Demokratie und Wohlstand. 12. Aufl. Reinbek bei Hamburg: Rowohlt.

Mau, Steffen; Schöneck, Nadine M. (2015): Einleitung: (Un-)Gerechte (Un-)Gleichheiten. In: Dies. (Hg.): (Un-)Gerechte (Un-)Gleichheiten. Suhrkamp: Frankfurt a. M., S. 9–15.

Meier, Nicola; Stelzer, Tanja; Stephan, Björn (2017): Städtle in Angst. Dossier. Die Zeit, Nr. 41, 5.10.2017, S. 13–15.

Merkel, Wolfgang (2015): Die Herausforderungen der Demokratie. In: Ders. (Hg.): Demokratie und Krise. Zum schwierigen Verhältnis von Theorie und Empirie. Wiesbaden: Springer VS, S. 7–42.

Mindestlohnkommission (2016): Erster Bericht zu den Auswirkungen des gesetzlichen Mindestlohns. Berlin (ov).

Möller, Joachim (2016): Lohnungleichheit – Gibt es eine Trendwende? IAB Discussion Paper 9/2016 (ov).

Monitor Hilfen zur Erziehung 2018 (2018): Arbeitsstelle Kinder- und Jugendhilfestatistik. Dortmund (ov).

Mühlmann, Thomas (2017): Wie hängen «Kinderarmut» und Ausgaben für Hilfen zur Erziehung zusammen? In: Kommentierte Daten der Kinder- und Jugendhilfe, 1/2017 S. 4–7.

Müller, Michael (2017): Wandel und Umbruch – mit Sicherheit. Gastbeitrag. 30.11. 2017. Der Tagesspiegel, Berlin (ov).

Münder, Johannes (2001): Sozialraumorientierung und das Kinder- und Jugendhilferecht. In: Sozialpädagogisches Institut im SOS-Kinderdorf e. V. (Hg.): Sozialraumorientierung auf dem Prüfstand. München: SOS Kinderdorf, S. 6–124 (ov).

Nahles, Andrea (2016): Für ein Europa sozialer Mindeststandards. In: Frankfurter Allgemeine Zeitung, 12.10.2016, S. 8.

Niehues, Judith (2014): Subjektive Ungleichheitswahrnehmung und Umverteilungspräferenzen – ein internationaler Vergleich. In: IW-Trends. Vierteljahresschrift zur empirischen Wirtschaftsforschung 2/2014, S. 1–17 (ov).

Niehues, Judith (2017): Einkommensentwicklung, Ungleichheit und Armut. Ergebnisse unterschiedlicher Datensätze. In: IW-Trends. Vierteljahresschrift zur empirischen Wirtschaftsforschung. 3/2017, S. 117–135 (ov).

Niehues, Judith (2018 a): Entwicklung der sozialen Ungleichheit in Deutschland – Fakten und subjektive Wahrnehmungen. In: Dabrowski, Martin; Wolf, Judith (Hg.): Armut und soziale Gerechtigkeit in Deutschland. Paderborn: Schöningh, S. 33–40.

Niehues, Judith (2018 b): Einkommen in Europa: Arm und Reich ist auch eine Frage des Maßstabs. IW-Kurzbericht 8/2018 (ov).

Nussbaum, Martha C. (2010): Die Grenzen der Gerechtigkeit. Behinderung, Nationalität und Spiezieszugehörigkeit, Berlin: Suhrkamp.

Ochmann, Richard; Albrecht, Martin; Schiffhorst, Guido (2017): Krankenversicherungspflicht für Beamte und Selbstständige. Teilbericht Beamte. IGES Institut. Gütersloh: Bertelsmann Stiftung (ov).

OECD (2017): Health at a Glance 2017: OECD Indicators. Paris: OECD Publishing (ov).

Osterkamp, Rigmar (2015): Ist ein bedingungsloses Grundeinkommen in Deutschland finanzierbar? In: Zeitschrift für Politik, Sonderband 7, S. 225–245.

Paritätischer Gesamtverband (2015): Die zerklüftete Republik. Bericht zur regionalen Armutsentwicklung in Deutschland 2014. Berlin (ov).

Paritätischer Gesamtverband (2017): Menschenwürde ist Menschenrecht. Bericht zur Armutsentwicklung in Deutschland 2017. Berlin (ov).

Peichl, Andreas u. a. (2017): Grenzbelastungen im Steuer-, Abgaben- und Transfersystem. Fehlanreize, Reformoptionen und ihre Wirkungen auf inklusives Wachstum. Erstellt vom Zentrum für Europäische Wirtschaftsforschung im Auftrag der Bertelsmann Stiftung (ov).

Plumpe, Werner (2014): Die Überdehnung des Staates und die Abhängigkeit von den Finanzmärkten. In: Zeitschrift für moderne europäische Geschichte, Heft 1, S. 44–52.

Prantl, Heribert (2018): Tafeln. Eine Schande. Süddeutsche Zeitung, 24./25.02.2018, S. 4.

Räth, Norbert (2009): Rezessionen in historischer Betrachtung. In: Wirtschaft und Statistik Heft 3, S. 203–208 (ov).

Rätz, Regina (2018): Von der Führsorge zur Dienstleistung. In: In: Böllert, Karin. (Hg.): Kompendium der Kinder- und Jugendhilfe. Wiesbaden: Springer VS, S. 65–92.

Rhein, Thomas; Walwei, Ulrich (2017): Beschäftigungsformen im europäischen Vergleich. In: Möller, Joachim; Walwei, Ulrich (Hg.): Arbeitsmarkt kompakt. Analysen, Daten, Fakten. Nürnberg: IAB, S. 45 f. (ov).

Richter, Martina (2018): Handlungsfeld Hilfen zur Erziehung. v In: Böllert, Karin (Hg.): Kompendium der Kinder- und Jugendhilfe. Wiesbaden: Springer VS, S. 825–840.

Rifkin, Jeremy (1995): The End of Work. The Decline of the Global Labor Force and the Dawn of the Post-Market-Ara. New York: G. P. Putnam's Sons.

Robert Koch Institut (2015): Gesundheit in Deutschland. Gesundheitsberichterstattung des Bundes. Berlin: RKI (ov).

Rödder, Andreas (2014): Rückwärts in die Adenauerzeit. Die neue Liebe der Linken zur alten BRD. In: Frankfurter Allgemeine Sonntagszeitung 31.08.2014 (ov).

Rödder, Andreas (2016): 21.0 Eine kurze Geschichte der Gegenwart. 4. Aufl. München: C.H.Beck.

Röhl, Klaus-Heiner; Schröder, Christoph (2017): Regionale Armut in Deutschland. Risikogruppen erkennen, Politik neu ausrichten. IW-Analysen Nr. 113 (ov).

Rosenbrock, Rolf; Gerlinger, Thomas (2014): Gesundheitspolitik. Eine systematische Einführung. 3. Aufl. Bern: Huber.

Ruh, Hans (2016): Bedingungsloses Grundeinkommen: Anstiftung zu einer neuen Lebensform. Utopie und Chance in einer Zeit des Umbruchs? Zürich: Versus.

Rürup, Bert (2011): «Rente mit 67»: die überschätzte wie unterschätzte Reform. In: Vierteljahreshefte zur Wirtschaftsforschung, 2/2011, S. 53–60 (ov).

Sachverständigenrat zur Begutachtung der gesamtwirtschaftlichen Entwicklung (2017): Für eine zukunftsorientierte Wirtschaftspolitik. Jahresgutachten 2017/18. Wiesbaden (ov).

Sachweh, Patrick; Sthamer, Evelyn (2016): Gerechtigkeitsempfinden. Befunde zum Gerechtigkeitsempfinden der Deutschen und potentielle soziale Folgen empfundener Ungerechtigkeit. In: Bertelsmann Stiftung (Hg.): Der Kitt der Gesellschaft. Perspektiven auf den sozialen Zusammenhalt in Deutschland. Gütersloh: Verlag Bertelsmann Stiftung, S. 207–251.

Schäfer, Holger (2018): Befristungen. Das eingebildete Problem. In: iwd (ov).

Schäfers, Markus (2009): Wie man aus einem Persönlichen Budget eine verdeckte Sachleistung macht. Eine provokative Anleitung. In: Teilhabe 4/2009, S. 176–183.

Schliehe, Ferdinand; Zollmann, Pia (2007): Rehabilitation und Hilfen für Behinderte. In: Geschichte der Sozialpolitik in Deutschland seit 1945. Hrsg. vom Bundesministerium für Arbeit und Soziales und Bundesarchiv. Band 11: Bundesrepublik Deutschland 1989–1994. Sozialpolitik im Zeichen der Vereinigung. Baden-Baden: Nomos, S. 743–763.

Schmähl, Winfried (2006): Sicherung bei Alter, Invalidität und für Hinterbliebene. In: In: Geschichte der Sozialpolitik in Deutschland seit 1945. Hrsg. von Bundesministerium für Arbeit und Soziales und Bundesarchiv. Band 5: Bundesrepublik Deutschland 1966–1974. Eine Zeit vielfältigen Aufbruchs. Baden-Baden: Nomos, S. 407–481.

Schmitz, Jutta (2014): Armut im Alter – Arbeit statt Ruhestand? In: Weber, Andreas; Peschkes, Ludger; de Boer, Wout (Hg.): Return to Work – Arbeit für alle. Grundlagen der beruflichen Reintegration. Stuttgart: Gentner, S. 110–117.

Schmitz, Jutta (2015): Erwerbstätigkeit im Rentenalter in Deutschland – aktuelle Situation und offene Fragen. In: Informationsdienst Altersfragen, Heft 4, S. 3–11 (ov).

Schneider, Ulrich (2014): Mehr Mensch! Gegen die Ökonomisierung des Sozialen. Frankfurt a. M.: Westend.

Schneider, Ulrich (2017): Kein Wohlstand für alle!? Wie sich Deutschland selbst zerlegt und was wir dagegen tun können. Frankfurt a. M.: Westend.

Schneider, Ulrich; Stilling, Gwendolyn; Woltering, Christian (2013): Positive Trends gestoppt, negative Trends beschleunigt – Armutsentwicklung in Deutschland. In: NVD Nachrichtendienst des Deutschen Vereins, 5/2013, S. 221–225.

Schöb, Ronnie (2017): Ungleichheit und Zufriedenheit – Anmerkungen zur Ungleichheitsdebatte. In: ifo Dresden berichtet 4/2017, S. 32–35 (ov).

Schöb, Ronnie (2018): Arbeit statt Armut – Mindestsicherung und Beschäftigungspolitik. Wirtschaftspolitisches Zentrum. Wien, St. Gallen (ov).

Schroeder, Klaus (2018): Meinungsstark und kenntnisarm. Viele Studenten urteilen über die DDR und den Sozialstaat ohne ausreichendes Wissen. Frankfurter Allgemeine Zeitung, 03.05.2018.

Schupp, Jürgen; Goebel, Jan; Kroh, Martin; Wagner, Gert G. (2013): Zufriedenheit in Deutschland so hoch wie nie nach der Wiedervereinigung – Ostdeutsche signifikant unzufriedener als Westdeutsche. In: DIW Wochenbericht 47/2013, S. 34–43 (ov).

Schweizerische Konferenz für Sozialhilfe (2016): Richtlinien für die Ausgestaltung und Bemessung der Sozialhilfe. [Fassung vom 20.05.2016] (ov).

Seils, Eric; Höhne, Jutta (2107): Armut und Einwanderung. Armutsrisiken nach Migrationsstatus und Alter – Eine Kurzauswertung aktueller Daten auf Basis des Mikrozensus 2016. Policy Brief WSI, Nr. 12, 08/2017 (ov).

Selke, Stefan (2013): Schamland. Die Armut mitten unter uns. Berlin: Econ.

Sen, Amartya (1983): Poor, Relatively Speaking. In: Oxford Economic Papers, Vol. 35, S. 153–169.

Sen, Amartya (1999): Ökonomie für den Menschen. München: Carl Hanser.

Sen, Amartya (2010): Die Idee der Gerechtigkeit. München: C.H.Beck.

[Siebter Altenbericht] (2016): Siebter Bericht zur Lage der älteren Generation in der Bundesrepublik Deutschland. Sorge und Mitverantwortung in der Kommune – Aufbau und Sicherung zukunftsfähiger Gemeinschaften und Stellungnahme der Bundesregierung. Unterrichtung durch die Bundesregierung. Deutscher Bundestag, Drucksache 18/10 210 (ov).

Sloterdijk, Peter (2009): Die Revolution der gebenden Hand. In: Frankfurter Allgemeine Zeitung, 10.06.2009, S. 29 f.

Sperber, Carina; Walwei, Ulrich (2015): Trendwende am Arbeitsmarkt seit 2005: Jobboom mit Schattenseiten? In: WSI-Mitteilungen 8/2015, S. 583–592.

Sperber, Carina; Walwei, Ulrich (2017): Entwicklung und Struktur der Beschäftigungsverhältnisse. In: Möller, Joachim; Walwei, Ulrich (Hg.): Arbeitsmarkt kompakt. Analysen, Daten, Fakten. Nürnberg: IAB, S. 38–40 (ov).

Spieß, C. Katharina (2017): Quo vadis Kita-Beiträge? In: Wirtschaftsdienst 9/2017, S. 651–654.

Statistisches Bundesamt (2012): Statistisches Jahrbuch (ov).

Statistisches Bundesamt (2015 a): Bevölkerung Deutschlands bis 2060. 13. koordinierte Bevölkerungsberechnung (ov).

Statistisches Bundesamt (2015 b): Statistiken der Kinder- und Jugendhilfe. Kinder und tätige Personen in Tageseinrichtungen und in öffentlich geförderter Kindertagespflege am 01.03.2015 (ov).

Statistisches Bundesamt (2016 a): Statistiken der Kinder- und Jugendhilfe. Einrichtungen und tätige Personen (ohne Tageseinrichtungen für Kinder) 2014 (ov).

Statistisches Bundesamt (2016 b): Sozialleistungen. Angaben zur Krankenversicherung (Ergebnisse des Mikrozensus). 2015 (ov).

Statistisches Bundesamt (2017 a): Statistisches Jahrbuch (ov).

Statistisches Bundesamt (2017 b): Statistiken der Kinder- und Jugendhilfe. Kinder und tätige Personen in Tageseinrichtungen und in öffentlich geförderter Kindertagespflege am 01.03.2017 (ov).

Statistisches Bundesamt (2017 c): Pflegestatistik 2015. Pflege im Rahmen der Pflegeversicherung. Deutschlandergebnisse (ov).

Statistisches Bundesamt (2017 d): Bevölkerung und Erwerbstätigkeit. Haushalte und Familien. Ergebnisse des Mikrozensus. 2016. Fachserie 1, Reihe 3 (ov).

Stegmaier, Jens; Wanger, Susanne (2017): Teilzeitbeschäftigung. In: Möller, Joachim; Walwei, Ulrich (Hg.): Arbeitsmarkt kompakt. Analysen, Daten, Fakten. Nürnberg: IAB, S. 41 f. (ov).

Steinvorth, Ulrich (1999): Gleiche Freiheit. Politische Philosophie und Verteilungsgerechtigkeit. Berlin: Akademie-Verlag.

Straubhaar, Thomas (2017): Radikal gerecht. Wie das bedingungslose Grundeinkommen den Sozialstaat revolutioniert. Hamburg: Edition Körber Stiftung.

Streeck, Wolfgang (2013): Gekaufte Zeit. Die vertagte Krise des demokratischen Kapitalismus. Berlin: Suhrkamp.

Theunissen, Georg (2013): Empowerment und Inklusion behinderter Menschen. Eine Einführung in Heilpädagogik und Soziale Arbeit. 3. Aufl. Freiburg: Lambertus.

Trenk-Hinterberger, Peter (2007): Sozialhilfe. In: Geschichte der Sozialpolitik in Deutschland seit 1945. Hrsg. vom Bundesministerium für Arbeit und Soziales und Bundesarchiv. Band 4: Bundesrepublik Deutschland 1957–1966. Sozialpolitik im Zeichen des erreichten Wohlstands. Baden-Baden: Nomos, S. 505–548.

Ulich, Eberhard (2011): Arbeitspsychologie. 7. Aufl. Zürich und Stuttgart: Schäffer-Poeschel.

Van Parijs, Philippe (2003): Real Freedom for All. What (if anything) can justify capitalism? Reprint. Oxford: Clarendon Press.

Vanberg, Viktor J. (2007): Marktwirtschaft und Gerechtigkeit. Idee und Kritik der sozialen Gerechtigkeit im Konzept der Sozialen Marktwirtschaft. In: Empter, Stefan; Vehrkamp, Robert B. (Hg.): Soziale Gerechtigkeit – eine Bestandsaufnahme. Gütersloh: Verlag Bertelsmann Stiftung, S. 25–50.

Vanderborght, Yannick; Van Parijs, Philippe (2005): Ein Grundeinkommen für alle? Geschichte und Zukunft eines radikalen Vorschlags. Frankfurt a. M. u. New York: Campus.

Vincenti, Aurelio (2008): Gesundheitswesen und Sicherung bei Krankheit. In: Geschichte der Sozialpolitik in Deutschland seit 1945. Hrsg. vom Bundesministerium für Arbeit und Soziales und Bundesarchiv. Band 6: Bundesrepublik Deutschland 1966–1974. Eine Zeit vielfältigen Aufbruchs. Baden-Baden: Nomos, S. 485–523.

Vincenti, Aurelio; Behringer, Angelika (2006): Gesundheitswesen und Sicherung bei Krankheit. In: Geschichte der Sozialpolitik in Deutschland seit 1945. Hrsg. vom Bundesministerium für Arbeit und Soziales und Bundesarchiv. Band 5: Bundesrepublik Deutschland 1974–1982. Neue Herausforderungen, wachsende Unsicherheit. Baden-Baden: Nomos, S. 517–556.

Vobruba, Georg (2017): Das Grundeinkommen in der Utopiefalle. In: Der Standard 03.11.2017 (ov).

Wagner, Gert G. (2015): Handlungsoptionen für die Rentenpolitik. Wie kann Alterssicherung nachhaltig(er) werden? In: Wirtschaftsdienst 2015. Sonderheft, S. 34–40 (ov).

Wasem, Jürgen; Greß, Stefan (2005): Gesundheitswesen und Sicherung bei Krankheit. In: Geschichte der Sozialpolitik in Deutschland seit 1945. Hrsg. vom Bundesministerium für Arbeit und Soziales und Bundesarchiv. Band 7: Bundesrepublik Deutschland 1982–1989. Finanzielle Konsolidierung und institutionelle Reform. Baden-Baden: Nomos, S. 392–415.

Weber, Enzo (2017): Der Arbeitsmarkt im Überblick. In: Möller, Joachim; Walwei, Ulrich (Hg.): Arbeitsmarkt kompakt. Analysen, Daten, Fakten. Nürnberg: IAB, S. 10–12 (ov).

Wegner, Gerhard (2011): Liberale Ordnungspolitik im demokratischen Diskurs. In: Zeitschrift für Wirtschafts- und Unternehmensethik, Heft 2, S. 250–268 (ov).

Welskop-Deffaa, Eva M. (2018): Das Soziale in der digitalen Marktwirtschaft. Kirche und Gesellschaft, Nr. 447. Hg. Von der Katholischen Sozialwissenschaftlichen Zentralstelle. Köln: Bachem.

Welti, Felix (2005): Behinderung und Rehabilitation im sozialen Rechtsstaat. Freiheit, Gleichheit und Teilhabe behinderter Menschen. Tübingen: Mohr Siebeck.

Welti, Felix (2012): Das Diskriminierungsverbot und die «angemessenen Vorkehrungen» in der BRD – Stellenwert für die staatliche Verpflichtung zur Umsetzung der in der BRK geregelten Rechte. Rechtsdienst der Lebenshilfe 1/2012, S. 1–3.

Werding, Martin (2007): Social Insurance: How to Pay for Pensions and Health Care? In: Hamm, Ingrid; Seitz, Helmut; Werding, Martin (Hg.): Demographic Chance in Germany: The Economic and Fiscal Consequences. Berlin u. a.: Springer, S. 89–128.

Werding, Martin (2008): Gab es eine neoliberale Wende? Wirtschaft und Wirtschaftspolitik in der Bundesrepublik Deutschland ab Mitte der 1970er Jahre. In: Vierteljahreshefte für Zeitgeschichte, Heft 2, S. 303–321 (ov).

Werding, Martin (2013): Alterssicherung, Arbeitsmarktdynamik und neue Reformen: Wie das Rentensystem stabilisiert werden kann. Gütersloh: Bertelsmann Stiftung (ov).

Werding, Martin (2016): Rentenfinanzierung im demographischen Wandel: Tragfähigkeitsprobleme und Handlungsoptionen. Arbeitspapier 5/2016. Sachverständigenrat zur Begutachtung der gesamtwirtschaftlichen Entwicklung (ov).

Werding, Martin; Müller, Marianne (2007): Globalisierung und gesellschaftliche Mitte. Beobachtungen aus ökonomischer Sicht. In: Herbert-Quandt-Stiftung (Hg.): Zwischen Erosion und Erneuerung. Die gesellschaftliche Mitte in Deutschland. Ein Lagebericht. Frankfurt a. M.: Societäts-Verlag, S. 103–161.

Werner, Götz W. (2008): Einkommen für alle. Der dm-Chef über die Machbarkeit des bedingungslosen Grundeinkommens. Bergisch-Gladbach: Lübbe.

Werner, Götz W. (2013): Ein Grund für die Zukunft: das Grundeinkommen. Interviews und Reaktionen. 7. Aufl. Stuttgart: Verlag Freies Geistesleben.

Werner, Götz W.; Goehler, Adrienne (2016): 1000 € für jeden. Freiheit, Gleichheit, Grundeinkommen. 4. Aufl. Berlin: Ullstein.

Werner, Götz W.; Weik, Matthias; Friedrich, Marc (2017): Sonst knallt's. Warum wir Wirtschaft und Politik radikal neu denken müssen. Köln: Eichborn.

Wissenschaftlicher Beirat beim Bundesministerium der Finanzen (2012): Die Begünstigung des Unternehmensvermögens in der Erbschaftssteuer. Gutachten 01/2012 (ov).

Register